礼貌语用研究

——理论与实践的多侧面剖析

（英）海伦·斯宾塞·奥蒂（Helen Spencer_Oatey）等著

孙飞凤　译

吉林大学出版社

·长春·

图书在版编目（CIP）数据

礼貌语用研究：理论与实践的多侧面剖析：汉文、英文/(英) 海伦·斯宾塞·奥蒂
(Helen Spencer_Oatey) 等著；孙飞凤译. -- 长春：
吉林大学出版社, 2021.5
　　ISBN 978-7-5692-8293-1

Ⅰ. ①礼… Ⅱ. ①海… ②孙… Ⅲ. ①敬语—语用学
—研究—汉、英 Ⅳ. ①H043

中国版本图书馆CIP数据核字(2021)第094449号

书　　名：礼貌语用研究：理论与实践的多侧面剖析
　　　　　LIMAO YUYONG YANJIU：LILUN YU SHIJIAN DE DUOCEMIAN POUXI

作　　者：（英）海伦·斯宾塞·奥蒂（Helen Spencer_Oatey）等著　孙飞凤　译
策划编辑：卢　婵
责任编辑：卢　婵
责任校对：代红梅
装帧设计：刘　瑜
出版发行：吉林大学出版社
社　　址：长春市人民大街4059号
邮政编码：130021
发行电话：0431-89580028/29/21
网　　址：http://www.jlup.com.cn
电子邮箱：jdcbs@jlu.edu.cn
印　　刷：长春市昌信电脑图文制作有限公司
开　　本：787mm×1092mm　　　1/16
印　　张：14.5
字　　数：220千字
版　　次：2022年5月　第1版
印　　次：2022年5月　第1次
书　　号：ISBN 978-7-5692-8293-1
定　　价：50.00元

前　言

　　译著《礼貌语用研究——理论与实践的多侧面剖析》所精选的8篇论文均发表于2004年至2018年间，主要来自国外知名出版社旗下的国际权威期刊*Journal of Politeness Research*和*Intercultural Pragmatics*，且均为高被引论文，受到礼貌研究领域的广泛关注。作者群分布广泛，所研究的语言种类丰富。这些研究以不同的研究方法，通过多种交际类型，从多个侧面揭示礼貌与性别、行业、权力、文化、交际的正式程度、社会实践、人际关系之间的错综复杂的关系。

　　《中国人际关系的分类与中国社会交往的文化逻辑：本土化视角》一文采用民族语用学视角，以语言证据及现实生活中跨文化交际实例，运用自然语义元语言理论，探讨了中国社会结构的观念基础，考察中国基本的人际关系分类是如何对中国人说话方式和社会交往产生影响的，揭示了中国社会交往所固有的文化逻辑，塑造了中国礼貌语用文化模式。

　　《性别与不礼貌的关系研究》一文对性别与不礼貌进行了细致的情境化分析，解读了性别与不礼貌之间的复杂关系。作者质疑了礼貌和不礼貌是二元对立的概念，认为不礼貌并非某些言语行为的本质属性，而是由交际者作出的对他人行为恰当与否的一系列判断，这些判断受到了对性别合宜行为的刻板印象和其他传统的影响。礼貌与不礼貌的区分在于交际者的判断。

　　《礼貌、面子及人际关系的感知——解开其基础与相互关系的谜团》一文关注人际关系管理，讨论了影响人们对人际关系的动态理解的因素，包括行为期望、面子敏感以及交际需求。文章探讨了这三个因素的构成，并应用真实的话语语料说明人们对人际关系的判断如何通过这三个因素得以开启。这对于理解冲突或理解不同评价如何产生以及为何产生是极其重要的。

《西班牙语/英语双语社团儿童交际中的不礼貌研究》一文采取序列分析法，探讨美国的西班牙裔双语儿童之间自然发生的会话中出现的不礼貌话语。分析显示Culpeper的不礼貌模型在对不同话语类型中用来攻击对方面子及社交权时所采取的不礼貌策略进行分类颇为有效。该文对儿童交际、双语交际中的（不）礼貌研究极具启发。

《礼貌研究：回顾与展望》一文梳理了2005年以来《礼貌研究》杂志的发展历程，令读者了解《礼貌研究》最初的构想、早期研究、进一步成长和成熟以及对未来研究方向的设想。读者能从中了解当前礼貌研究在理论和方法论上的进展情况。

《虚假礼貌和文化：源于英国和意大利语料的感知与实践》一文采取语料库研究法，通过两组可比较的语料库（其中一组语料库由英国和意大利全国性报纸组成，另一组是网络语料库），研究人们对与文化认同相关的虚假礼貌的感知情况，揭示了文化实践的差异以及感知与实践之间的巨大差距。

《权力不对称情形下请求言语行为的礼貌研究》一文以韩、美两国企业员工在模拟职场所发出的请求类电子邮件为语料，研究不同语言文化价值观对礼貌行为的影响。文章认为表达与权力相关的礼貌行为的语用策略具有文化特殊性，随着已有及新近重构的语言文化价值观而发挥作用。该研究对跨文化语用学和跨文化交际学研究具有参考价值。

《"我们这会儿可不是在俱乐部"：新 Brown和Levinson视角下的法庭语料分析》一文采用话语分析法，分析法庭互动时面子威胁行为以及消极和积极礼貌等概念。

这些研究成果对语言学习者、语言研究者、语言爱好者在科研选题和（不）礼貌研究等方面，都具有重要的参考价值和启发意义。

目 录

中国人际关系的分类与中国社会交往的文化逻辑：本土化视角

Ye, zhengdao. 2004. Chinese Categorization of Interpersonal Relationships and the Cultural Logic of Chinese Social Interaction: An Indigenous Perspective[J]. Intercultural Pragmatics, 1(2): 211-230.

摘　要：本文探讨了中国社会组织（social organization）的观念基础（conceptual basis），以及中国基本的人际关系分类（categories of interpersonal relationships）对中国人说话方式与社会交往的影响。首先，分析了中国社会范畴中两组最具（互补）特色的对立体（dyads），即"生人（stranger）"与"熟人（acquaintance）"、"自己人（insider）"与"外人（outsider）"的全部意义和相互关系。随后提出了中国文化中的两个主脚本（master scripts）（统辖社会交往准则的根本原则），即以下范畴划分："内外有别（difference between the insider and outsider）"与"由疏至亲（from far to close）"，并阐述了这些原则指导下的汉语使用，包括"打招呼"，"同×"和"老×"的使用，以及中国文化中不礼貌价值（the value of not being polite）的简要讨论。一方面，文章揭示了在研究人际交往的过程中，把人际关系视为一种理论变量（a theoretical variable）的必要性，以及从本土化视角（an indigenous perspective）进行研究的重要性；另一方面，文章把人类交往的理论探讨同理解中国人际交往方式的实际需求（进行语言教学及政治、商务谈判）结合起来。这两个目标可通过运用"自然语义元语言（the Natural Semantic Metalanguage）"和"文化脚本"理论（"cultural scripts" theory）来实现。

关键词：文化脚本；人际关系；社会范畴；熟人—生人；中国人交往方式

1.为何聚焦于"人际关系"、研究背景、方法及目标[1]

对人际关系的关注主要基于两大因素：第一，社会交往发生在人与人之间。人们如何使用语言和非语言方式进行交际，在很大程度上取决于他们所感知的社会关系；第二，人际关系在中国社会交往中起了根本性，甚至决定性的作用。了解中国文化中人际关系的分类方法是了解中国人社会行为的关键，这点将在下文充分体现。

尽管从直观和经验上来说，人际关系的研究十分重要，它却并没有得到语用理论研究者（pragmatic theorists）应有的关注，也从未在现有的语用学，甚至是汉语语用学和社交互动研究文献中被视为正式的理论变量（a legitimate theoretical variable）。这或许并不奇怪，对中国人说话方式的研究多侧重于检测"通用模式（universal models）"，而这些模式明显是在英国文化（Anglo culture）经验的基础上发展起来的。颇为讽刺的是，英国文化或许恰是少数几个碰巧不注重人际关系的文化之一，追求独立自我（而非相互依赖）的文化精神（cultural ethos）（Marcus & Kitayama，1991）。

对已有的通用模式的有效性实行经验检测是必要且重要的。但当绝大多数被检测的"通用"模式实则产生于一种文化视角，而其他文化仅作为试验场地时，就会有产生文化盲点（cultural blind spots）的危险。当前研究多关注单一的英国视角下（Anglo perspective）所产生的"盲点"，但若能在中国文化中被"适当"对待，将成为了解中国人际交往方式的关键所在。

因此，本研究摒弃了中国语用学研究一向关注的对现有社会人际交往"通用"模式的试验，意在从多被忽略的本土化视角出发，关注中国文化自身，探究中国社会现实中那些基本的、重要的、本质的东西。

当采用本土化或者内在文化视角（an indigenous or culture-internal perspective），尤其是针对其他语言文化背景下（other lingual-cultural backgrounds）的听众时，与描述性工具（the descriptive tool）有关的方法问题就变得尤为重要。方法主要有两种：第一，如何充分、准确地向外部文化者（cultural outsiders）阐释本土观念与分类的全部意义，以及社会人际交往准则；第二，如何使描述性工具尽量具有文化灵敏性（culture sensitive），以降低其自身所带有的文化偏见（cultural bias）。换言之，一个理想的描述性工具应尽可能多地涵盖文化独立的元语言（culture-independent metalanguage），以充分地解释并呈现各种意义。就这点而言，"自然语义元语言"（the Natural Semantic Metalanguage, NSM）及其分支"文化脚本"理论提供了令人满意的解决方法。

因此，本文把自然语义元语言理论（the NSM theory）作为一种描述性方法（尤其是元语言的英文表述）探究中国社会结构的观念基础，考察人际关系的基本分类如何引导中国人的说话方式和人际交往。同时，本文还力图结合理论探讨跨文化交际中中国人交往行为理解的实际需求，如政治及商务谈判。

2.中国人际关系观念化的基本分类及其解释

有一项民族志学研究少有地运用基于场景的研究方法（a situation-based approach）对中国人面对面交际进行了探究，十分具有启示作用。其作者Pan Yuling总结道"中国人使用不同的礼貌策略首先依靠的是其对听话者的了解，其次依靠的是场景"。一些对中国人心理的研究（如Gao et al.，1996）也证实，"熟人效应（insider effects）"在中国社会交往中起相当重要的作用。那么，什么是"熟人效应"？"对听话者的了解"又包含哪些内容？为了回答这两个问题，本节拟详尽考察人际交往范畴中两个最具（互补）特色的对立体的意义：生人与熟人、自己人与外人。[2]

2.1 生人与熟人

生人与熟人是汉语中一个非常突显的概念二分体（dyad of concepts），可体现于被广泛使用的习语中，例如：

（1）一回生，二回熟。
"第一次见面是生人，第二次见面就成了朋友。"

这对概念二分体的意义可以有以下几种阐释：

[A] 汉语中熟人的解释

[有些人，人们能这样看待他们：]

（a）我已经知道这个人是谁有一段时间了

（b）这个人知道我是谁有一段时间了

（c）一段时间前，我不能这样想

（d）后来，我看到这个人的时候，跟这个人说了话

（e）同时，这个人跟我说了话

（f）像这样子有了一段时间

（g）因此现在我能像人们知道对方是谁那样来跟这个人说话

（h）人们不能这样看待所有的人

（i）人们不得不以另一种方式看待另一些人

[B] 汉语中生人的解释

[人们不得不这样看待一些人：]

（a）我不知道这个人是谁

（b）我不能跟这个人像人们和认识的人那般说话

如上所述，生人和熟人是一对概念互补（complementary concepts）的二分体。这意味着二者是相互联系，共享同个转换界限，共同组成了一个非亲属关系群体（a non-kinship group）：对于中心人物而言，在家庭成员和亲属范围之外的一个人是熟人还是生人，取决于中心人物是否与之相互有过面对面的交流，其结果是两人是否相互认识。在中国，如果一个人只是看起来面熟，却从未交流过，仍被认为是个生人（试比较（c）—（h））。

显然，对中国人来说，从生到熟这样的时间段（duration of time）是人际关系概念化（conceptualizing human relations）的基础。在这一过程中，人们渐渐相互熟识。下面这段采访者与被采访者的交流直接体现了这一"时间因素（time factor）"（亦可见4.3）：

（2）采访者：你是怎样成为这里的老板的？

杨：我辞职后，去了另一家更近的餐馆工作。他刚离婚，独自一个人住，经常来吃面。慢慢地我们便[熟]了……就是这样。（Chen 2003: 230）[3]

熟人在英语口语中常被译为"a person one knows"，生人译为"a person one does not know"。然而，这些都是英语特定的表达，无须多做解释。首先，"know someone"在英语中是有疑问的（参见Wierzbicka，2002），而且英语中也不存在与汉语一一对应的表达。在汉语中有三个词——"知道"、"认识"和"了解"，都可以英译为know。"知道"指的是"事实性知识（factual knowledge）"（如，"我知道"）。"认识"更多指基于以前经验或接触的（身份）识别。因此，当人们说我认识这个人/地方时，意味着当我和这个人在一起时我曾经和他说过话，或是我曾经到过这个地方（因此，当我再见这个人/地方时，我能说出这个人是谁或这是哪里）。"了解"则是指"熟识"某事/某人/某地，类似于understand（"我了解它/这个人/这个地方；我能说出很多关于它/这个人/这个地方的事；我能说出为什么这件事/这个人/这个地方是这样的。"）因此，诸如"I know this person"这样的表达，由于是英文特有，简单且无须解释，但能基于一个文化中个人知识的建构和理解方式，通过更为简单的概念获得更多的释义。Know在这些释义中仅能指代"事实性知识"，其广泛性已在自然语义元语言框架（the NSM framework）中被确立（Goddard & Wierzbicka, 2002）。

2.2 自己人与外人

另一组对中国人的社交起决定作用的互补二分体是自己人（内部的人，在同一个生活圈的人，相互紧密联系的人，我们中的一个）和外人（外部的人）。它们的意义可以这样解释：

[C] 汉语中自己人的解释

[人们会这样看待这样一些人：]

（a）这些人生活在一个地方

（b）我是这些人中的一员

（d）我和这些人一起做许多事

（d）这些人知道许多有关于我的事

（e）我会对这些人说许多事

（f）我不会把所有的这些事都对其他人说

（g）当我想到这些人，我感觉很好

（h）当这些人想让我为他们做些好事，我肯定为他们做这些事

（i）我不会像这样对待其他人，我必须用另一种方式来看待他们

[D] 汉语中外人的解释

[人们会这样看待这样一些人：]

（a）"我不会像看待自己人那样看待这些人

（b）我不会像对自己人那样对这些人说一些事

（c）我必须为自己人做些好事，但我没有必要为这些人做

（d）我不想让这些人知道太多有关于我的事

自己人是居住在同一地方的一个群体中的一员（a）—（c），我们能相信他/她（d）—（f）、有好感（g），他/她也必须履行一些的义务（h）。

自己人和外人之间的划分是以心理为基础的，而生人与熟人的划分则是基于经验的，二者有所不同。自己人—外人的区别在于"这些人"是否像一个集体那样居住在同一个地方。可以说，在传统中国中，作为群体居住在一起的典型是家庭成员，即家人（广义上的家里人）。他们同时也是（通过血缘或婚姻）相互联系的亲属。因此，自己人默认是家人（广义上的家里人），自己人的变体（variant）是自家人（家指广义上的家庭），这些都不足为奇。只要一提到外人，则指的是家族圈子（family circle）之外的人。所有这些都表明：不论自己人的圈子有多大，它都是以隐含的家庭为蓝本建构起来的。

在某种意义上，生人和熟人可以独立存在：一个生人对于说话者而言可以变成一个熟人，谁是生人不是由谁是熟人决定的；而外人是不能

独立存在的，总是对应着（谁是）自己人。所以，在外人—自己人这一连续体（continuum）中，它们是既相对又相关（relative and relational）的概念：外人会使人联想到自己人，且极大地依赖于自己人，是有标记的（marked）。这种依赖性在上述解释中已有所反映：自己人的概念是当下的（present），它嵌入到对外人的解释之中。而对外人的解释也清晰地表明，中心人物采用完全不同的态度（如不信任、冷漠）来对待外人。

因此可以说，基于同一居所而相互联系的人们（亲属成员），其精神上的类同和类别（psychological affinity and category）通常是稳定、根深蒂固且抗拒变化的。[4]随着时间的推移和更多的接触，一个生人会自动变成一个熟人，但这种改变不一定会发生于外人—自己人这一连续体中，因为此二者间的界限更加牢固。外人可能永远都只是外人。

中国第一位人类学家费孝通认为，中国社会关系网（Chinese social networking）的特点之一是差序格局（常被社会学家译为differential order），每个人都位于他/她所在的同轴（concentric）社会关系网的中心（费孝通，1937）。上述分析和阐释表明：自己人是与"我"直接相关的内部圈子；熟人仅次于自己人，位于社交圈的中间环；生人则位于社交圈的最外围（the out or peripheral circle），离"我"最远（见图1）。

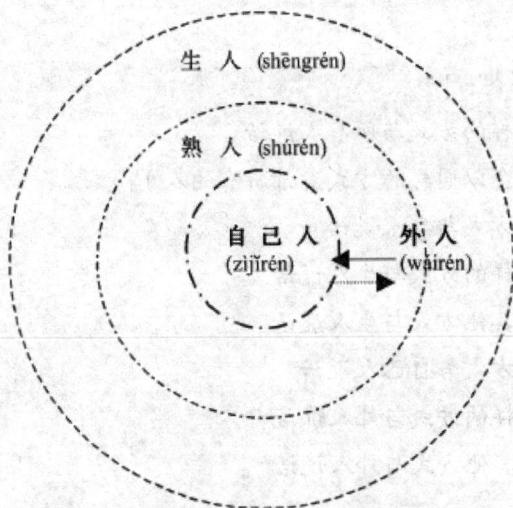

图1　中国人际关系的分类

2.3 为什么"内部人""外部人""圈内人""圈外人"的描述不妥?

人们轻易就把上述中国社会范畴解释为"陌生人""熟悉的人""内部人""外部人",或是使用更加专业的术语"圈内人"和"圈外人"。然而,这些术语无法反映这些范畴之间的相互关系,或揭示它们的深层概念结构(deep conceptual structures),也无法反映出它们在中国文化中所占有的关键词地位(keyword status)。

3.中国社会交际的两个"主脚本"

上述两组独特的范畴(distinctive categories)及其概念相互关系(conceptual interrelationship)对中国人际交往方式产生了决定性的作用。本节所关注的两个"主脚本"是中国社会交往的基础,是作用于这些范畴的两个一般性原则。

3.1 内外有别

第一个原则在汉语中被称为内外有别:

[E] 文化脚本
[人们会这样想:]
我不会以同样的方式与所有人说话
(因为我不会以同样的方式看待所有的人)
我会以某些方式与熟人说话
我不会以同样的方式与生人说话
我不得不以其他方式与生人说话
我会以某些方式与自己人说话
我不会以同样的方式与外人说话
我不得不以其他方式与外人说话

这个脚本表明社会范畴嵌入到中国人人际交往方式的共识中。人们采取不同的方式与生人和熟人交往，可见于下列文章标题：对熟人嘘寒问暖，对生人爱答不理（[http://www.cityclassic.com, 最近一次访问时间：2004年4月9日]）。同时也体现在广泛使用的习语之中，如家丑不可外扬（"不能把家里的丑闻告诉外人"）。最后一个例子来自一名上海外来工的个人描述，它从另一个角度反映了嵌入到[D]解释中的原则：

（3）这毕竟是他们的地盘。我们这些外来工是不会被他们看作是"我们中的一员"[自己人]。虽然他们表面上很礼貌[客客气气，见第5节]，但是我还是可以感受到他们的冰冷和漠然。（陈映芳，2003：230）[5]

3.2 由疏至亲

由于人们总是自然而然地采用不同的态度对待属于不同社会范畴的人，我们便可以这样认为：在社会交往中，人们多致力于推动交际者向着同一个方向努力，或者说形成更为亲密的关系——从"陌生人"到"熟人"，最后到"我们"这个内部圈子（就像家庭成员）。因此，中国社会交际的驱动力在外人—自己人这个连续体中移动，缩短交际者之间的水平距离（*horizontal* distance），使中心人物（说话者）与相关人物之间的关系能由疏（远/淡薄）至亲（近/亲密）。注意亲（近）和疏（远）是一组反义词，仅仅用来描述交往（而非物理）距离以及变换关系。[6]这些专有名词的存在表明了中国社会领域中人际关系所起到的重要作用。中国社会交际的第二个主脚本可由下述公式表达：

[F] 文化脚本
[人们会这样想：]
如果有人这样看待我就好了
这个人是自己人
因此，如果我用与自己人说话的方式来跟这些人说话，这将很好。

实质上，为了使交际者之间的关系更加靠近中心人物（如图1中实线箭头所示），人们会将中国家庭（亲属成员所居住的同一地点）的社交模式扩展至非家庭成员中[如我跟自己人说事]。这能通过一些语言策略实现（见图1中虚线箭头所示的语言扩展方向）。下一节将着重探讨为达到这一目标所采用的一些"语用行为（pragmatic acts）"（Mey, 2001）。

4.中国人际关系概念化是如何影响社会交往的？

本节旨在讨论操控汉语语言使用但受上节所探讨的主脚本支配的较低层次、更为具体的脚本。具体来说，是对打招呼（"Greeting"）、同×（fellow ×）、老×（Old ×）的使用，以及"不礼貌（not-being polite）"现象的探讨。由于熟人组成了中间的过渡圈（transitional circle），可以视为是中国社会交往的动态性所在。

接下来的讨论是基于确凿的语言证据，基于对有关协商的文献的考察以及Wierzbicka（2003a）所谓的"软语言数据（soft linguistic data）"，在本文即我自己身为一名澳洲华裔移民的经历（Ye, 2004a）。移民不仅是文化差异最好的见证者，他们的经历也成为研究现实生活中跨文化交流（intercultural encounters）的有价值实证研究资源。

4.1 打招呼

本文所探讨的第一个"语用行为"是打招呼。中国的婴儿很小就被社会教会去做出这一举动。下述这段文字便是个佳例，从一篇名为《六个月的婴儿会什么？》（"What can a six-month baby do?"）的文章中摘录并翻译而来，该文发表在北京大学儿科所权威网站——中国儿科网（Chinese Paediatrics Web）上。

（4）经过一段时间的通识教育，婴儿开始分辨不同的人。他们开始表现出害羞或胆怯，这是成长所取得的一大进步。在这一时期，家长应给宝宝提供更多与他人接触的机会，并注意他/她对熟人和生人的反应，教育他们使用微笑或发声与熟人打招呼，教育他们更加习惯与生人接触。（http://ek.med618.com.cn, 最近一次访问时间：2004年4月9日）

这一例子清晰地说明了文化脚本[E]是如何在幼儿社会化进程中起作用的。文化压力（the cultural pressure）在于人们被强制用语言和/或非语言方式与熟人打招呼。我将从《秋菊打官司》（The Story of Qiuju）（讲述的是秋菊的故事，以下简称为《秋菊》）这部在国际上知名的中国电影中提取更多的例子，以进一步阐释这一观点。在这部影片中，打招呼从未发生于陌生人之间，即便是在英国文化准则（Anglo cultural norms）中需要"打招呼"的情况下。有一个十分具有说服力的例子：影片开始部分，女主人公秋菊带着她受伤的丈夫去一个乡村诊所看医生。当医生与病人各自进入对方的视线时，他们之间没有类似于"喂"或"你好"的交流。医生只是简单地问了句"怎么了？"，意为"（你）出了什么事？"。

那熟人或"参与者"（就Hymes (1962)的 SPEAKING模型中的P而言）在"打招呼"时都对对方说些什么？下文选自《秋菊》的例子就极具代表性：

（5）（进入村长家的里屋，看见他母亲在炕上吃面条。A：秋菊，B：村长的母亲）

A：吃面？

B：吃面。你吃给你盛。（把碗递给秋菊）

A：我吃过了。你吃。

（6）（A：李警察，B：村长）

B：（看见李警察走进来）上来了？

A：嗯，上来了。磨谷啊？（老王，至于那件事……）

这些例子的共同之处在于参与者在"打招呼"时都明知故问地问了对方在做什么。[7]这种问题往往会得到肯定的答复（也可能是否定的），或者，有时并不期待得到答复，如例（6）。例如，看见一个同事回到办公室，人们会这样跟他/她打招呼"回来啦"，然后继续一些其他的话题。当走进另一个同事的办公室，看见他正在写东西，说话人会说"你在忙着写东西啊"。"问一个显而易见的问题"的作用之一是确认了另一个人的存在（Firth, 1972: 9-11）。然而，通过观察和关注另一个人在做什么，搜寻有关另一方的更为确定的信息，说话者将重新确认他/她与听话者之间的关系。每一次这样的交流行为之后，二者之间的关系就会更进一步，变得越来越熟。

习惯了澳大利亚"你好"式的问候方式之后，我总是惊讶于中国人在相似情景下对熟人的说话方式。常见的交流包括：（a）"×阿姨，你去（杂货店）买东西啊？"（b）"你出去啊？"（c）"周老师，你跟女儿出去啊？"（d）"李老板，刚下班啊？"；答复如下：（a）"我准备去超市买些肉，我女儿晚上会回家吃饭。"（b）"天气很好，我出去转转。"（c）"我带我女儿出去买衣服。"（d）"我刚下班。"在澳大利亚校园，碰见一个熟人，我常常会想说诸如"你去图书馆啊？"这样的话，或者，如果是在图书馆，我会想说"你在看书啊？"但是，我忍住了，因为我知道这不是英语问候的方式。

中国人根据说话时对方显然在做的事，明知故问地问对方在做什么（对方的回答可以很复杂），使得中国人的"打招呼"变得少了些刻板，更加有新意。Duranti（1991）指出打招呼不必要像语用学研究常常设定的那般毫无命题内容。他认为研究人们"打招呼"的内容十分重要。本节分析有力地证实了Duranti的观点。[8]接下来是一个关于打招呼的脚本（与脚本[a]一起的，还有一个非口头的脚本，见Ye 2004b，2006）。

[G] 打招呼的文化脚本
[人们会这样想：]
当我看见一个有些日子没见的熟人，我不得不对他说这样一些话：
"我现在见到你
所以我知道你正在做些什么
我想知道更多相关的事。"
如果我这样说，这个人会因此认为我对他感觉很好；
如果我不这样说，这个人会认为我对他感觉不好；
如果这个人不是个熟人，我没有必要这样说。

打招呼必须发生在面对面的交流之中[当我见到一个熟人]。人们可以把问候放入邮件主题栏中，却不能把打招呼放进去。[9]

在英国文化中，人们与认识的人相互问候。但有趣的是，与陌生人打招呼也被认为是友好的。因此，人们鼓励在服务接洽时用"你好"问候。我们可以想象，一个习惯于上述脚本的中国人在澳大利亚超市里对类似强制的"你好"问候会有什么反应；相反，一个习惯了在服务交流中（包括在医院）问候对方的英语母语者，在中国类似的场合却没人对他说"你好"或者微笑致意，他/她又会有何反应。

发展变化中的中国逐步推崇微笑服务（"smile service"），尤其在国际大都市里。但是人们一般都对其持怀疑态度。而欢迎光临这一毫无人情味、面无笑容的招呼方式填补了在公共服务交流中的问候需求。这从另一个角度证实了上个脚本最后一行所隐含的人们不会向生人打招呼的共识。

4.2 同×

一个熟人不会自动被认定为是个自己人。如上所述，自己人是一个心理范畴，常常由一些预设的、共有的特性预先决定，如血缘或地理关系（即人们来自同一个地方）。在中国，一个非亲属关系的人被认为是自己人，他/她与其他成员之间必有"共同性"（sameness），这就是他们常常称对方为同×的原因，在英文中可大致译为"Fellow ×"。所以在汉语中，与同相关的涉及"共同性"的短语层出不穷就一点儿也不奇怪了。最常见的"指称对象"有以下几种（DeFrancis, 1997: 600-604）：同乡、同学、同班同学、同行、同事、同胞等。

当中国人发现另一个人与其同姓，他们马上会说我们五百年前是一家。在这种情景下，这是句客套用语。我们还常常听到人们互称同年、同岁或同龄。[10]英语中的"fellow"是汉语"同"最贴切的对应词。但是，英语交际者一般不互称对方为"Fellow ×"（这里×可以是地点、年龄或者活动（为了暗示具有类似的经历））。以下是一个使用同×的脚本：

[H] 同×的文化脚本

[人们会这样想：]

当我跟某个人谈论另一个人，如果我这样说会很好：

我是这样看待这个人的：

我知道这个人的一些事

这个人知道有关我的同样的事

当我像这样看待这个人

我会因此对这个人感觉良好

这个人也会以同样的方式看待我

当这个人以这种方式看待我，他也因此对我感觉良好

上面提到的某些同×的表达法可以改为老×，这使说话者和听话者之间的关系显得更为亲密。接下来的一节，我们将探讨老×的使用。

4.3 老×

美国前任驻华大使写了一本有关中国政治谈判的书，《中国谈判方式：通过"老朋友"寻求利益》（*Chinese Negotiating Behaviour: Pursuing Interests Through "Old Friends"*），十分有趣且极具启示作用。书中提到"在那段相对短暂的岁月里，Kissinger（基辛格）发现自己被他新结识的中国朋友称为'老朋友'"（Solomon, 1999: x）。初遇一个外国人便称对方为"中国的老朋友"，会让不了解中国文化的外来者感到莫名和诧异。然而，在所有有关中国谈判方式的书中，都会提到这个业内规矩。中方的意图十分明了：我们认为你和我们中国关系紧密，你就像我们中的一员（因此承载了所有中国文化对自己人的期望，见2.2节）。这是因为一旦双方关系迈入"老"的"门槛"，他们就像自己人一样。在汉语中，老×的表达法几乎总是和自己人同时出现。比如，人们常说我们是老同事了，自己人[因此，我们无需对对方太客气]。

很明显，称Kissinger是"老朋友"（他显然不是）是中方采取的一种策略举措，意为"把外国谈判者拉进个人关系中建立情谊"（Solomon, 1999: 21）。正如作者所说，这是"中国社会实践的一个清晰投射（clear projection）"（Solomon, 1999:25）。

值得注意的是，"朋友"虽常被英译为friend，它同friend的意义却不

完全相同（Wierzbicka, 1997, friend的意义）。这是一个模糊的范畴，基本未涉及关系的本质，因为在中国文化中许多涉及人类关系的范畴是基于他们所有的"共同性"（见4.2节）（难怪孩子们会被大人称作小朋友）。外国人预先被称作朋友，是因为他们与中国人所共有的一点点共同之处。朋友这一术语所传递的最重要的信息主要在于它是敌人的对立面。

无疑，时间因素在"老"的使用上起了很大作用（见2.2节）。变熟或熟人是成为"我们中一员"的一个重要阶段。当交际双方没有什么共同之处，时间就成了促进两人关系更进一步的唯一因素。老×的使用脚本如下所示：

[I] 老×的文化脚本
[人们会这样想：]
当我跟某个人谈论另一个人，如果我这样说会很好：
我是这样看待这个人的：
我认识这个人已经很久了
当我看到这个人，我常常会跟他说一些事
当我像这样看待这个人
我会对这个人感觉良好
因为我能像看待自己人那样看待这个人

4.4 "客气"还是"别客气"

自己人与外人的区别是如此根深蒂固，它在中国社会交往中普遍存在，与中国的"礼貌"概念密切相关。如"自己人，别客气"或"自己人，别见外"是最常见的客套用语，或者说是Kecskes（2003）提出的在（非正式）社会环境中交流的"情景约束话语（situation-bound utterances）"。它们相当于："别太拘束，忘掉礼节，自己人不需要这些"。这是因为中国家庭成员通常不遵守客套（"套语""礼仪"，DeFrancis, 1997: 339），不说客套话（"套语"，DeFrancis, 1997:340）或客气话，如"谢谢"或"请"，不相互恭维，或请求对方的允许做某事（Ye, 2004a）。因此，如果一个丈夫对他的妻子做出如下请求，"请您把相机拿到花园里，现在是照相时间，谢谢"，这对于中国人来说是无法想象的。

客气就是遵守礼节，恪守社交场合的礼仪要求。客气是件好事。然而棘手的是，客气必然意味着不是自己人，关系"远"。这与主脚本[F]所描述的"由疏至亲"原则背道而驰（见3.2节）。因此，说"我们是自己人，不用客气"，这是一种语用行为，目的在于缩短交流双方之间的社会距离。接下来的脚本诠释了"不用礼貌（don't be polite）"是中国社交场合的"礼貌"原则：

[J] 文化脚本
[人们会这样想：]
当与一些不是自己人的人在一起时，人们会不得不去做/说一些事
当与自己人在一起的时候，人们没必要去做/说这些事
当一个人和另一人在一起时
如果这另一个人不是自己人
这个人像这样对这另一个人说话，将会很好：
"当你跟我在一起时，我希望你像跟自己人在一起时那样做事/说话"

客气是一种观念，它位于并应用于外人之间相互交流的宽广领域。这暗含在客的意义里（"客人/陌生人/外国人"）。到目前为止，中国非正式场合这一重要价值观念——客气，还从未在中国"礼貌"研究中被探讨过。相反，礼貌被认为是中国一阶礼貌行为（first-order politeness）（即礼貌1，参见Watts et al., 1992），它由顾曰国首次提出（Gu, 1990，也见Mao, 1994, Lee-Wong, 2000）。虽然Gu（1990:239）对礼貌的道德维度的描述是正确的，主要体现在礼——"涉及社会等级和次序（social hierarchy and order）"——字上，但是，他却未指出礼貌原本用来描述儿童对成年人的行为（对社会年长成员的恭敬行为）。礼貌实质上存在于道德世界之中。在这个世界中，人与人之间的等级及非对称关系已经被加以预设并固定了；而客气则运用于成人世界熟人之间非正式的社交场合中。它更多的是一种态度，而非社会行为，运用于关系可变化的人们之间的日常会话

（routine conversations）及公式化交谈（formulaic talk）中。在Pye（1982）的研究中，信息提供者（informants）的观察报告证实了以下观点：一个中国谈判小组中的等级关系（hierarchical relationship）似乎逐渐让位于内部关系（an insider relationship）。这样看来，中国"礼貌"概念至少必须包含明显的民间概念（folk notion），客气才能讲得通。

5.理论及实践意义

本研究采用了民族语用学视角（ethnopragmatic perspective），加以语言证据（linguistic evidence）及现实生活中跨文化交际的实例，并运用提倡文化独立（culture-independent）的语义理论——"自然语义元语言"，揭示了中国社会交往所固有的文化逻辑（cultural logic），塑造了中国文化模式（Chinese cultural patterns）和社会实践。研究在两方面取得了卓越成果：在理论方面，它表明了对中国人际关系基本范畴的认识是全面理解操控中国人说话方式的文化机制（the cultural mechanisms）的关键。据此，本研究实现了它最初的目标，即有力证实了将人际关系视为语用学及人类交际研究中一个理论变量的正确性。中国社会交往的概念基础与Brown和Levinson（1987，此后简写为B＆L）所提出的社会交往模式的概念基础有根本性的区别，因为中国社会交往的主要动力是沿着"外人—自己人（outsider-insider）"这个连续体，把交际者之间的关系拉向中心人物。这就是为什么现有研究对中国交际方式的描述混乱不一，有的研究认为它趋向于"消极礼貌"，有的则认为趋向"积极礼貌"。本研究解决了此困惑。对中国社会交往的文化逻辑的解释之一是"面子"，它是B＆L礼貌理论的核心概念。绝大多数（甚至全部）中国语用学研究都将其视为重心所在，然而它并未如研究者所设想的那般起到如此重要的作用（"面子"在中国文化中是个重要概念，但并不是中国社会模式总体运作的关键交叉点（the key intersection））。因此，Lim（1994）试图用"面子"变量去解释人际关系，就有点"本末倒置（putting the cart before the horse）"了。Pan（2000:6）指出，过度强调"面子"这一概念是学习研究中国社交的一大阻力。Pan的担心引起了许多语言教师的共鸣。本研究表明中国人不会去照顾一个外人的面子需求（face wants or needs）。这充分揭示了对行为者来说，什么是在社会现实中最基本、最重要且最根本的，在理论构建和实践方面都具有十分重要的意义。

在实践方面，本文揭示了理论探讨和经验研究是相得益彰的。文中论述的观点来源于对中国人交际方式及社会行为的观察和思考的研究，是理解中国人的社交行为，并使其在政治及商务谈判中发挥作用的现实需求所驱。这些研究提供了可行的建议和类似于指南的指导（manual-like instruction），使人们能迅速运用于现实生活之中。最有趣的是，这些研究一致认为人们对中国"友谊"的意义以及"关系"在社会组织中所扮演的角色的误解是交际失误和谈判失败的关键。本研究指明了概念分析是如何阐释一般社会实践的。

可以预测，文化差异在于人们对人际关系划分的强调程度，它对人类心理产生了很大影响，突显了社会行为标准的根本不同。希望本文能引发人们对人类关系概念化的方式及其在社会交往中的作用进行系统的、跨文化的研究的兴趣。这一方向的研究将有利于阐明人类交往方式的共性与差异。

注释：

1. 该论文的早期版本于2004年5月26—28日发表于"第二届跨文化、认知及社会语用研讨会"（the Second Symposium on Intercultural, Cognitive and Social Pragmatics (EPICS Ⅱ)），由西班牙塞利维亚大学举办。感谢Istvan kecskes教授的鼓励及富有价值的建议。感谢Anna Wierzbicka教授一年来提供的宝贵意见、建议和支持。

2. 文中具体汉语表达的英译词汇来自以下三部字典：Liang（1973）、DeFrancis（1997）以及 JYHC（2000），它们是世界上最受汉语学习者推崇的字典。

3. 受篇幅所限，只提供汉语原例所对应的英语翻译。

4. 血缘（blood affinity）和地缘（place affinity）是中国传统农耕社会最重要的两大文化"综合体"（cultural "complexes"），值得进行单独、细致的研究。

5. 中国文化研究者和评论家经常指出中国人对陌生人冷漠，并对他们缺乏公共精神表示遗憾。这常使他们把中国人描绘为个人主义者（individualistic）或"以自我为中心（egocentric）"的人。

6. 从社会学、人类学、社会心理学和商业交往等各个领域对中国社会互动的研究都非常关注关系这一概念。虽然不可能在此讨论这一关键词汇，但本文有助于理解关系的运作机制（operational mechanism）。

7. "问候语"中的问句是通过提升音调或类似于在句末添加小品词而构成的，其作用相当于附加疑问句。

8. 打招呼是多义词。沈善洪（1998:70）将另一种意义解释为"在某项工作或问题被处理之前或之后通知有关人员"。这两种词义与互动者所言有关。

9. 相反地，可以使用问候，其意思更像"新年问候"中的"问候"。问候多与健康有关。

10. 唯一例外的是同志（相同的目标/愿望）。它可以用来作为一种称呼。

参考文献

［1］Blackman, Carolyn, 1997. Negotiating China: Case Studies and Strategies. St. Leonards, NSW: Allen & Unwin.

［2］Brown, Penelope, and Stephen C. Levinson, 1987. Politeness: Some Universals in Language Usage. Cambridge: Cambridge University Press.

［3］陈映芳. 2003. 移民上海52人的口述实录. 上海: 上海学林出版社.

［4］DeFrancis, John (ed.), 1997. Alphabetically Based Computerized Chinese-English Dictionary. St. Leonards, NSW: Allen & Unwin.

［5］Duranti, Alessandro, 1997. Universal and culture-specific properties of greetings. Journal of Linguistic Anthropology, 7(1):63–97.

［6］费孝通, 1937. 乡土中国. 北京: 商务印书馆.

［7］Firth, Raymond, 1972. Verbal and bodily rituals of greeting and parting. In J. S. La Fontaine (ed.), The Interpretation of Ritual: Essays in Honour of A. I.

Richards. London: Tavistock Publications, 1-38.

[8] Gao, Ge, Stella Ting-Toomey, and William Gudykunst, 1996. Chinese communication process. In Michael H. Bond (ed.), Handbook of Chinese Psychology. Hong Kong: Oxford University Press, 290–293.

[9] Goddard, Cliff and Anna Wierzbicka (eds.), 2002. Meaning and Universal Grammar – Theory and Empirical Findings (2 Volumes). Amsterdam: John Benjamins.

[10] Gu, Yueguo, 1990. Politeness phenomena in modern China. Journal of Pragmatics, 14(2): 237–257.

[11] Hymes, Dell H, 1962. The ethnography of speaking. Reprinted in Joshua Fishman (ed.) 1968. Readings on the Sociology of Language. The Hague: Mouton. 99–138.

[12] JYHC, 2000. 精选英汉汉英词典（第二版）. 香港: 牛津大学出版社.

[13] Kecskes, Istvan, 2003. Situation-Bound Utterances in L1 and L2. Berlin/New York: Mouton de Gruyter.

[14] Lee-Wong, Song Mei, 2000. Politeness and Face in Chinese Culture. Frankfurt am Main: Peter Lang.

[15] Lim, Tae-Seop, 1994. Facework and interpersonal relationships. In Stella Ting-Toomey (ed.). The Challenge of Facework: Cross-Cultural and Interpersonal Issues. Albany: State University New York, 209–230.

[16] Mao, Luming Robert, 1994. Beyond politeness theory: 'face' revisited and reviewed. Journal of Pragmatics, 21(5):451–486.

[17] Markus, Hazel Rose and Shinobu kitayama, 1991. Culture and the self: implications for cognition, emotion and motivation. Psychological Review, (98): 224–253.

[18] Mey, Jacob, 2001. Pragmatics. London: Blackwell.

[19] Pan, Yuling, 2000. Politeness in Chinese Face-to-Face Interaction. Stamford: Ablex.

[20] Pye, Lucian, 1982. Chinese Commercial Negotiating Style. Cambridge, Mass: Oelgeschlager, Gunn & Hain.

[21] 沈善英, 1998. 中国语言文化背景汉英双解词典. 北京: 商务印书馆.

[22] Soloman, Richard H, 1999. Chinese Negotiating Behavior: Pursuing Interests Through "Old Friends" (with a new essay Chas W. Freeman, Jr.). Washington: United States Institute of Peace.

[23] Watts, Richard, Sachiko Ide, and Konrad Ehlich, 1992. Introduction. In Richard Watts, Sachiko Ide, Konrad Ehlich (eds.), Politeness in Language: Studies in its History, Theory and Practice. Berlin: Mouton de Gruyter, 1–17.

[24] Wierzbicka, Anna, 1997. Understanding Cultures through their Key Words: English, Russian, Polish, German, Japanese. New York: Oxford University Press.

[25] Wierzbicka, Anna, 2002. Semantic primes and universal grammar in Polish. In C. Goddard, A. Wierzbicka (eds.), Meaning and Universal Grammar – Theory and Empirical Findings (vol. 2). Amsterdam: John Benjamins, 65–144.

[26] Wierzbicka, Anna, 2003a. Introduction. In Cross-Cultural Pragmatics: The Semantics of Human Interaction. (2nd edn.). Berlin: Mouton de Gruyter. v–xxvii.

[27] Wierzbicka, Anna, 2003b. Russian cultural scripts: The theory of cultural scripts and its applications. Ethos, 30(4):401–432.

[28] Ye, Veronica Zhengdao, 2004a. 'La Double Vie de Veronica': Reflections on my life as a Chinese migrant in Australia. Life Writing, 1(1):133–146.

[29*] Ye, Zhengdao, 2004b. The folk model of Chinese facial expressions: a linguistic perspective. Culture and Psychology, 10(2):195–222.

[30] Ye, Zhengdao, 2006. Why the "inscrutable" Chinese face? Emotionality and facial expression in Chinese. In Clir Goddard(ed.), Ethnopragmatics: Understanding Discourse in Cultural Context. New York/Berlin: Mouton de Gruyter.

性别与不礼貌的关系研究

SARA M, 2005. Gender and Impoliteness[J]. Journal of Politeness Research: Language, Behaviour, Culture, 1(2): 263-80.

摘　要：本文解读了性别与不礼貌行为之间的复杂关系。我不是把性别和不礼貌假设为是在对话中可寻踪的具体实体，而是认为它们是在谈话过程中起作用的因素。它们与刻板印象中女性性别身份（stereotypically feminine gender identity）密切相关，主要建立在"美好的"、支持的和合作的行为概念上，以此肯定或否定对女性的这种刻板印象。有观点认为，在交际互动中，女性整体上比男性表现得"更好"，这是近期许多研究凸显女性在互动过程中更具竞争力（interactional competitiveness）的缘故。然而，我质疑这种看法，并认为在其他互动者判断女性语言表现中，支持力（supportiveness）可能起到一定作用，也可能导致被武断地认为是不礼貌行为。

关键词：性别；不礼貌；礼貌；武断；合作；美好

1. 引言

　　本文解读性别和不礼貌之间的复杂关系，从更细致的角度对性别和不礼貌进行情境化分析（context-dependent analysis）[1]。与其假设不礼貌和性别先于互动过程而存在，不如关注性别身份（gender identity）构建在每次互动中的细微差别，评估特定实践社团（Communities of Practice）的交际史，以及在交际过程中所构建的对礼貌和性别的成见。为了解释不礼貌行为的判断是依照适合性别的行为方式观念来定义的，我将提出一个不礼貌行为的模型理论（a model of impoliteness），这种不礼貌行为是一种表述行为（performative），且依赖于语境做判断，并探究性别在不礼貌行为归因中所起的作用。

2. 不礼貌行为

令人惊讶的是，在有关于礼貌现象的研究中，很少有涉及不礼貌的解读。或许这是因为大多数研究都强调会话合作和交际双方之间所建立的隐性平衡关系（implicit establishment of balance），导致多数研究关注会话中社会关系的和谐面（Spencer-Oatey, 2000: 3）。但是，在一些场合下，交际者除了相互迎合、相互支持以外，也确实存在相互攻击、相互冒犯的情况，而这种攻击和冒犯有时会被他人认为是不礼貌的，有时却不会。Kienpointner（1997）就指出不合作行为并不像大多数研究礼貌原则的理论家所认为的那样异常[2]。而Eelen（2001）认为研究者在礼貌研究领域所提出的模型含蓄或直接地仅仅局限于对礼貌行为的关注，而将不礼貌行为视为离经叛道（sees impoliteness as a deviation），这就导致了很多理论困惑，因为：

这些概念永远无法像解读礼貌行为那般很好地解读不礼貌现象。所以仅对礼貌行为进行分析的偏见不仅仅是一种差别对待，更进一步来说，它关乎概念和理论结构的问题（theoretical structural matter）。这不是一个数量问题，而是质量问题（Eelen, 2001: 104）。

正如我在这篇文章中所讨论的，如果不礼貌行为与礼貌行为在交际中所起的作用不同，那么我们可能会误解说话者和/或听话者感受到不礼貌行为时所发生的互动。此外，礼貌行为和不礼貌行为的两极化（polarization）可能会使我们认为，说话者的会话行为若不属于礼貌范畴，便属不礼貌范畴。尽管从某一点上来说，这是正确的，但是当说话者和听话者判断一个交流究竟是礼貌的还是不礼貌的，他们通常会持宽容态度，接受一些在功能上可能有点模糊的话语作为交流的一部分。似乎只有在谈话出现危机时，我们才会做出一些有关于不礼貌行为的清晰论断。关于一个表达是否可以被视作不礼貌行为，我们可以通过传统上一些适合于性别的行为的观点做出论断。

与其认为在某些话语和交流中存在一些本质上不礼貌的（intrinsically impolite）行为，我认为不礼貌行为不如归因于说话者对于谈话目的和动机的评价，这些评价是根据源于实践社团或更广泛社会的性别观念所做出[3]。我是从不礼貌行为自身而非其与礼貌行为的关系出发去解读它，去考虑哪些因素造成人们把一种行为评判为不礼貌，以及这种论断对个人或是实践社团产生了哪些后果（Eckert & McConnell-Ginet, 1998; 1999）。因此，首先，我对"礼貌行为和不礼貌行为是二元对立的"这一概念提出质疑。随后，分析了导致不礼貌评价的因素。与这个领域的大多数研究不同，我认为不礼貌应被看作是对某个人的某个行为的评价，而不是某句话所固有的特点。

基于Brown和Levinson的研究，许多理论家认为不礼貌行为一定是交际双方之间的"面子"攻击行为，同时认为"某些'不礼貌'言语行为，如责备、恐吓和侮辱都是说话者怀着攻击或是损害听话者面子的目的所作出的"（Haverkate, 1988:394）。所以，对于不礼貌行为的解读涉及说话者的意图重建问题。Culpeper质疑Leech所提出的一些言语行为本质上就是不礼貌的这一观点（Culpeper, 1996）。然而我们质疑一些言语本身不礼貌，是因为在亲密的朋友间，最冒犯的侮辱可能显示了友情的深厚。事实上，de Klerk（1997）和Coates（2003）已经讨论过这样极端的侮辱话语其实是男性间谈话（masculine talk）的特色，这与建立群体内部的平等感（a sense of in-group solidarity）相关。Lycan不认同这样的观点：一些言语行为，例如打断谈话，甚至是直白地打断，一定被看作是面子威胁行为。因为他关注到，在某些学术讨论中，例如，哲学家和语言学家参与的讨论中，打断别人实则被认为对讨论的推进有着积极的意义（Lycan, 1977: 24）[4]。Lycan认为把打断谈话看作本质不礼貌的行为实际上是"假正经（prudish）"——在此语境中这是一个非常有趣的性别术语。Tannen（1981）也认为在她称为"参与度高（high involvement）"的团体中，自发的讲话会被看作是社会联系的一部分，而在一些其他实践社团中，则可能被认为是"打断"行为。当"打断"不再出现，团体中说话的那人可能认为别人没有在听他/她讲话。

通常，一些行为总是与不礼貌相联系，例如，表示威胁的言语行为。在某些语境下，说话人对他人的威胁意图对说话人和听话人来说都一目了然。但这种明确的威胁是罕见的。因为在大多数情况下，我们可以选择以另外一种方式来理解话语（例如，考虑这是听话人的误解，他/她可能过分强调了某些会话信息的重要性）或是把威胁看成是一种偶发的、无意的冒犯（accidental, or unintended impoliteness）（也即对听话人来说这是一个错误的表达）[5]。因此，意图的界定对评估一种行为是否不礼貌是很必需的。

所以，我们不能将礼貌行为和不礼貌行为视为简单的两极对立（polar opposites）。Culpeper（1996）沿用了Brown和Levinson的四个策略（直接（bald-on-record）礼貌策略、积极礼貌策略、消极礼貌策略和间接（off-record）礼貌策略（Brown & Levinson，1987，1978）并将它们转化用于描述不礼貌行为：从而，他认为不礼貌行为包括直接不礼貌行为、积极和消极的不礼貌行为以及讽刺或虚假礼貌行为（Culpeper，1996）。然而，Beebe（1995）认为"不礼貌行为是礼貌行为的对立面"这一假设不能成立；她例证了她所定义的"强求的礼貌行为（pushy politeness）"，即一些表面礼貌的话语被认为是不礼貌或是威胁面子的。Beebe分析了发生在纽约一个热闹餐厅中的事件：当一群客人明确表示过他们要在吃饭的时候讨论事情，会花费时间慢慢用餐，却还是有不同的服务员不停地过来询问他们是否需要加餐。这些服务员的专注"似乎反映出他们希望赶快完成服务的愿望，不是一种考虑顾客就餐时间长短需求的做法。与同事之间缺乏交流，或者拥挤不堪，人们视之为粗鲁（Beebe，1995：161）。

Kienpointner（1997）也注意到这样一个事实，有些礼貌形式，如经过巧妙处理或不真诚的礼貌行为，不应被看作是最佳的合作或合理表达，它们实则是不礼貌的。同样地，不礼貌也不能被看作是一种显著的行为，与不显著的礼貌规范相对立，若如此，便假定了由于规范化，礼貌几乎是视而不见，而不礼貌却是显而易见。并且，对不礼貌的描述不应仅仅被估量为"相对于礼貌的异常或不合理的表现"（Kienpointner，1997：280）。因此，Kienpointner建议用连续体（continuum）来解读语言行为（linguistic behaviour），用程度来划分，而不是用绝对的角度来看待它们，避免将礼貌和不礼貌简单地看成是对立关系。在认同这个连续体概念的同时，我们还要注意将其作为一种评价连续体（a continuum of assessment）而非不礼貌或礼貌的性质。比如，如果交际者评价一个人的言语稍微有点不礼貌，他们可能会选择忽视这点，不会把注意力放在上面或是做出反击。同样地，如果他们认为一个人的不礼貌行为是机构所准许的（institutionally sanctioned），例如，他们的老板不停地打断他们，若声称这样的打断行为是不礼貌的，他们的职位可能会不稳。在这两个事例当中，每一个都评估对方行为是不礼貌的，但都决定对此不做不合时宜的回应或真的视其为不礼貌。因此，有了不礼貌标量模型（a scalar model of impoliteness），我们就可以看到人们可能把某些行为评估成不礼貌，但不会公开或明确地对付它。

Kienpointner（1997）区别了有动机的粗鲁（motivated rudeness）和无动机的粗鲁（unmotivated rudeness）。在有动机的不礼貌行为中，人们假定说话人是有意去表现粗鲁，而无动机的不礼貌行为则是由于缺乏某种知识所致。对于不同形式的不礼貌行为，听话人或许会有显著不同的回应方式。针对后一种无动机不礼貌，听话人可能会判断出这是不礼貌的，但是不会太在意。Beebe声称，有动机的不礼貌行为更应该被当成是一种"语用能力的反映"，而不是礼貌表达的失败，也就是说，会话是带有特定目的的，首先是获取权力（get power），其次，是发泄负面情绪（Beebe，1995：154）。在她如下的事例分析中，谈话双方都清楚地知道在该会话环境中什么是适当的礼貌行为，但是有时仍然会选择变得不礼貌。在纽约，一位男士正试图把车停在人行横道边，这时一位女士正带着她的孩子要过马路。他们就先行权争论了起来：

女：噢，闭嘴，你这只肥猪！
男：你妹的！
女：你是吃饱了撑的！
男：你妹的！
（Gavis, 转引自Beebe，1995: 154）

　　Beebe认为，这样的一种不礼貌行为常常起因于一种类似于"火山喷发般的"脾气爆发，或是难以控制的情绪；她谈论的事例中好像大多数都与赤裸裸的敌意有关。她认为，当一个行为被一个或所有参与者断定为不礼貌时，该互动就会有严重后果。她还表示"对社会制约下的交际规范的违反，是粗鲁的本质含义"（Beebe，1995: 159）[6]。因此，交际者会运用对他们来说可接受的、稳定的行为规范（stable norms）来判定不礼貌，尽管事实上每个人都会依据对话发生的实践社团对这些规范做出不同的评判。

　　不礼貌常常归因于某人没有观察到为社会所认可的礼貌行为，这种礼貌行为是特定的场合下其他参与者所期望的。例如，直接请求的使用在英语中往往变得不那么直接，或是少了一些诸如"请""谢谢"以及"对不起"等元素。Jary认为，与其把不礼貌行为和礼貌行为简单的当成对立面，不如把它们看作是根本不同的类型，因为，作为交际者的经验告诉我们，礼貌形式常常被参与者所忽视，而不是像Brown和Levinson所认为的，"不管任何时候使用所谓的礼貌形式/策略，一种额外的含义肯定会表达出来。尽管我们会对某个人的言语行为是否礼貌做出评价，但大多时候我们都忽视了这一方面"（Jary，1998: 2）。因此，缺少正式的问候和感谢可能会被视为是不礼貌行为，尤其是当说话人不招待见或者这不是他/她第一次违背该实践社团所认可的礼貌规范。事实上，如果一个人不被大家喜欢，几乎任何语言话语或语调都会被认为是不礼貌的。但是，不礼貌不仅仅是正式或程式化的社会礼貌（formulaic social politeness）缺失的问题。它可以是任何一种形式的、旨在威胁听话人面子或社会身份的语言行为，或是违背了实践社团中认为合适的行为标准[7]。

　　有个十分重要的概念：有人被指控为不礼貌行为的事会威胁到实践社团，这也是其稳定性的表现。因为频发的不礼貌行为与对一个人相对于其他人的社会地位的评估不一致有关，或是和他们之间亲密程度的判断及所应使用的礼貌程度的判断有关。大体来说，不礼貌行为的指控警示会话参与者对地位、角色和亲密程度匹配错误（mismatch），对他们在特定实践社团中的地位评判也是错误的。在传统的性别合宜的行为论断中，这种错误的匹配会十分显著。如果实践社团中的一个参与者认为女性在语言和交际上都应是顺从的，那么任何形式的独断以及"男性化（masculine）"行为都可能被认为是不礼貌或不合适的。因此，不礼貌行为不仅仅是说出冒犯言论的问题，也是对一个人社会身份以及他/她与其他人的关系的呈现以及对何为性别合宜行为的评判问题。

有一些特定的标记或许能帮助我们判断一句话是否礼貌。我们可以从非常广泛的言语行为的发生来分析不礼貌。在一些情况下，它可以归因于一个人长时间的表现，以前发生过的不礼貌"标记（signs）"证明了他/她的话语是不礼貌的。另一些情况下，不礼貌的判断直接体现在一句话中，这句话直白清晰地展现了面子威胁。许多研究礼貌行为的分析者只关注单一的话语层面而忽视了不礼貌的累积过程。所以，不礼貌不是简单的话语内容或表面信息的问题，它应是一种基于假设的意图（hypothesized intention）的评价。这个"意图"是通过一系列不同类型的证据所构建出的。据此，Beebe认为语调是十分重要的。她将"你那愚蠢的语调"归类为轻蔑语调的一个特殊类型，说话人通常带有故意误解和轻蔑的神情，此话语就会被听话人认定为是不礼貌的（Beebe, 1995: 165）。然而，每一个元素都可用于消解其他元素造成的歧义。例如，如果听话人确定说话人给了他/她一个轻蔑的表情，他/她会倾向于把对话中的其他成分理解为尖酸或刻薄的，如将语调或声调归为疑问类。

尽管我一直认为不礼貌是在具体交谈中对其他行为的一种评价，但它实则不仅仅是一种个人评价，因为这种评价是在机构和社区规范情境下构建的。我们评判一个人的话语是否礼貌的一个重要方面取决于机构已经将某些特定语言类型惯例化（routinized）的程度。Thornborrow认为机构倾向于迫使人们做出合法贡献，且"参与者现有的机构身份因完成一些特定行为，其拥有的话语资源和身份会弱化或强化"（Thornborrow, 2002: 4）。就这个方面而言，性别非常重要。正如Walsh（2001）和Baxter（2003）所表明的，在公共领域里，人们认为女性和男性处于相同地位但享有不同的主张或权利。

Culpeper（1996）在关于不礼貌行为的分析中阐释了一个有关于美国陆军训练的纪录片，他挑选出一些他认为是不礼貌语言行为的例子。他列举了几个负责训练的教官对新兵做出的不礼貌事例：咒骂和侮辱这些新兵，质疑他们的能力；给新兵直接下命令，不假言辞；从不对这些新兵说

"请"和"谢谢"这类传统礼貌用语。Culpeper解释道教官使用这种仪式化的侮辱（ritualized insults），是想要训练这些新兵不假思索地接受他们较低的等级地位，从而让他们遵守命令。大体来说，积极礼貌行为是指交际者认同对话双方是共享实践社团的一部分，然而，军队试图去否认新兵们的基本人权，并使用被认为极度不礼貌的语言来强迫他们放弃传统的社会化行为。"在军队这个背景下，不礼貌行为不是激烈争论下的偶然产物，而是军士以一种系统的方式开展的工作"（Culpeper，1996: 359）。但我认为在这样特殊的实践社团中，参与者可能会把这种行为定义为是不礼貌的，也可能不会。在交际中占主体地位的群体——军队代表者军官利用了仪式化和制度化的语言行为代码（codes），使得教官把这种看起来很过分的不礼貌行为当成了规范。这并不是说新兵们没有关注到教官使用这样的语言或者说新兵没有受到这样的语言带来的负面影响，实则每个成员对此都有不同的回应。但他们可能不会把这种行为当作是不礼貌的，因为只有当个人行为与实践社团设定的规范发生冲突时才会定义为不礼貌。更甚于，不礼貌行为也会受到社区团体成员的质疑，他们要么公开抱怨，要么保持沉默，内心憎恶但不去抱怨[8]。

总之，我们不能将礼貌和不礼貌视成是两极对立的，因为不礼貌以不同的、情境选择的方式发挥作用。因此，根据语境来解读不礼貌行为是非常重要的，我们不能只关注在对话中发生了什么。不礼貌实际上是对实践社团所认同的规范的协商或试验，而且显而易见的是，性别观念在评价这些规范方面起到了一定作用。

3. 性别与不礼貌

在近年的女权主义语言学（feminist linguistics）中，第三波女权运动者成了新的性别模型（models of gender），尤其是在语言和交际的性别身份构建中（Bergvall et al.，1996; Holmes & Meyerhoff，2003）[9]。由于他们提出"话语转向（discourse turn）"这一术语，也就是从离散的语言词条分析转向更高的语篇层面的分析，Eckert和McConnell-Ginet指出女权主义语言学不再关注找寻男女说话的差异，因此从"寻找语言单位和说话人社会类别的相关性进步到对当前话语的性别分析"（Eckert & McConnell-Ginet，2003:4）。现在，女权主义语言学家认为性别是人们在交际中表现出来的，而非一个人本身所具有的东西；它是自然流露的，而非达成的（Meyerhoff，2003）。Eckert和McConnell-Ginet认为：

性别不是一个人本质属性的一部分，即一个人是什么，而是一个人所获得的成就，即一个人做了什么。性别是人们构建和宣称身份的一套做法，而不仅是一个可以将人进行分类的系统。此外，性别实践（gender practices）不仅涉及身份的构建，还关系到社会关系的管理（Eckert & McConnell-Ginet，2003: 305）。

在这篇文章中，关于性别和社会关系管理的后一个论断显得格外重要，因为在实践社团中，对女性言语的恰当性以及女性在实践社团的角色的论断对于不礼貌的认定至关重要。

受到Judith Butler的影响，如今性别被视为是一种表述行为，也即，性别是在与别人互动的过程中构建起来，并随着对话发生的语境和恰当行为设定所发挥的作用而改变（Butler，1990）。我们不认为性别是某种先于交际而完成或产生于交际中的东西，而认为它是交际者试图达到或"完成"的事物。此外，性别身份建构于每个交际者所假设的、他们在交际中拥有的性别角色，也构建于他们所假设的、其他人在具体的交际中赋予他们的角色。另外，性别身份与交际者所认为的女性作为一个整体的角色相关。所有这些有关合适角色的假设都会在交际过程中受到或明确或含蓄的肯定及质疑，且经常受到错误解读。Eckert和McConnell-Ginet认为"每个人都有机会表现性别，但表现过程谁能毫无差池地表现哪个角色却受到制约"（Eckert & McConnell-Ginet，2003: 10）。因此，职场女性可能会认为，由于在商业环境中工作，人们会要求她们参照男性言辞规范，语言上说话要直白、打断别人，甚至打趣戏谑，但同处商业环境下的其他人可能会认为这些语言行为总体而言是不适合女性的[10]。

过去的女性主义研究通常认为女性使用的是"缺乏力量的"的语言，例如，她们经常使用诸如附加问句、顺从、谦卑、迟疑等带试探性特征的语言（Lakoff，1975）。大多女权运动者清楚地认识到，事实上并非所有的女性都使用这类语言，但是这种基于白人中产阶级女性的语言行为已经造成了人们对女性形成的刻板印象。Eckert和McConnell- Gine辩解过，不该把这种刻板印象视为存在于人们的实际行为中，尽管它们"组成了规范……这种规范我们不恪守之但趋向之……它们在社会中起到了一个定向装置的作用，一种意识形态地图（an ideological map），展现出我们定位自我和评价他人的可能范围"（Eckert & McConnell-Ginet，2003: 87）。对于一些女性，尤其是白人中产阶级女性来说，这些女性说话的刻板套路（顺从、迟疑以及表达委婉，简言之，用合作的语言说话）在女性自我认同（self-identity）的构建过程中是一个重要的因素，因为她们认为这样表现出了对他人的关心[11]。这样一来，这类女性便会认为，用间接表达方式来达到谈话目的是恰当的。对于其他女性，尤其是女权运动者来说，这些说话方式传递给他人的是缺乏力量（powerlessness）的，应加以抵制或至少要积极的协商。间接表达是一种缺乏力量的体现，应该用直接表达的方式替代之[12]。所以，尽管间接表达明确地表现了多数女性团体的女性气质（femininity），但对她们而言，其价值和作用却不尽相同。

但最近有关于语言和权力关系的讨论中，Thornborrow认为我们应该把说话有力量（powerful speech）当成是交际者可资利用的一套语言资源，而不要去定义某些特定的互动群组有权力或无权力（Thornborrow，2002）。同时，我也认为女性无须仅在话语中使用缺乏力量的表达元素，相反，她们可以策略地融合其所认为的典型的女性和男性谈话规范，以便为自己建立起互动权力和地位（Mills，2003a）[13]。因此，直接表达和打断谈话可视为是与话语权相联系的语言资源，男性女性都可以使用。但如Eckert和McConnell-Ginet所表明的，在特定的语境下，这些语言资源及其反映的权力会间接地映射出男子特性[14]。女性可能会认为她们必须缓和对这些强有力和男性语言形式的使用，以防显得过于离经叛道。尽管强有力的语言资源和协商这些概念十分有用，但我们还需认识到：性别和权力之间是有关联的，且那些常被认为具有男性特征的表达元素往往也是那些在交际中被认为有力且有效的表达元素，至少在公共场合是如此的。典型的具有男性特征并因此有力量的语言特色有：使用直接断言而非间接断言；发誓；强势陈述（unmitigated statements）以及协商意见的表达；一般性面子威胁行为；言语智慧和幽默，不带情绪的语言等[15]。McElhinny证明这些话语规范不仅被认为是典型的男性表达，它们大多数也被认为是展示职业水准（professionalism）（McElhinny，1998）。因此，在分析匹兹堡女警官的言语模式中，她发现在那个特殊的工作环境下，女警官不得不采取男性表达范式，以便在工作中显得专业。

Walsh的研究表明，在公共场所工作的英国女性很难确定自己所处的地位，难以确定应使用什么语言类型（Walsh，2001）。正如Walsh在英国内阁成员克莱尔·肖特（Clare Short）的事例中所讨论的，当女性使用武断的男性表达范式时，可能会受到他人的批评，认为她们过于强势、不够女人。Webster（1990）认为，即便是曾任英国首相的Margaret Thatcher（玛格丽特·撒切尔）这样的女性，也不像其前任首相们那样使用男性语言，而是在演讲中结合了男性和女性表达话语的特点（Webster，1990）[16]。女性在公共场合似乎明显地会根据她们认为能最有效地达到目的而采用处于不同地位的多种表达。所以，她们有时会策略地运用一些看起来属于传统女性的表达形式，如，当她们认为运用更具男性语言特征的行为可能会得不到回应时，她们便会间接地提出请求。同样地，如果有人有意或无意地误解这种间接请求，她们便会使用更直接的男性语言。这可能是一种进行中的过程，女性会根据他人的反应来做出回应。

许多保守的交际者都有这样一个刻板的假设：女性往往更富有同情心和爱心，她们在实践社团中多扮演合作而非竞争的角色。事实上，许多女权主义研究似乎表明，总体而言，女性在谈话时比男性更注重合作（Coates，1996）。然而，Bucholtz（1999）认为我们需要对女性一定比男性更加"友善"这种假设提出批评。我们应该分析这些规则之外的特例，也分析女性选择更合作的原因。一个对操场上女孩的语言行为的研究对这些友善（niceness）的猜想提出了挑战。Harness Goodwin（1998；2001；2003）关注到女孩在玩游戏时体现出了一种激烈的竞争意识，她们会用直接而武断的方式来决定谁可以参加游戏，谁不可以参加游戏。她认为尽管女权主义者倾向于重新评价被认为具有典型女性话语风格的合作策略，也不能因此忽略一个这样的事实："冲突无所不在，在女性交际和男性交际中皆如此"（Harness Goodwin, 2003: 243）。Eckert 和 McConnell-Ginet认同女性"所面临的竞争是与男性相同的，只不过竞争的领域、手段和方式有所不同"（Eckert & McConnell-Ginet, 2003: 125）。由于顾虑别人会依据女性特征评判她们的行为，有一些女性，特别是那些白人中产阶级的女性会使用更加间接的话语风格缓和其进攻性。此外，对女性竞争行为的判断也因人而异，有时一些看上去具有竞争性的行为可能会被当成是不合适或不礼貌的。因此，在一个特别保守的实践社团中，如果女性采用男性谈话范式，可能会被认为是不恰当的，因而是不礼貌的行为。

总而言之，当我们分析性别和不礼貌之间的关系时，重要的是去分析对话参与者认定性别身份的方式，以及他们如何看待他人对其所使用的语言的评论。如果别人有可能把武断和其他男性谈话形式看成是具有进攻性的，那么女性可能就会考虑策略地使用一些更具女性特点的谈话方式，以达到她们的目的。但是，我们不应该就此认定女性在本质上一般比男性更"有礼貌"或是没有男性那么"不礼貌"。

为了说明语境决定了我们是否把一些行为判定为不礼貌，且传统的性别观念和判断方式在判定不礼貌行为时起到了重要的作用，我将举一个最近发生在我身上的相当老套的事例（banal incident）。当然，轶事证据会受到很大质疑。一些女权主义语言学家如Robyn Lakoff（1975）在概括女性语言行为时，由于依赖轶事证据而受到猛烈抨击。但在不礼貌行为的分析中，我们必须明确清楚语境对于不礼貌的判断起到了至关重要的作用。因此，在这个意义上，使用轶事事例能让我阐明在这个特别的事例中不礼貌评判的运作方式和不礼貌行为的开展机制[17]。但总的来说，这件轶事的分析结果不能泛化为"女性语言"的依据[18]。

我的一位上了年纪的姑妈因为觉得被怠慢而对我十分生气，但她不是那种轻易讨论异议和问题的人，所以她通常用一些间接方式表现她的不满[19]。她没有工作，一辈子待在家里照顾家人，且与家中的其他成员都保持着良好的关系。此外，若她不赞成一些行为，她也会干预家里的其他成员。一般来说，我姑妈对挑选和寄送生日贺卡非常上心，她不仅保证每一张生日卡片上都会有一幅漂亮的图画（这些图画多是出自她敬仰的一位画家之手），还要保证她送出的生日卡片适合收到卡片的人。在我生日的那天，她送给我了一张非常无趣的卡片，卡片封面有个很小的插图，里面只有一句极简（但不失礼貌）的祝福语（"最好的祝福"，而不是"给你大大的爱"）。如此，她似乎在强调我们之间不够亲密的距离。当我收到这张卡片并与她之前送我的那些生日卡片做对比时，我清楚地认识到她在有意地表现不礼貌或是至少有意地表现出了她对我的恼火[20]。就很多我认为是典型的女性表达不礼貌的间接行为而言，说话人提供了可理解为不礼貌行为的信息，但同时也保留了这样一种可能性：若这种信息直接被指责为不礼貌，那么说话人可以否认这样的不礼貌判定。如果这张平淡无奇的卡片是家里其他成员送给我的，我不会认为它代表了某些特殊含义。事实上，我会猜想他们可能是没有足够的时间去买张更好的卡片。面对姑妈这样间接的信息表达，大多数家庭成员都会选择或倾向于忽略这些信息，也即不去承认自己受到了故意的不礼貌对待，但同时清楚地接收到传递而来的信息。对于像我姑妈这样年代或阶级的女性，这种行为方式是极其有效的，她们可以从中获得极大的交际权，且在非对抗情形下就可以表达出他们的不满。因此，姑妈采用了具有典型女性特征的间接行为方式，由于我了解她在实践社团中以往的行为方式，这种间接形式对我很有效。所以，在所有的对话交流中，我们会对每个人所扮演的性别角色做出合理的猜想，然后据此来判断他们的行为方式。

所以，性别不是某种让我们相信男女说话方式不同的东西，而是影响我们评判一场对话中典型性别行为范式是否起作用的因素。因此，认识到性别身份是在交际中构建而成的是非常重要的。在上述事例中，我姑妈的间接不礼貌行为便可以看成是构建保守女性身份（conservative feminine identity）的一部分，一般涉及管理家庭内部的社会关系，不会造成直接的冲突和明显的关切问题。对于她来说，不礼貌行为包含公开讨论冲突，在某种程度上，这样的策略可能会令她的女性身份受到怀疑。在此事例中，她得以清楚地表达了自己的观点而又不会冒被指控为不礼貌的危险。所以，从这个事例我们可以看出，礼貌和不礼貌的区分在于交际者的判断。

4. 结语

不礼貌不是某些言语行为的本质属性，而是由交际者做出的对他人行为合适与否的一系列判断。这些判断受到了对性别合宜行为的刻板印象和其他传统的影响，这是很重要的。如果我们把性别当成是在每个互动中表现出来的东西，且根据过往行为和群体所认为合适的行为方式来判断自己的语言行为，那么白人中产阶级女性选择用间接的说话方式可能会帮助达到她们的目的，即不引发冲突，以表现出对实践社团的关切，即使其他人很可能认为这是一种缺乏力量的表现（或者在这种情况下仍然会认为是不礼貌的）。其他女性可能会选择使用更加直接的语言来表现她们的独立性和专业性（professionalism），但是这样可能会被评判为具有进攻性或不礼貌。因此，不礼貌行为的分析应该包括对在具体的实践社团中所做出的判断的分析。当我们思考人们如何做出这些判断时，把性别看作一个重要因素是至关重要的。

注释：

1. 此节有关不礼貌的论述是根据Mills（2003a）中一章的部分内容而修改。

2. 可以认为Brown和Levinson事实上隐含地考虑过不礼貌行为，因为他们的大量分析专门描述面子威胁行为；但是，他们的大多数工作描述的礼貌是为了避免面子威胁行为，而不是关注面子威胁行为或不礼貌的本质。

3. McElhinny确实主张"实践社团的概念……充当局部分析与整体分析之间的中介区"（McElhinny, 2003: 30）。因此，对她而言，实践社团是至关重要的，是一个个体协商社会价值的舞台。

4. 然而，学术讨论中得到所有参与者认可的好斗风格（combative styles）这一概念假定了传统上视为男性风格的东西实际上是中性的。很多女性研究者及一些男性研究者认为这种好斗风格非常令人不舒服，认为好斗风格并未导向真正富有成效的辩论。

5. 的确，我主张我们应重新思考"威胁"这类言语行为分类的自明性（self-evident nature）问题，因为为了把某个东西归类为威胁，我们不得不在话语上采取某种立场，使自己跟说话人或听说人结盟。把某个东西归入威胁的类型是对话语的一种评估，是与听话人结盟，而非做分析。

6. 因此，Beebe区分偶发性不礼貌和有意不礼貌，在此我不保留这种区分，因为我认为这不是简单的区分，而是必须由交际者自己去建立的区分，很可能存在不同看法。

7. 恰当性不是意识形态中立（ideologically neutral）的概念，而这正是为什么我要强调它是一个假设的范式（a hypothesized norm），一个假设所有个体如何就位的范式。但这个过程要通过更宽泛的社会规范（societal norms）才能知道什么行为被认为适合哪种性别（gender-appropriate）。因此，当个体假设某个行为是实践社团认为适合他们的，他们必然也审视这些社交规范（social norms）是质疑他们还是肯定他们。

8. 以仪式化的方式进行侮辱的另一个机构语境是下议院（the House of Commons），尤其是在首相提问时间（Prime Minister's Question Time）所使用的语言。Harris（2001）和Shaw（2002）都分析过这种情况：在其他语境下势必被视为威胁面子的语言，在该语境下不会被视为不礼貌，通常只是评估和考虑其言语技巧而已。

9. 第二波女权主义在很大程度上将女性与被压迫群体联系起来，她们的语言反映了她们的从属地位（Lakoff, 1975）。第三波女权主义者不把性别身份看作是预先存在的互动，而是把它看作是在每一次互动中形成的，是在社交中建构起来的（Mills, 2003b; Holmes & Meyerhoff, 2003; Eckert & McConnell-Ginet, 2003）。

10. 然而，Mullany（2003）发现，商业环境下女性和男性往往使用更具女性风格的话语，这也许由于她所称的"公共话语的会话化（the conversationalisation of public discourse）"。在许多公共场合，特别是在工作环境中，这种讲话方式可能是一种发展势头，因为更多的女性讲话形式被认为是更有效的，如Cameron（2003）所展示的。不过，Walsh（2001）坚决主张在一般的公共话语中，如果女性身处男性规范盛行的环境中，比如在下议院，当女性使用这些女性语言风格时，她们的介入会被低估。女性可能因此而陷入双重束缚（be caught in a double-bind），她们被视为是异常的，如果她们采取男性的规范，会被视为离经叛道，如果她们采取女性的语言风格，则会被认为毫无效果。

11. 即使在该群体内，也存在着年龄和教育上的极大差异（Eckert，2003；Trechter，2003）。我们必须将这些因素视为以不同的方式构成的一个人的性别身份。

12. 对于其他妇女，特别是非裔美国妇女来说，间接性未必是构建她们性别身份必不可少的部分（Harness-Goodwin，2003；Trechter，2003）。

13. 然而，Diamond在她对一群心理治疗师的分析中发现，那些处于强势地位的人无需使用强有力的男性语言模式，而是选择依赖团体的机构力量，把他们看似女性化的讲话形式编码为强有力的话语（Diamond，1996）。

14. 感觉好像男性化和女性气质的概念已经结束了它作为概念的用途；然而在这里，我使用这些术语作为速记来标示某些类型的行为，它们间接地指向性别（Ochs，1992）。

15. 尽管应当承认，这些特点也与粗俗行为（boorish behaviour）有关，且在某些实践社团中可能被视为负面的东西。

16. Cameron指出："从来没有人赞许过Margaret Thatcher说'接触到了她阳刚之气的一面'"（Cameron，2003：463）。

17. Cameron（1998）认为，轶事有时可以作为一种工具来说明和封装某些类型的语言特征的功能。

18. 如果研究者不是参与者，那如何分析数据就是一个有趣的问题。但应该可以采访参与者并获得信息，这些信息有助于评估在参与者看来，某一特定的实践社区中什么是合适的。

19. Eckert（2003）认为考虑互动中年龄因素是重要的。

20. 我们有充分的理由认为，这里发生的事情实际上并不是不礼貌的，对许多读者来说，这一事件完全不会被认为是不礼貌的，也许只是传递了我姑姑心里不愉快的信息。然而，作为收到该卡片的当事人，我认为这是不礼貌的。

参考文献

[1] Baxter, Judith, 2003. Positioning Gender in Discourse: A Feminist Methodology. Lon-don: Palgrave.

[2] Beebe, Leslie M. ,1995. Polite fictions: Instrumental rudeness as pragmatic competence. In Linguistics and the Education of Language Teachers: Ethnolinguistic, Psycholinguistics and Sociolinguistic Aspects. Georgetown University Round Table on Languages and Linguistics, James E. Alatis, Carolyn A. Straehle, Brent Gallen-berger, and Maggie Ronkin (eds.), Georgetown: Georgetown University Press: 154-168.

[3] Bergvall, Victoria L., Janet M. Bing, and Alice F. Freed (eds.), 1996. Rethinking Language and Gender Research: Theory and Practice. New York: Longman.

[4] Brown, Penelope and Stephen Levinson, 1978. Universals in language usage: Polite-ness phenomena. In Questions and Politeness: Strategies in Social Interaction, Es-ther Goody (ed.). Cambridge: Cambridge University Press: 56-289.

[5] Brown, Penelope and Stephen C. Levinson, 1987 (1978). Politeness. Some Universals in Language Usage. Cambridge: Cambridge University Press.

[6] Bucholtz, Mary, 1999. Bad examples: Transgression and progress in language and gender studies. In Reinventing Identities: The Gendered Self in Discourse, Mary Bucholtz, A.C. Liang, and Laurel A. Sutton (eds). Oxford: Oxford University Press.

[7] Butler, Judith, 1990. Gender Trouble: Feminism and the Subversion of Identity. Lon-don: Routledge.

[8] Cameron, Deborah, 1998. "Is there any ketchup, Vera?": Gender, power and pragmatics. Discourse and Society, 9(4): 435-455.

[9] Cameron, Deborah, 2003. Gender and language ideologies. In The Handbook of Language and Gender, Janet Holmes and Miriam Meyerhoff

(eds.). Oxford: Blackwell.

[10] Coates, Jennifer, 2003. Men Talk. Oxford: Blackwell.

[11] Coates, Jennifer, 1996. Woman Talk. Oxford: Blackwell.

[12] Culpeper, Jonathan, 1996. Towards an anatomy of impoliteness. Journal of Pragmatics, (25): 349-367.

[13] De Klerk, Vivian, 1997. The role of expletives in the construction of masculinity. In Language and Masculinity, Sally Johnson and Ulrike Meinhoff (eds.). Oxford: Blackwell: 144-159.

[14] Diamond, Julie, 1996. Status and Power in Verbal interaction: a Study of Discourse in a Close-knit Social Network. Amsterdam/Philadelphia: John Benjamins

[15] Eckert, Penelope, 2003. Language and gender in adolescence. In The Handbook of Language and Gender, Janet Holmes and Miriam Meyerhoff (eds.). Oxford: Black-well.

[16] Eckert, Penelope and Sally McConnell-Ginet, 1998. Communities of practice: Where language, gender and power all live. In Language and Gender: A Reader, Jennifer Coates (ed.), 484-494, Oxford: Blackwell.

[17] Eckert, Penelope and Sally McConnell-Ginet, 1999. New generalisations and explanations in language and gender research. Language in Society, 28 (2): 185-203.

[18] Eckert, Penelope and Sally McConnell-Ginet, 2003. Language and Gender. Cam-bridge: Cambridge University Press.

[19] Eelen, Gino, 2001. Critique of Politeness Theories. Manchester: St Martins Press.

[20] Harness Goodwin, Marjorie, 1998. Games of stance: Conflict and footing in hop-scotch. In Kids Talk: Strategic Language use in Later Childhood, Susan Hoyle and Carolyn Adger (eds.). Oxford and New York: Oxford University Press: 22-45.

[21] Harness Goodwin, Marjorie, 2001. Organising participation in cross-sex jump rope: situating gender differences within longitudinal studies of

activities. Research on Language and Social Interaction, 34(1): 75-106.

[22] Harness Goodwin, Marjorie, 2003. The relevance of ethnicity, class and gender in children's peer negotiations. In The Handbook of Language and Gender, Janet Holmes and Miriam Meyerhoff (eds.). Oxford: Blackwell.

[23] Harris, Sandra, 2001. Being politically impolite extending politeness theory to adver-sarial political discourse. Discourse and Society, 12(4): 451-472.

[24] Haverkate, Henk, 1988. Toward a typology of politeness strategies. Multilingual, 7(4): 385-409.

[25] Holmes, Janet and Miriam Meyerhoff (eds.), 2003. The Handbook of Language and Gender. Oxford: Blackwell.

[26] Jary, Mark, 1998. Relevance theory and the communication of politeness. Journal of Pragmatics, (30): 1-19.

[27] Kienpointner, Manfred, 1997. Varieties of rudeness: Types and functions of impolite utterances. Functions of Language, 4 (2): 251-287.

[28] Lakoff, Robin, 1975. Language and Woman's Place. New York: Harper and Row. Lycan, William, 1977. Conversation, politeness and interruption. Papers in Linguistics, 1-2 (10) Spring: 23-53.

[29] McElhinny, Bonnie, 1998. "I don't smile much any more": Affect, gender and the discourse of Pittsburgh Police Officers. In Language and Gender: A Reader, Jennifer Coates (ed.). Oxford: Blackwell: 309-327.

[30] Mills, Sara, 2003. Gender and Politeness. Cambridge: Cambridge University Press.

[31] Mills, Sara, 2003b. Third wave feminism linguistics and the analysis of sexism. Discourse analysis online, 2(1): 1-19.

[32] Mullany, Louise, 2003. Identity and Role Construction: A Sociolinguistic Study of Gender and Discourse in Management. Unpublished PhD thesis. Nottingham Trent University.

[33] Ochs, Elinor, 1992. Indexing gender. In Rethinking Context: Language as an Interactive Phenomenon, Alessandro Duranti and Charles Goodwin

(eds.). Cambridge: Cambridge University Press.

[34] Shaw, Sylvia, 2002. Language and Gender in Political Debates in the House of Commons, PhD thesis, Institute of Education, London University.

[35] Spencer-Oatey, Helen, 2000. Rapport Management: a framework for analysis. In Culturally Speaking: Managing Rapport through Talk Across Cultures, Helen Spencer-Oatey (ed.). London: Continuum: 11-46.

[36] Tannen, Deborah, 1981. New York Jewish conversational style. International Journal of the Sociology of Language, (30): 133-139.

[37] Thornborrow, Joanna, 2002. Power Talk: Language and Interaction in Institutional Discourse. Harlow: Longman.

[38] Trechter, Sara, 2003. A marked man: the contexts of gender and ethnicity. In The Handbook of Language and Gender, Janet Holmes and Miriam Meyerhoff (eds.). Oxford: Blackwell.

[39] Walsh, Clare, 2001. Gender and Discourse: Language and Power in Politics, the Church and Organisations. Harlow: Longman/ Pearson.

[40] Webster, Wendy, 1990. Not a Man to Match Her: The Marketing of a Prime Minister. London: Women's Press.

礼貌、面子及人际关系的感知
——解开其基础与相互关系的谜团

Spencer-Oatey, Helen. 2005. (Im)Politeness, Face and Perceptions of Rapport: Unpackaging their Bases and Interrelationships[J]. Journal of Politeness Research: Language, Behaviour, Culture, 1(1): 95-119.

摘　要：本文重点关注人际关系（rapport）（Spencer-Oatey，2000，2002），因为（不）礼貌通常在一定程度上与和谐或冲突的人际关系相关。本文讨论了哪些因素影响人们对人际关系的动态理解，并提出三个重要因素：行为期望（behavioral expectations）、面子敏感（face sensitivities）以及交际需要（interactional wants）。文章探讨了这三个因素的构成，并应用真实的话语语料，说明人们对人际关系的判断如何通过这三个因素得以开启，使我们能更深刻了解哪些因素影响人们对人际关系的动态判断（dynamic judgments），这对于正确理解人际关系如何形成以及为何形成是至关重要的。

关键词：面子；礼貌；人际关系；价值；身份；文化

1. 引言

　　虽然语言学家对于礼貌本质的争论已经持续了很长一段时间，但对于到底什么是礼貌则仍未达成共识。有人从面子的角度解释礼貌（Brown & Levinson 1987）；另一些人用礼貌准则（politeness maxims）解释礼貌（Leech，1983；Gu，1990）；还有些人采用规范的方法（normative approach），认为礼貌要么蕴涵着对会话契约（conversational contract）的维护（Fraser，1990），要么是恰当但有标记的行为（marked behavior）（如Watts，2003；Locher，2004）。虽然这些观点存在分歧，但他们似乎都认可礼貌在一定程度上与和谐或冲突的人际关系相关，Spencer-Oatey（2000，2002）称其为人际关系管理（rapport management）。

　　本文关注人际关系管理，探讨影响人们动态地感知（dynamic perceptions）人际关系的因素。本文并不打算将语言结构与这些感知关联起来，因为正如Fraser和Nolan（1981: 96）所指出的，"没有哪个句子是固有的礼貌或不礼貌"；也不描述人们在交际中如何动态地管理（不）礼貌、面子和/或人际关系。本文关注人际关系管理的判断依据，并提出三个重要因素，即行为期望、面子敏感和交际需要。文章揭开这三种因素的构成的原因，使人们可以更深入地理解影响人们做出动态判断的因素。这对于我们理解冲突或理解不同评价如何产生及为何产生是极其重要的。

2. 人际关系（管理）

　　人际关系指人与人之间相对和谐、顺畅的关系，人际关系管理指人与人之间关系的管理（或处理失当）。

　　正如Spencer-Oatey（2000: 29-30）指出，人们可能对彼此持有不同的关系取向（rapport orientations）。例如，他们可以持有增进人际关系取向（rapport-enhancement orientation）（增强或增进交际者之间人际关系的欲望）、维持人际关系取向（rapport-maintenance orientation）（维持或保护人际关系的欲望）、忽略人际关系取向（rapport-neglect orientation）（或许因为只关注自身，对人际关系质量缺少关注或兴趣），或者挑战人际关系取向（rapport-challenge orientation）（挑战或损害人际关系的欲望），持有不同取向的目的可能因人而异。当然，在一次交际或一系列交际的过程中，他们的取向可能动态地变化着。

　　因此我认为，人际关系管理不仅包括增进或维持顺畅关系的行为，也包括任何影响人际关系的行为，无论这些行为是积极、消极或是中性的。

　　由于人与人之间进行交际，人们会对自己的人际关系是否得以增进、维持或被破坏进行动态的判断。这些（有意或无意的）判断很大程度上都基于对人际关系三个重要基础及其相互关系的评估，即行为期望、面子敏感和交际需要。下文将对此层层揭示。

3. 行为期望与（不）礼貌

3.1 什么是（不）礼貌？

Brown和Levinson（1987）在其关于礼貌的开创性著作中提出面子是礼貌的重要的潜在动力。他们认为某些言外行为，如要求、建议、提议和恭维，从内在看就是威胁面子的行为，说话人必须选择适当的语言策略以减轻这种面子威胁，因此而"有礼貌"。因此他们采用"绝对"的方法（an "absolute" approach）研究礼貌，预先识别那些要求礼貌的交际信息类型，以及表达礼貌所需的语言策略。

Leech（1983）也同样采用"绝对"的方法研究礼貌。他确立了很多礼貌准则，比如得体准则（最小限度地使他人受损，最大限度地让他人收益）、赞誉准则（最小限度地贬低他人，最大限度地赞扬他人），并且暗示说话人越维护这些准则就越显得礼貌。

许多学者对该观点提出异议。例如：很多学者（Gu，1990；Spencer-Oatey，2000）指出Brown和Levinson（1987）将言外行为（illocutionary acts）认定为威胁面子，但事实并非总是如此；其他学者（Spencer-Oatey & Jiang, 2003）认为Leech所提出的礼貌准则的"普遍效价"（"universal valences"）并不能适用于所有的文化和语境。此外，还有很多学者（Fraser & Nolan，1981；Holmes，1995；Watts，2003；Locher，2004）有力地证明了礼貌需要语境来判断（a contextual judgment）：没有任何语言结构可以被认定为内在的礼貌或不礼貌，我们不能（也不该）试图"预测一种语言的说话人将在何时用何种方式输出礼貌语言"（Watts，2003：160）。

我认同这种观点。我认为（不）礼貌是人们对口头和非口头行为的社会适当性做出的主观判断。换言之，并不是说行为本身就是礼貌、明智（Watts，2003）或者不礼貌的；而是说，（不）礼貌是人们附加在行为上的一种评价标签，是他们对社会恰当性（social appropriateness）的主观判断的结果。我视（不）礼貌为一个涵盖性术语（an umbrella term），涵盖了各种各样的评价意义（evaluative meanings）（如热情、友好、周到、尊敬、恭敬、无礼、放肆、粗鲁）。这些意义可具有积极、消极或中性的内涵，而这些判断会影响人们对社会关系、人际关系或人际关系和谐与否的感知。

人们对社会恰当性的判断主要基于他们的期望，这些期望源于他们对行为的信念（beliefs about behavior）：什么是规定的，什么是允许的，什么是禁止的。规定行为（prescribed behavior）是法律和/或社会义务行为：人们有义务履行这种行为，而他人期望（并相信他们有权利）体验这种行为。相反地，禁止行为（proscribed behavior）就是法律上和/或社会上禁止的行为（如种族主义言论），人们有义务避免这种行为，而他人有权拒绝体验这种行为。省略规定行为并实施禁止行为通常被理解为"消极事件"（"negatively eventful"）（Goffman，1967: 7）。Watts（2003）将此行为称为"不明智"或"不礼貌"（"non-politic" or "impolite"），Kasper（1990）称之为"粗鲁"。

允许行为（permitted behavior）指得到许可的行为，但从技术上来讲既非规定行为也非禁止行为。有些允许行为不是社会期望的，但如果对社会有利，它发生时人们会视其为"积极事件"（"positively eventful"）（Watts，2003；Kasper，1990称之为"礼貌"）。另一方面，如果它在社交中不怎么明显，就可能不被人察觉（Watts，2003称之为"明智"；Kasper，1990称之为"不礼貌"）。然而，某些允许行为极为常见，且期望程度极高，人们往往将这些行为视为是义务的，因此如果人们不实施这种行为，就可能被认定为是不礼貌或粗鲁的。

正如Watts（2003: 160）所主张的，一种社会礼貌模式（a social model of politeness）必须"为研究者提供方法，通过这些方法可以说明个体语言使用者何时且可能因何原因在口头的社会交际中将话语归类为礼貌"、明智或不礼貌。同时，这种社会礼貌模式也必须能够"解释个体认同或不认同什么是'（不）礼貌的'语言（'(im)polite' language）"。换言之，我们需要揭示（不）礼貌的判断依据，下节集中讨论这点。

3.2 （不）礼貌的判断基础

如图1所示，行为期望和源自行为期望的（不）礼貌判断有一些相互联系的基础。

有些期望基于契约/法律协议（contractual/legal agreements）和要求，比如，提供同等聘用机会及避免歧视行为。其他期望基于角色规范（role specifications），有时可能是显性的（如，工作合同中规定的职责），但通常涉及大量的隐性规定（implicit specifications）。

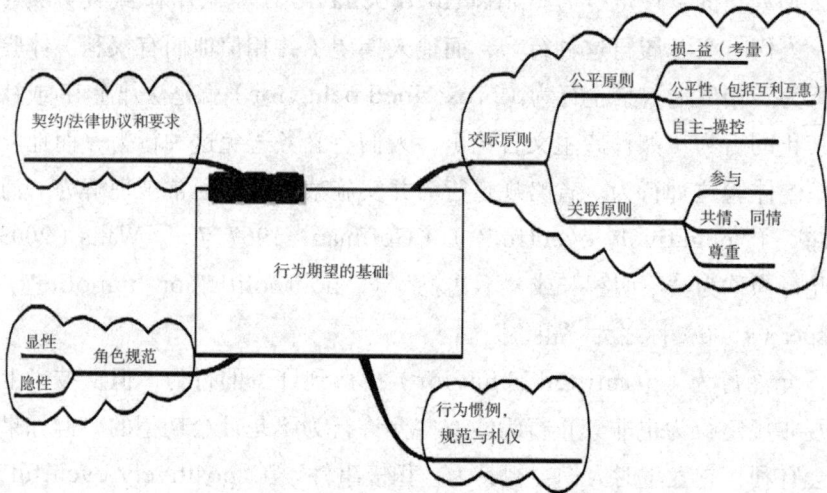

图1　行为期望基础

行为期望往往基于行为惯例（behavioral conventions）、规范和礼仪（norms and protocols）。如：工作小组在组织团队会议中形成惯例，比如是否有议程，如果有，遵守的程度如何，人们是否可以随便坐，还是要按地位或角色来就座。这些惯例是规范（normative）而不是明文规定的职责（black-letter duties）（Moghaddam et al.，2000：282），但它们往往带有规定、禁止的寓意，影响人们对行为责任的期望，触发（不）礼貌判断。社交礼仪和仪式与交际惯例密切相关，例如，公式化和/或礼节性行为（formulaic and/or ritualistic behaviors）具有社会指示功能，或顾虑到面子。如，当人们见面时，要进餐时，或者庆祝某个特殊事件时，可能会期望礼节性的话语或行为。

惯例和礼仪尤为需要语境，并随着一系列的语境变量（contextual variables）的变化而变化，如，交际活动类型、交际环境的（宏观和微观）性质、参与者关系的性质（如，按等级划分或平等的）。此外，惯例存在于一系列的域（domains）中，包括以下Spencer-Oatey（2000：19-20）

已确立的域：

——言外行为域（the illocutionary domain）（道歉、请求和表扬等言语行为）

——话语域（the discourse domain）（话语内容和交流结构，包括话题选择、信息组织和排序）

——参与域（the participation domain）（交流的程序，如：话轮转换[同时发生和话轮间的转换停顿，话轮转换权利和义务]，包括或排除在场人物，听话人采取/不采取[口头和非口头]回应）

——文体域（the stylistic domain）（交流的风格，如：语调的选择（如严肃的或戏谑的），恰当的词汇和句法的选择，恰当的称谓语选择或敬语的使用）

——非言语域（the non-verbal domain）（非言语交流，如：手势和其他肢体动作、眼神交流和空间关系（proxemics）

交际原则也会导致行为期望。交际原则与会话准则在许多方面是相似的（Leech，1983；Gu，1990），除了与价值观和/或信仰关系更为密切外，其本质上是有层级的，十分依赖语境（参见Spencer-Oatey & Jiang，2003）。我提出两条上层原则（superordinate principles）：公平原则（the equity principle）和关联原则（the association principle）。这两条原则彼此互补，可根据语境和/或个人偏好赋予其不同的重要性。

根据公平原则，人们深信他们有权得到他人的尊敬，被公平对待；换言之，他们没有受到过多的强迫，没有遭到不公平的摆布，没有被人利用或剥削。该原则有利于维护人们自我的独立构念（independent construals）（Markus & Kitayama，1991），似应包括三个部分：损益考量（cost-benefit considerations）（不该被剥削或置于不利地位的原则）、公平与互利互惠（fairness and reciprocity）（损–益必须"公平"并大致保持平衡的信念）、自主–操控（autonomy-control）（人不该受到过度操控或逼迫的信念）。公平原则导致了对上述诸方面的行为期望，例如，提出"代价高的"请求时，其措辞应不同于无足轻重的请求，恩惠应得到回报，工作中上司对雇员的要求只能"与工作相关"。（显然，在不同文化群体和个体中，这些期望的性质会有所变化，并且依赖于角色规范和行为惯例。）根据关联原则，人们深信自己有权与他人交往，这种交往符合彼此之间的关系类型。该原则有利于维持人们自我的互依构念（interdependent construals），似应包括三个部分：参与（involvement）（人们应该参与适当次数和类型的"活动"的原则）、共情（empathy）（人们应该适当地与他人分享所关心的事、感情和兴趣的信念）、尊重（人们应该对他人适当尊重的信念）。关联原则导致对这些方面的行为期望，例如，朋友应经常互相拜访、打电话，老师应关心学生的个人福祉，年轻人应尊重老年人。（同样地，这些责任的性质和履行，以及与之相关的期望又会在不同文化群体和个体之间有所变化，也依赖于角色规范和行为惯例。）

人们产生的期望与每一个因素相关，而这，成为人们判断（不）礼貌的基础。

4.面子

4.1 什么是面子？

Brown和Levinson（1987: 61）在其关于礼貌的开创性著作中将面子定义为"每个成员意欲为自己争取的公众自我形象"，并提出它由两个相关方面组成：消极面子（negative face）和积极面子（positive face）。在他们的模型中，消极面子是个人不受他人妨碍、根据自己意愿自由行动而不被干涉的需要和愿望；积极面子是个人在个性、愿望、行为、价值观等方面被赏识和认可的需要。换言之，消极面子体现了获得自主的愿望，而积极面子体现了获得认可的愿望。

很多语言学家对Brown和Levinson（1987）把面子概念化（conceptualization of face）的做法提出质疑。例如Matsumoto（1988），Ide（1989）和Mao（1994）都指出在日本和中国社会中"社会身份"（"social identity"）这一概念的重要性。例如，Matsumoto（1988: 405）论证如下：

日本人最关心的不是自己的领域，而是在群体中自己相对于与他人的地位，以及这些人对他/她的接受度。他人认为某个人没有了解和认识到某群体的结构和等级，这个人就丢面子。……日本人通常必须了解自己在群体或社会中相对于其他成员的地位，也必须认识到自己对他人的依赖性。支配着所有社会交际的是对他人相对地位的认识和维护，而非对个体人固有领域的保护。

换言之，Matsumoto（1988）对Brown和Levinson（1987）的批评有两个方面：一方面，他们忽略了面子中的人际和社会角度，另一方面，他们过度强调个人自由和自主的观念。

与此相同，Mao（1994）提出形成人们交际行为的两股竞争力量：理想的社会身份（the ideal social identity）以及理想的个人自主（the ideal individual autonomy）。一方面，理想化的社会身份促使群体成员与其他成员交往，培养一种同类感（a sense of homogeneity）；另一方面，理想化的个人自主促使成员维护自己的行动自由，划分出独立且几乎不可侵犯的空间。Mao（1994）将其中一种偏好称为"相对面子定位"（"relative face orientation"），指出他的区分很大程度上与自我独立构念和自我互依构念的区分相类似（参见Markus & Kitayama，1991；Morisaki & Gudykunst，1994；Ting-Toomey & Kurogi，1998）

Scollon和Scollon（1995: 36）对参与面子（involvement face）和独立面子（independence face）做出类似的区分。参与面子关注的是"个人有权也有需要被认为是正常的、有贡献的、起支柱作用的社会成员"；独立面子强调个人"有权不完全被群体或社会价值观所操控，且不受他人所逼迫"（1995: 37）。他们解释道，这两方面都是面子所固有的，需要在两者之间维持适当的平衡：过多地参与会威胁个人的独立，但给予过多的独立又会威胁他/她的参与感。

就自主和强迫（imposition）而言，Gu（1998）持否认观点，认为这些关注点仅限于对西方的关注。他指出东方文化中也存在这些问题，只是它们与面子无关。

Ho（1994）进一步区分：Goffman（1967）的面子概念是基于特定情境的（situation specific），而中国的面子概念与特定语境无关。例如，

Goffman阐明：

> 面子这一术语可定义为，一个人通过某种他人猜想他在特定交际中采用的策略，有效地为自己争取的积极社会价值。……一个人的面子显然不是某种留在其身体内部或身体上的东西，而是某种分布在那次会面的一连串事件中的东西。

> Goffman（1967: 5，7）（下划线部分是重点，为本文作者所加）

Ho（1994）指出中国人的面子概念并不局限于情境接触：

> 根据中国人的概念，面子可根据更为持续、受公众认同的属性来定义，这些属性能够确定人在社会网络中的地位。这样一来，在一定时间内的各种情境下，一个人的面子大体保持一致，除非公众对他/她的行为、表现、社会地位的认识发生重大变化。

> Ho（1994: 274）

因此，区分两种基本类型的面子具有重要意义：特定情境（situation-specific）面子和泛情境（pan-situational）面子。我建议将它们分别称为体面面子（respectability face）和身份面子（identity face）。

体面面子指的是一个个体或社交群体在（更大的）的社团里拥有和获得的威望、荣誉或"好名声"。它体现了中国人的面子（mianzi）和脸（lian）的概念，与Ho（1976）对面子的定义十分相似：

> 一个人通过自己在社会网络中的相对地位，以及人们对他[她]在该位置充分发挥作用的程度，判断他[她]的总体行为令人满意的程度，而获得的他人的尊敬和/或服从；通过他人而延伸到某个人的面子，是对他[她]生活中的总体情况，包括他[她]的行动以及与他[她]密切相关的那些人的行为，和他人对他[她]的社会期望的恰当程度的功能做出判断。

> Morisak & Gudykunst（1994:50），转引自Ho（1976: 883）

就体面面子而言，用定量术语（quantitative terms）来思考它，提出"一个人有多少[体面]面子"这样的问题是有意义的（Ho，1994: 275）。这是因为体面面子是一种复合测量，反映了归因于下列属性的相对分量：生理变量（如年龄、性别）、相对属性（如婚姻关系）、社会地位指标（social status indicators）（如受教育程度、职业地位、财富）、正式头衔/地位/级别、个人名声（道德或不道德）以及诚实正直（Ho，1994: 276）。正如Ho指出的，不同文化中不同属性的重要程度会有所变化，所以在不同国家和社会群体中，其体面面子的基础可能会大不相同。

另一方面，身份面子是基于具体情境的面子敏感，极为脆弱。它与Goffman的面子概念十分相似：

面子这一术语可定义为，一个人通过某种他人猜想他在特定交际中采用的策略，有效地为自己争取的积极社会价值。面子是依据被认可的社会属性而描绘的自我形象——尽管当一个人凭借展示自身的优秀来表现自己职业或宗教的优点时，其他人可能也共享了这种形象。

Goffman（1967: 5）（下划线部分为重点，为本文作者所加）

Goffman的这个定义有以下要点：

——对（这种）面子的要求反映了人的社会价值观
——对（这种）面子的要求与特定社会属性相关
——对（这种）面子的要求发生于特定的社会接触/交际中

此外，我把对社会群体成员的需求也纳入身份面子。

由于在具体交际接触中，威胁面子或增进面子的是身份面子而不是体面面子，下节主要关注身份面子。

4.2 面子敏感的基础

就（不）礼貌判断而言，人们从主观上感受到潜在或实际的面子威胁，这些面子威胁是基于语境的判断和反应。因此，了解面子敏感的基础也极具重要性。社会心理学著作（Simon，2004）就自我方面（self-aspects）提供了一些见解。

借鉴Linville（1985）的模型，Simon的身份自我方面模型（self-aspect model of identity）认为自我理解涉及不同数量的自我方面，这些自我方面被定义为认知范畴或概念，用于处理和组织有关自身的信息。他提出"除了其他内容，自我方面可特指普遍的心理特征或特点（如内向）、外在特征（如红头发）、角色（如父亲）、能力（如双语）、品味（如偏爱红酒）、态度（如反对死刑）、行为（如"我勤奋工作"）以及明确的群体或范畴成员（如共产党员）"（Simon，2004: 45）。

我认为人们对身份面子的需求是基于积极社会价值的，因为它们与各种自我方面相关联。对于他们的身份来说，有些自我方面比其他自我方面更重要，敏感就这样产生于这些自我方面。那么，如果这些自我方面的敏感性被怀疑或破坏，人们就可能感觉到面子威胁；相反，如果他们的敏感得到适当的迎合，他们就可能感到身份面子增进了。这些敏感产生于一系列的因素，包括：身体特征和身体控制（如皮肤瑕疵、打嗝）、财产和物产（物质的和附属的）、表现/技能（如音乐表演）、社会行为（如送礼、粗鲁手势）和言语行为（如言语行为措辞、文体选择）。

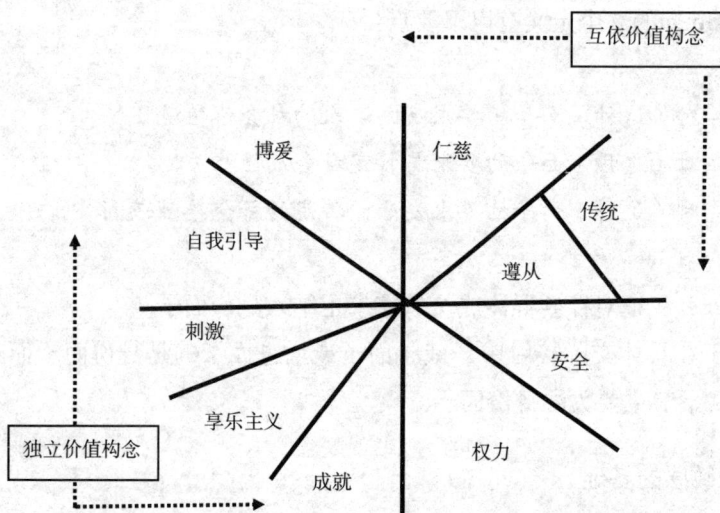

图2 Schwartz的价值构念及其结构关系（Schwartz，1992: 44）

心理学家Schwartz关于普世价值（universal values）的著作（如Schwartz，1992；Schwartz et al.，2001）为人们可能为自己争取而感到敏感的积极社会价值的种类提供一些见解。在对个人层面的分析中，他确认了在大量文化/民族中常见的十种价值构念（value constructs），它们具有结构关系（structured relationship）。这些构念构成的结构关系如图2所示。表1解释了这些价值构念的意义，并列出一些与每个价值构念相关的、人们可能需要的面子品质（face qualities）。尽管可能还需对细节进行调整，但该原则将社会心理学研究工作与语言学关于身份、面子和价值观研究工作相联系，具有重要意义。

根据Brown和Levinson（1987）的面子模型，他们所关注的称为消极面子的东西（即个人不被他人妨碍的需求，根据自己意愿自由行动而不被干涉的愿望）事实上是"自我引导"（"self-direction"）价值构念的反映。他们所关注的称为积极面子的东西（即个人在个性、愿望、行为、价值等方面被特定人群赏识和认可的需要）范围更广，且根据人们的个人和基于语境的不同价值体系，可反映很多不同的价值构念。例如，人可能需要与"成就"价值构念相关的能力或智力方面的面子品质；可能需要与"仁慈"价值构念相关的乐于助人的面子品质；他们可能需要与"传统"价值构念相关的谦卑的面子品质等。

出于个人价值体系和语境的原因，人们对不同特性的重要性可能持有不同的看法。例如，在大学环境中一位新讲师可能特别需要自我方面中的"智力"或"能力"面子，因而学生或同事对他的评价若挑战其需求，他便会十分敏感。然而对于身为父母者，他/她可能对自我方面中的"自立"和"独立"面子更有需求，或者对自我方面中的"尊敬"和"谦虚"更有需求。此外，一个人可能同时需要多种自我方面面子，这些细致的面子需求（和相关的敏感）往往十分依赖动态的具体交际语境。

表1 Schwartz的价值构念及其相关特性

价值构念	解释	相关特性示例
权力	社会地位与威望，控制或支配他人和资源	富有、权威、社会地位高、占统治地位
成就	依照社会标准，通过展示能力显示个人的成功	有能力、有抱负、聪明、成功
享乐主义	为自己寻求快乐和感官满足	有趣、性感
刺激	生活中的激动、新奇和生活中的挑战	冒险、刺激、大胆、有进取心
自我引导	思想独立，择善而为，有创造力和探索精神	独立、自由、自给自足、无拘无束
博爱	理解、欣赏、包容和保护人类福祉和大自然	理解、包容、欣赏、热爱和平、体贴
仁慈	维护和增强频繁接触的人的福祉	忠诚、乐于助人、诚实、宽容、负责、关心
传统	尊重、承诺和接受传统文化或宗教习俗和观念	谦逊、保守、传统
遵从	克制可能扰乱或伤害他人并违反社会期望或规范的行为、倾向和冲动	服从、克制、自律、礼貌
安全	社会、人际关系和自我的安全、和谐与稳定	保护的、民族主义的

4.3 个人面子与群体面子

至今为止，对面子的需求似乎都是基于个人、与个性有关。然而，面子也可以是一种基于群体的现象，适用于任何一个个体所属的、所关注的群体，包括像一个人的家庭这样的小群体，以及像一个人所属的种族、宗教团体、民族群体这样的大群体。根据Simon（2004: 49）的研究，我认为群体面子敏感（group face sensitivities）是指一个人作为某个集体或群体成员而产生的身份自我方面，而不是指作为一个独特实体（a sui generis entity）的群体身份。

正如4.1提到的，心理学家（Markus & Kitaya-ma, 1991）区分了独立和互依两个自我构念。按照Schwartz（1992）的价值构念，自我独立构念（independent self-construals）与自我引导、刺激、追求享乐、成就相关，而自我互依构念（interdependent self-construals）与博爱、仁慈、遵从和传统相关。

有些人（Gudykunst et al.，1996）认为不同的交际情境导致自我独立构念或者自我互依构念的突显。然而人们经常将这两方面相互联系起来，正如Anderson（2004: 208）在讨论青少年使用手机时所解释的："使用与同龄人相同品牌的手机以及共享该品牌所代表的知识使他们获得归属感。同时，选择某个特殊型号，按个人喜好设置或选择的不同铃声、手机壳、贴'钻'或商标则表现出个性"。同样地，当人们参加足球或冰球等团体运动时，他们可能想通过得分或救球来展示个人魅力，因而维护或加强自我独立构念；同时，他们可能看重归属感（sense of belonging）和团队友谊（team camaraderie），这又要求他们具有自我互依构念。

5. 交际目的

有时（但不总是）人们在与他人交往中会有明确的交际目标，在这种情况下，这些"需要"会影响人们对人际关系管理的判断。人们的目标可能是事务型的（trans- actional），目的是完成一项"具体"任务，如获得某事的书面许可、达成一笔交易或及时结束会议。他们的目标也可能是关系型的（relational），目的是进行有效的人际关系管理，如缔造和平、增进友谊、阿谀奉承或施加控制。

人们往往将这两种类型的目标相互联系，因为事务型目标（transactional goal）的实现可能依赖于关系型目标（relational goal）的成功管理。在这种情况下，或当人们想要达到某一特殊的关系型目标时，人际关系管理便非常讲究策略（Kasper，1990）。如果被人发觉或断定过于耍手段，这样的行为通常会得到负面的评价。另一方面，如果人们认识到某个事务型目标的紧迫性和重要性，那么他们可能会体谅在其他的情况下被视为不适当的任何行为。

6. 面子、（不）礼貌与需求的相互关联

（不）礼貌、面子和需求之间往往密切相互关联，每个因素共同影响我们对人际关系的感知。例如，想象一下以下情节：为了讨论一个项目的规划理念（事务型需要），我预约了高级经理并前往总公司见她。我到达时发现约见已在最后一刻取消，原因不明。对许多人来说，这种取消约见的行为是无礼的（违背了基于角色规范、行为规范和损-益考量的行为期望），可以视为是对面子的威胁（对个人地位的威胁，如果人们认为这件事暗示了经理认为她"不重要"，因而可以在最后一刻取消约见而不作明确解释），也很可能被视为非常令人沮丧的举动（因为事务型需求无法取得进展）。在此情况下，三种因素共同作用，对员工本人与高级经理之间的人际关系感知产生消极影响。

然而，（不）礼貌、面子和需求这三个因素在概念上有所区别，可以独立地、在不同方向起作用。例如，如果在英国的一家商店内，店员冷漠，爱理不理，我可能会认为她不礼貌，但我可能不会认为她的行为威胁面子（尽管我也可能这样认为，尤其是当我认为她的行为是由于我的社会群体成员身份所致，如民族、宗教群体）。反过来，即使人们的行为没有违反社会恰当性，也可能对面子造成威胁。例如，最近一名英语很差的匈牙利学生途经伦敦，要搭乘列车去某个伦敦机场，我给予了他帮助。他对我万分感激，说道"你是个善良的老女人"。从社交上看，他感激的言辞是适当的，因而不能视为不礼貌。然而，这句话对我的面子敏感带来复杂的影响。它维护了我对身份面子的要求，这种面子与（基于博爱和仁慈的价值构念的）体贴、帮助等品质有关。另一方面，它有损我作为"中年人"这一社会群体成员身份的需求，因而挑战了我身份的这个方面。

有时违背期望事实上也可能提升面子，以下在超市听到的交际能说明这点。一位十分漂亮的收银员向她的两个同事走去，很兴奋地告诉她们，一个完全陌生的年轻人刚刚在前台和她聊天，还要了她的电话。言语上，三个人对于陌生男子的"大胆"请求（违反了该语境内的社会期望）都表现出惊讶。然而，她们的语调却明显反映出那个女孩因被要电话而感

到受宠若惊，而"相貌不够出色"的另外那两个则因这件事没有发生在她们身上而感到失望。换言之，陌生男子的行为违反了社会期望，因而可视为无礼；另一方面，这种行为使收银员渴望的面子需求——对异性的吸引力——获得满足，从而提升了她在这个方面的身份面子。

虽然人们对面子威胁的评判在一定程度上经常以他们的行为期望为基础，因为这有助于他们评判面子威胁是否为有意行为，并且这些评判十分个人化。以下发生在大型语言学会议的事件说明了这点。一位著名应用语言学家作完大会报告后，一些人进行了提问。然后，另一位著名应用语言学家站起来讲了约五分钟，以权威的口吻解释了为什么主旨发言人的报告漏洞百出。他坐下时观众发出了一些掌声，紧接着是一阵尴尬的沉默。显然观众替主旨发言人感到尴尬，可能认为在当时情况下进行这样激烈的抨击是不恰当的。然而，一阵沉默后，主旨发言人只说了句"别担心。我已经习惯他这样子了。"从挑战者的角度看，这种情况下主要的交际需求似乎是对学术观点（academic positions）的坦率批判，他可能感到这个交际需求给了他忽略面子敏感和越过行为期望界线的自由。但对大多数人来说，即使在那种情况下，这样的攻击也具有高度面子威胁性，有损他们对能力和智力之类品质的需求。这也可能极大地威胁到主旨发言人的面子；然而，对那个人和他过往行为的了解似乎使他的面子威胁感得以减轻，至少减轻了一部分。

7. 案例分析

在此节，我再举出更多的例子来说明如何揭示人际关系判断的基础。

7.1 汉语中的邀请/提议会话

一些学者（Gu，1990；Mao，1994；Chen，1996；Zhu et al.，2000）已经分析过汉语邀请和提议会话，并认为普遍存在着以下交际类型：

A（主人）：明晚来我家一起吃晚餐吧。
B（客人）：那太麻烦你了。我还是不来好了。

A：一点儿也不麻烦。只是一顿便饭。

B：真的不了，我知道你很忙。

A：再忙也要吃饭啊，这不会麻烦的。来吧。

B：要不我来就聊聊天不吃饭了吧？你老请我吃饭。

A：别这么说。你一定要来，我们好久不见了。

B：那好吧。

尽管这个例子不全是真实对话，也使用了更自然的英语语言，但它呈现了Gu（1990），Mao（1994）和其他人提出的重复邀请——拒绝模式（the repeated invite-decline pattern）。

正如Gu（1990）和Chen（1996）指出，对于该文化的外来者而言，主人的重复邀请（往往越来越强烈）听起来很强人所难，客人的重复拒绝听起来很不领情，并且/或者显得不愿接受。然而，在汉语文化中，该主人的行为通常传达着慷慨和热情，而客人的反应则表现出谦逊和自制。

那么这些判断的依据是什么呢？这个例子的出发点是按惯例发出邀请。在汉语文化中，人们通常期待主人通过多次反复的热烈邀请表现出坚持，而客人则通过数次拒绝邀请表现出勉强。尽管并没有正式规定必须如此（即这是允许行为而非规定行为），但是这种模式如此普遍，而且在中国的许多地方都期待这种模式，因此它就成了社交上的义务行为（尽管如Chen（1996: 196）指出，可能并非中国所有地区都这么做）。

尽管如此，这种模式却可能不是偶然形成的。相反，它在一定程度上反映了中国社会中重要的交际原则。例如，主人坚持要客人接受邀请展示了互动的关联（参与）原则，与西方人在发出邀请时普遍担心会强加于人（互动中公平原则的一个方面）形成反差。然而，有趣的是，客人拒绝邀请的"礼貌的理由"表现出对主人和主客之间关系的公平问题的关注。例如，"太麻烦你了"说明对主人受损的担忧，而"你老请我们"关注公平和平衡问题。主人的反应就是要减轻这种担忧。

正如Gu（1990），Mao（1994），Chen（1996）和Zhu等（2000）都指出的，面子敏感也起作用。Mao（1994）解释，主人和客人都竭力维护自己和对方的面子，太快接受邀请或提议会同时威胁双方的面子。他进一步解释道，这种面子威胁是违背期望的直接结果。那么我们还能进一步揭示（其中谜团）吗？在这些交际中，主人和客人需求的身份面子的一个重要方面似乎是遵从和传统。对于很重视这些价值构念的人来说，坚持传统做法是至关重要的，任何违背行为都可能特别威胁面子。另一方面，在这些价值构念较弱的个人或群体中，人们更想用不同的方式交际，就不那么需要遵从传统做法。事实上，正如Chen（1996: 154）所发现的，维护传统模式可能被解读为虚伪、缺乏诚意。这样一来，使用传统惯例会给人际关系带来消极而非积极的影响。

7.2 中英商务互动

第二个案例语料来源于Spencer-Oatey和Xing的研究。1996—2000年他们在鲁顿大学开展研究，获得中英商务互动中的人际关系管理语料。此处分析的语料收集于1997年夏季，一个中国工程代表团正对一家英国公司的总部进行为期十天的访问。那时收集了三种类型的语料：（1）英中商业人士所有正式会议的录像；（2）补充此次访问的现场记录；（3）参与者的采访和录音回放评论。英中参与者分别接受了采访。

这家英国公司设计、生产并销售世界各地工厂使用的工程产品。在中国签订的一份合同中，他们同意招待最多六人的代表团，这些人以这样或那样的方式参与了该业务。代表团访问的费用计入合同价格，其中有一条非正式的协议：如访问结束时仍有剩余，访问者会得到这些钱作为"零花钱"。

访问中发生了许多棘手的事情（Spencer-Oatey & Xing，2003，2004），此处选了其中两个事例进行分析。人物已使用化名；下划线根据汉语翻译而成。

7.2.1 角色问题

访问团到达时，对中销售经理（Tim）出国旅游了。他预计周四返回，所以中国访问团预期第二天（周五）与他见面。但第二天直到午饭时间还是不见他人影，访问团便开始追问他的电话，这种情况持续了整个周末。在周五晚的跟进采访中，他们有如下意见：

节选1（采访）

徐：Tim还没出现吧？他昨天就该回来了……

沈：他昨天就该回来了，昨天啊。今天，到今天还没出现。今天早上他本该带我们出去的。我们已经和他[翻译人员]提过了……

林：Tim住在伦敦？

研究者：我不知道他住哪儿。

陈：是伦敦。伦敦不是离这儿很近吗？……才三十多里远，其实很近啊。你们从中国来的老朋友到这了，而且事实上中国也是你们的主要市场，对吧？难道这样你还不能来见见他们吗？

沈：他也知道，高级经理徐先生也来了。

然而Tim是这样解释的：

节选2（采访）

研究者：我的理解是，在[周一的]这次会议之前，你并不想回来就马上见他们？

Tim：我知道他们要来这里，也知道回来后见他们也很重要，是的，但我想我在周四晚或周五早上回来。呃，周末让我见他们太为难了，呃，当然，我妻子和儿子很想见我，我很累所以我想等到周一。

中国访问团认为，对于销售经理Tim来说，回来马上见他们是规定行为，所以当他没这样做时，他们感到被冒犯了。他们抱有此信念的依据是，他们认为作为"老朋友"，Tim对他们有角色义务——朋友应为彼此尽心。他们也提到了他基于任务的交际需求（在中国市场生意成功），并认为那本该是额外的奖励（好处）。

而Tim这一方并不认为回来后马上见他们是社交或职业义务。事实上，他只有一次见过代表团中的一员，其他人他都不认识。所以对他来说，他们不是"老朋友"，因此他不认为对他们有任何角色义务，休息和花时间陪家人的个人需求更为重要。在Tim和中国访问团眼中，关联和公平的交际原则的重要性有所不同，他们对群体成员身份有着不同的理解，因而造成他们对角色义务的理解也不同。Tim关注个人需要（自身利益）和家人的需要（涉及一个小的社会群体）；而中国访问团关注他对"老朋友"的义务（涉及一个更大更分散的社会群体），认为他应为了他们而牺牲个人需要（即淡化个人利益的重要性）。

这些不同理解的结果，便是中国访问团期望Tim做的，而Tim没有意识到或者不愿遵从。他们变得沮丧、愤怒和失望，使周末陪同他们的英国人很为难。他们之间的人际关系遭到破坏。

7.2.2 关于金钱的争议

在访问的最后一天，中国访问团离开的前几个小时，英国公司给每人发了一个信封，里面包着"零花钱"——合同中分配给这次访问的总额扣除访问花销后的余额。访问者打开信封，数了数钱，声称金额太少。

节选3（总结会）

Phil：你们的访问是我们的荣幸。感谢你们的到来。我想代表[公司名]给你们每个人赠送礼物。

译员：[翻译成汉语]

Phil：[Phil站起来递给孙一个信封。孙站起来接过信封并与他握手。Phil又递了一个给马，马也站起来，握手。]

陈：都拿来吧。

Phil：[Phil给了每个人一个信封：陈、林、沈和徐。]

[访问团打开信封数了数里面的钱。孙从Sajid那儿拿了一支笔和一张纸，准备让大家签收据。]

孙：多少钱？

徐：[当着大家的面认真地数着。]

徐：570，570，似乎不够。

[访问团用汉语展开激烈的讨论。他们决定向公司要一张费用清单。]

徐：你们一定要给我们一份费用清单。

译员：你总共给了他们多少钱？

徐：4000美元。每人4000美元。

译员：[译成英语]

Sajid：合同，合同中并没有规定我们要给他们钱。

译员：[译成英语]

沈：有啊，有啊。

译员：[译成英语]

……

徐：机票多少钱？让他们拿费用单给我们看。

译员：[未做翻译]

Sajid：（我）有个粗略的想法（???）我们（???）我们要付钱给你们（???）

孙：我们就要费用单。

译员：[未做翻译]

[注：（???）=无法辨别的话语]

不一会儿，有人把合同拿给他们看，并试着列出花销清单。然而，对于钱的争议持续了2小时26分钟。这期间，他们对合同规定的总额是分配给一个代表团还是两个代表团以及这次访问中每个人能分配多少的问题产生异议。此外，中国人声称（有英国员工参加的）那几次正式晚宴不能算到费用里面，因为那意味着他们为英国员工的享受买单。有好几次，大家情绪很激动。

节选4（总结会）

沈：[对译员说]你只要告诉他，我们中国人(.)就这么容易欺负吗？我们就这么容易耍吗？这些钱是我们口里省下来的。我们每天吃方便面就是为了省点钱(.)现在钱被他们霸占了。他们这样做太卑鄙了。

译员：（5）[译成英语]

最终Sajid同意再多给他们1326英镑，不过要等到他们前往机场前才把钱给他们。

在最后这次会议中，中国访问团有一个明确的事务型目标——获得他们认为应得的、因而很期待的"零花钱"。这个期待的根据是英中公司的合同协议。为了达成交际需求，中国代表团直接表达了他们的需求，并一直坚持他们的立场。不过，代表团的有些人同时也担心他们给对方留下不好印象，担心这次争议对他们总体名声的影响。从以下话语可以看出这点：

　　陈：首先我们不能让别人说我们小气，第二，不要给他们留下太软弱的印象。我们应友好协商。

　　换言之，陈代表他的群体（代表团，或可能全中国人民）争取了几个自我方面的面子：权力（不要表现出软弱）、仁慈（不要显得吝啬）、遵从（以友好的方式协商——中国社会传统上强调维护和谐，见Gao et al.，1996）。他认为在争取获得更多钱的同时，应该尽力维护每个方面的面子。

　　因此，在这次交际中，人际关系管理围绕着这三个因素：行为期望、交际需求以及面子敏感。中国代表团认为由于两家公司签了合同，他们有权得到更多零花钱，因而他们期待得到这笔钱。当他们得到的钱不如预期的多时，便引发了他们之后追求的事务型目标（获得更多钱）。然而一些访问者感到对这个目标的强硬追求可能伤害他们的面子，所以他们尽力平衡交际需求和面子要求。

8. 人际关系的动态感知

　　在交际中，人们动态地判断人际关系是否得到增进、维护或受到损害（见图3）。这些（有意或无意的）判断很大程度上基于对人际关系感知的三个重要依据的评估：交际需求、面子敏感以及行为期望。

　　当交际者有明确的交际需求时，对于这些需求是否达成，自身是否受到阻挠，进展是否停滞，他们会做动态判断。同样地，如果他们关注人际关系，对于自己是否赢得了面子、维护了面子（或者"保留面子"）、丢了面子或面子受到威胁，他们也会做出动态判断。同时，他们对所经历的言语或非言语行为会有期望反应（expectancy reactions），并将它看作积极事件、消极事件或（当期望行为得到满足时）完全忽视它。这些评估会导致重要的情绪反应，从而对所感知的人际关系产生重大的影响。

然而，人们不会只评估自己的情况和反应，这对于有效的人际关系管理而言是重要的。更重要的是，他们需要考虑对方的面子"情况"、需求"情况"以及考虑对方的交际期望是否得到满足。然后他们须在满足自身需求和满足对方需求之间找到适当的平衡点。一些因素会影响人们有效地找到这个平衡点，包括个性、个人关注点以及对文化差异的意识。

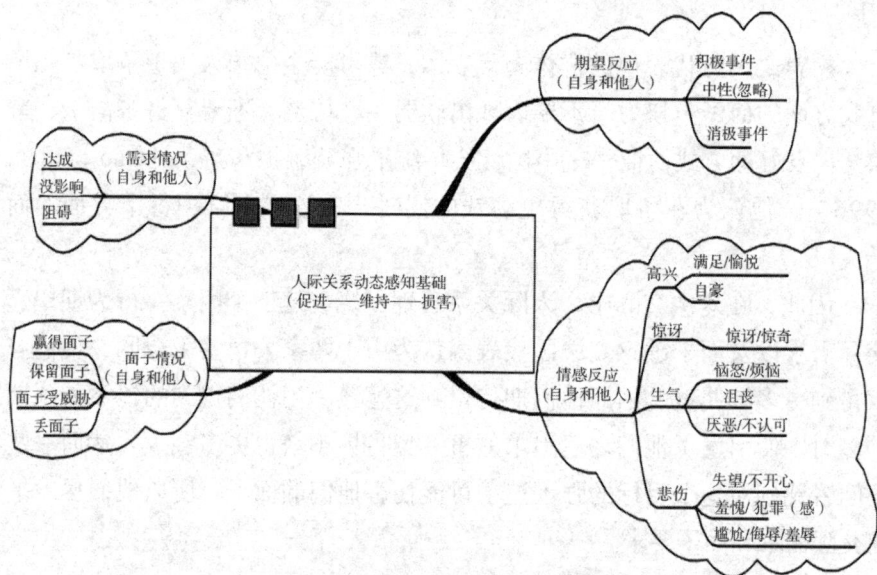

图3　人际关系动态感知的基础

当人们对"自身"和"他人"做出评估时（评估在不断进行的基础上动态形成），当发生这些反应时，人们必须决定（同样动态地）如何从言语和非言语上对它们进行管理。遗憾的是，讨论此管理过程超出本文的研究范围，此处暂且不表。

9. 结语

本文探讨了影响人际关系三个重要因素的基础：交际需求、行为期望和面子敏感，尤其关注揭示行为期望和面子敏感的依据，并且借用了社会心理学的著作使人们获得更深刻的认识。要确定这些因素多大程度上能解释真实交际中的人际关系管理问题，确定这些因素是否足以用来分析不同文化、语境、个体之间的异同点，尚需要进行更多的案例研究。

参考文献

[1] Anderson, Nicholas, 2004. Brands, identity and young people- ongoing research. Box inset in Are you what you have? Helga Dittmar, The Psychologist, 17 (4): 206-210.

[2] Brown, Penelope and Stephen C. Levinson, 1987. Politeness. Some Universals in Language Usage. Cambridge: CUP. Originally published as Universals in language usage: Politeness phenomenon. In Questions and Politeness: Strategies in Social Interaction, Esther Goody (ed.) (1978). Cambridge: CUP.

[3] Chen, Rong, 1996. Food-plying and Chinese politeness. Journal of Asian Pacific Communication, 7 (3 and 4): 143-155.

[4] Fraser, Bruce, 1990. Perspectives on politeness. Journal of Pragmatics, 14(2): 219-236.

[5] Fraser, Bruce and William, Nolan, 1981. The association of deference with linguistic form. In The Sociolinguistics of Deference and Politeness, Joel Walters (ed.), The Hague: Mouton. Special issue (27) of the International Journal of the Sociology of Language: 93-111.

[6] Gao, Ge, Stella Ting-Toomey, and William B. Gudykunst, 1996. Chinese communication processes. In The Handbook of Chinese Psychology, Michael H. Bond (ed.). Hong Kong: Oxford University Press: 280-293.

[7] Goffman, Erving, 1967. Interaction Ritual. Essays on Face-to-Face Behaviour. New York: Pantheon.

[8] Gu, Yueguo, 1990. Politeness phenomena in modern Chinese. Journal of Pragmatics, 14 (2): 237-257.

[9] Gu, Yueguo, 1998. Politeness and Chinese Face. Lecture given in the Department of Linguistics, University of Luton, Summer.

[10] Gudykunst, William, Yuko Matsumoto, Stella Ting-Toomey, Tsukasa Nishida, Kwangsu Kim, and Sam Heyman, 1996. The influence of cultural individualism collectivism, self construals, and individual values on communication styles across cultures. Human Communication Research, 22 (4): 510-543.

[11] Ho, David Yao-Fai, 1976. On the concept of face. American Journal of Sociology, 81(4): 867-884.

[12] Ho, David Yao-Fai, 1994. Face dynamics: From conceptualization to measurement. In The Challenge of Facework, Stella Ting-Toomey (ed.). New York: State University of New York Press: 269-286.

[13] Holmes, Janet, 1995. Women, Men and Politeness. London: Longman.

[14] Ide, Sachiko, 1989. Formal forms and discernment: Two neglected aspects of universals of linguistic politeness. Multilingua, 8 (2/3): 223-248.

[15] Kasper, Gabrielle, 1990. Linguistic politeness - current research issues. Journal of Pragmatics, 14 (2): 193-218.

[16] Leech, Geoffrey N., 1983. Principles of Pragmatics. London: Longman.

[17] Linville, Patricia W., 1985. Self-complexity as a cognitive buffer against stress-related illness and depression. Journal of Personality and Social Psychology, 52 (4): 663-676.

[18] Locher, Miriam A., 2004. Power and Politeness in Action. Disagreements in Oral Communication. Berlin/New York: Mouton de Gruyter.

[19] Mao, Luming Robert, 1994. Beyond politeness theory: 'Face' revisited and renewed. Journal of Pragmatics, (21): 451-486.

[20] Markus, Hazel R. and Shinobu Kitayama, 1991. Culture and the self: Implications for cognition, emotion, and motivation. Psychological Review, 98 (2): 224-253.

[21] Matsumoto, Yoshiko, 1988. Reexamination of the universality of face: Politeness phenomena in Japanese. Journal of Pragmatics, (12): 403-426.

[22] Moghaddam, Fathali M., Nikki R. Slocum, Norman Finkel, TsiliMor and Rom Harré, 2000. Toward a cultural theory of duties. Culture and

Psychology, 6 (3): 275-302.

[23] Morisaki, Seiichi and William B. Gudykunst, 1994. Face in Japan and the United States. In The Challenge of Facework, Stella Ting-Toomey (ed.). New York: State University of New York Press: 47-93.

[24] Schwartz, Shalom H., 1992. Universals in the content and structure of values: Theoretical advances and empirical tests in 20 countries. In: Advances in Experimental Social Psychology (Vol. 25), M. P. Zanna (ed.). San Diego: Academic Press: 1-65.

[25] Schwartz, Shalom, Gila Melech, Arielle Lehmann, Steven Burgess, Mari Harris, and Vicki Owens, 2001. Extending the cross-cultural validity of the theory of basic human values with a different method of measurement. Journal of Cross-Cultural Psychology, 32 (5): 519-542.

[26] Scollon, Ron and Suzanne Wong Scollon, 1995. Intercultural Communication. Oxford: Blackwell.

[27] Simon, Bernd, 2004. Identity in Modern Society. A Social Psychological Perspective. Oxford: Blackwell.

[28] Spencer-Oatey, Helen, 2000. Rapport management: A framework for analysis. In Culturally Speaking. Managing Rapport through Talk across Cultures. Helen Spencer-Oatey (ed.). London: Continuum: 11-46.

[29] Spencer-Oatey, Helen, 2002 Managing rapport in talk: Using rapport sensitive incidents to explore the motivational concerns underlying the management of relations. Journal of Pragmatics, (34): 529-545.

[30] Spencer-Oatey, Helen and Wenying Jiang, 2003. Explaining cross-cultural pragmatic findings: Moving from politeness maxims to sociopragmatic interactional principles (SIPs). Journal of Pragmatics, 35 (10-11): 1633-1650.

[31] Spencer-Oatey, Helen and Jianyu Xing, 2003. Managing rapport in intercultural business interactions: A comparison of two Chinese-British welcome meetings. Journal of Intercultural Studies, 24 (1): 33-46.

[32] Spencer-Oatey, Helen and Jianyu Xing, 2004. Rapport management

problems in Chinese-British business interactions: A case study. In Multilingual Communication, Juliane House and Jochen Rehbein (eds). Amsterdam/ Philadelphia: Benjamins: 197-221.

[33] Ting-Toomey, Stella and Atsuko Kurogi, 1998. Facework competence in intercultural conflict: An updated face-negotiation theory. International Journal of Intercultural Relations, 22 (2): 187-225.

[34] Watts, Richard J., 2003. Politeness. Cambridge: CUP.

[35] Zhu, Hua, Wei Li and Yuan Qian, 2000. The sequential ortugary of gift offering and acceptance in Chinese. Journal of Pragmatics, 32 (1): 81-103.

西班牙语/英语双语社团儿童交际中的不礼貌研究

Cashman H.R., 2006. Impoliteness in Children's Interactions in a Spanish/English Bilingual Community of Practice. Journal of Politeness Research: Language, Behaviour, Culture, 2(2): 217–246.

摘　要： 本文探讨美国西南部一所小学西班牙语/英语双语社团（Spanish/English bilingual community of practice）中二年级儿童在同伴交际中如何实施不礼貌。Culpeper（1996）最早提出不礼貌策略和言语资源（verbal resources），后来由Culpeper et al.（2003）和 Culpeper（2005）进一步细化。本研究的主要目的是调查这些不礼貌策略和言语资源是否出现在不同的话语类型中（即是否出现在一小群西班牙语/英语双语儿童自发的谈话中）。我们采取了序列分析法（sequential analysis），考察不礼貌是如何构建起来的。本文讨论两个核心问题：（1）参与者使用了哪些不礼貌策略和言语资源？（2）参与者如何应对交际中出现的不礼貌？正如后来发表的文献所示（包括采用Spencer-Oatey（2002）的人际关系管理概念），分析显示Culpeper的不礼貌模型在对不同话语类型中用来攻击对方面子及社交权时所采取的不礼貌策略进行分类是很有用的。此外，我们发现，说话人对不礼貌的回应对不礼貌的界定是至关重要的，也是灵活多样的。

关键词： 不礼貌；会话；墨西哥裔美国人，双语；西班牙语；礼貌；人际关系管理

1. 引言：不礼貌的定义

语言中的不礼貌研究历来被视为是对交际中维持合作、避免冲突的研究。Brown和 Levinson（1987:1）认为礼貌"使得具有潜在侵略性的双方

之间有可能进行交流"。Leech（1983:82）在其礼貌原则中把礼貌视为维持社交平衡（social equilibrium）的手段。然而，平衡与和睦并非总能维持。我们把Leech的礼貌定义反过来说，不礼貌就是破坏社交平衡，或者说构建社交冲突。Kasper（1990）把粗鲁定义为"在特定语境中，对任何可以称为考虑周到（politic）的（言行）的背离"（208）。她还指出，虽然人们往往忽略礼貌规范的遵守，但不礼貌则引人注意（remarkable），也就是说，说话者本人往往会注意到不礼貌，或者交际者会评论不礼貌。Kienpointer（1997）根据说话人意图区分了两类不礼貌：动机明确的不礼貌与动机不明的不礼貌。Culpeper（1996:350）把不礼貌定义为采取策略攻击交际者的面子，制造社交干扰（social disruption）。Culpeper（2005）对此进行修改，把听话人也包含进来："当（1）说话人有意表达面子攻击（行为），或（2）听话人意识到该行为，并且/或者把该行为构建为有意攻击面子的行为，或（1）和（2）的情况都出现时，不礼貌便产生了"（Culpeper，2005:38）。Culpeper（2005）修订后的定义认可了听话人在评定不礼貌中的作用。Mills（2003: 139）指出，不礼貌主要是一种评价现象，依说话人的行为及其在实践社团的角色来评定。Watts（2003:18）把不礼貌定义为"与进行中的交际所能接受的得体行为准则显得格格不入，从这个意义看，（不礼貌）是一种突出的社交行为形式。"Watts区分了不礼貌这一术语的两种用法：世俗用法（the lay usage）与社科工作者用法（the social scientists' usage）。他提倡对前者进行研究，认为"一个世俗术语的科学理论必须将该世俗术语在世俗中的用法作为其中心焦点"（2003: 9）。Culpeper（2005）的不礼貌定义是本分析的主要定义，该定义把说话人和听话人都视为交际中不礼貌的共同构建者。

Leech（1983:105）声称，冲突在"人类语言行为中是相当非主流的（marginal）"。同样地，Pomerantz（1984）指出成年人在会话中趋向于使用延缓、暂停、模糊语（hedges）和缓和语（mitigations）等手段来缓解分歧。不过，Schiffrin（1984）、Tannen和Kakava（1992）坚持认为是否趋于避免冲突会因文化差异而有所不同（Goodwin et al.，2002: 622）。Culpeper（1996:350）认可其观点并指出，冲突在交际中未必就是非主流或不优先的（dispreferred）。他解释道，在身份不平等的情形下，比如军训中，当参与者利益发生冲突或参与者可以从威胁其他参与者中得到好处时（1996：354），不礼貌是很常见的。此外，Culpeper等（2003: 1545-1546）指出，前人的研究显示在从法庭到家庭到英国议会大厦等很多类型的话语中，冲突性话语（conflictive talk）都扮演着重要的角色。

Kasper（1990）坚持认为，冲突在交际中非但不是非主流，而且还可能具备一定的功能。她提出策略性粗鲁（strategic rudeness）这一术语，用于描述为达到某一具体目的而实施的不礼貌，比如在法庭上拒绝相信证人的证词（参见Lakoff，1989）。Beebe（1995:159）研究了600个被认为粗鲁的美国（纽约）英语话语后得出结论：任何粗鲁（话语）都是工具性的（instrumental），或者是用来达成某一交际目的的，比如获得权力或发泄负面情绪。Beebe又解释道，在不同情形下，粗鲁可以用来获取不同类型的权力：显得高人一等、获取行动的权力（如，使别人做事，或使自己回避做事）、管理会话（进行另一个交谈或停止交谈，获得话语权或控制交谈者的说话机会）（Beebe，1995: 159-160）。她强调说，母语者所使用的粗鲁（话语）大多并不属于失败的礼貌（failed politeness）。她把所考察的"交际能力中被忽略的一面"称为策略性粗鲁。

1.1 儿童交际中的不礼貌现象

如果说冲突与不礼貌很常见并且在成年人会话中可能甚至具有一定功能的话，那么冲突和不礼貌在儿童交际中则比比皆是。有研究者甚至认为在儿童同伴对话中，冲突是常态（参见Goodwin & Goodwin，1990）。虽然Kasper（1990）断言儿童的不礼貌是因为没能像成年人那样掌握社会语用规范（sociopragmatic norms）和语用语言规范（pragmalinguistic norms），有关儿童的不礼貌及逐步升级的分歧（escalated disagreement）的实验和人类学研究似乎表明不礼貌的功能及其作用极为复杂费解。因此可以认定儿童的不礼貌可能也是策略性的，就如Kasper所发现的成年人的粗鲁是一种策略的一样。在回顾语言礼貌习得（the acquisition of linguistic politeness）文献时，Kwarciak（1993: 56）指出"我们有足够的证据支持这样的假设：学前儿童会根据情景因素调整其礼貌交际"[1]。关于礼貌的感知（perception of politeness），Pedlow等（2001）认为10岁儿童判断最直接的请求（不包括任何礼貌特征）就是最有效的请求。Ervin-Tripp 等（1990）发现，5岁儿童对强加给他们的要求的敏感性已经成熟了，从2岁到5岁会越来越多地使用礼貌策略。不过，他们坚称，到了学龄期，儿童使用礼貌的形式会变少，缓和程度也会变小，因为孩子们发现未必越礼貌效果就越好，也发现录音是在弟弟妹妹（而不是同龄人和哥哥姐姐）在场的情况下进行的。Goodwin（1983）注意到她所研究的4到14岁的非裔美国儿童并没有表现出认同的倾向（a preference for agreement）。Goodwin（1999）进一步得出结论，即使是同性别，围绕跳房子游戏而组织起来的女孩交际中，第二代墨西哥裔美国人及中部美国研究对象以语调和手势（intonation and gesture）、立场和话轮转换（stance and turn-taking）来表现冲突。这种严重的分歧（aggravated disagreement）是策略性的，是用来执行规则（rule-enforcement）和管理活动（activity-management）的策略资源。Ladegaard（2004:2017）在他针对大约3到7岁孩子话语的不礼貌研究中发现，这些研究对象往往极为直接地表达且很少使用缓和性（话语），他们这么做是有策略性的，因为"他们知道他们所处的社交语境是一个同龄人的交际语境，在这里表现礼貌是得不到什么好处的"[2]。Farris（2000: 541）强调，虽然冲突可能凸显了交际者的分歧，但冲突也使其他人可以建立共同立场（forging of common ground）并结成联盟（forging of alignment）。Corsaro和Rizzo（1990: 65）根据他们对美国与意大利儿童争吵的跨文化研究得出结论，认为儿童争吵"对儿童交际能力和社交知识的发展起积极的作用"。Goodwin等（2002: 1625）对此表示认同，他们断言，虽然成年人把争吵视为消极的，打架"可能有助于开始友情而不是阻挠友情"。

1.2 西班牙语中的不礼貌现象

虽然西班牙语世界的语言礼貌现象引起越来越多人的兴趣（Placencia & Bravo，2002；Bravo & Briz，2004；Marquez Reiter & Placencia，2004；Placencia & Garcia，2006），对西班牙语各种变体中不礼貌现象的研究相对而言就非常少。这类研究绝大多数关注媒体中的政治语篇（Blas Arroyo，2001，2003；Bolivar，2002；Erlich，2002）。Placencia（2001）的研究特地记录了厄瓜多尔一家公共机构的服务遭遇，是少有的运用自然发生的语料对西班牙语不礼貌现象的研究。在运用Culpeper（1996）的框架（见下文阐述）时Placencia发现，尽管说话人喜欢在实施礼貌的时候采取消极策略，但在实施不礼貌的时候，他们更偏好积极策略。

如果说对西班牙语世界存在的不礼貌现象的研究相对很少，那么有关墨西哥西班牙语、美国英语或美国各种西班牙语变体中不礼貌现象的研究就更少了。对美国英语中不礼貌/粗鲁现象的研究多为媒体话语（media discourse）研究（参见Pandey，1999；Wachal，2002）或机构话语（institutional discourse）研究（Tracy & Tracy，1998）。如上文所述，Beebe（1995, 1997）的研究是个例外，值得关注。就我所知，从未有人关注过墨西哥裔美国人用英语和西班牙语交谈时的不礼貌现象[3]。

2. 理论基础

本文以Culpeper（1996，2005；Culpeper et al.，2003）的不礼貌理论为框架，分析自然地发生于一小群西班牙语/英语二年级双语儿童的会话交际中的不礼貌现象。根据其对"面子"的理解，Culpeper在回应Eelen（2001）、Watts（2003）和Mills（2003）等学者对礼貌理论的批评时，也进一步发展了自己的不礼貌模式。下节包括对不断发展中的Culpeper不礼貌模式进行简要回顾，也回顾了一些学者对Culpeper不礼貌模式的批评以及本文所运用的不礼貌分析方法。

2.1 Culpeper的（不礼貌）模型

Culpeper（1996）的不礼貌模型建立在Brown和Levinson（1987[1978]）的礼貌策略等级（hierarchy of politeness strategies）之上。Brown和Levinson的普遍礼貌理论（universal theory of politeness）虽然是分析语言礼貌最具影响的理论，但也广为学者们所诟病（参见Eelen，2001；Watts，2003）。该理论的个体取向（individual orientation）（与群体取向（group orientation）相对立）被认为不适合非西方文化（non-Western cultures），因而其所谓的普遍性受到质疑（Matsumoto，1988）。以他们对Goffman面子概念的理解（参见Bargiela-Chiappini，2003），把间接（表达）等同于

礼貌也令人生疑（参见Blum-Kulka，1987；Sifianou，1992）。最后，正如Culpeper（1996）所指出，Brown 和 Levinson的模型没有探讨（address）交际中的不礼貌类型或层级。他争辩道，直接策略（bald-on-record strategy）并不足以包含交际者用于攻击他人面子的多种策略类型（Culpeper et al.，2003: 1547-1550）。

Culpeper（1996）提出与Brown和Levinson（1987）的策略层级平行但大致逆向的不礼貌模型[4]。Brown 和 Levinson提出了五种实施面子威胁行为的礼貌策略，Culpeper也提出实施不礼貌的五种策略：

不礼貌策略类型（Culpeper，1996: 356-357）：
（1）直接不礼貌策略（bald on record impoliteness）
（2）积极不礼貌策略（positive impoliteness）——攻击听话人所期待的得到认可的需求
（3）消极不礼貌策略（negative impoliteness）——攻击听话人所期待的不受阻挠的需求
（4）讽刺或虚假礼貌（sarcasm or mock impoliteness）——运用不真诚的礼貌策略
（5）礼貌缺失（withhold politeness）——该礼貌的时候不礼貌

根据Culpeper的理论，"直接不礼貌策略"指用"直接、清晰、无歧义且简洁的方式"攻击听话人的面子（1996：356）。正如Brown和Levinson模型中的积极礼貌策略可以提升交谈者的积极面子一样，"积极不礼貌策略"用来加重攻击听话人的积极面子或者说攻击听话人受人喜欢的期待。同样地，Culpeper（不礼貌）层级中的"消极不礼貌策略"用于加重攻击听话人不受阻挠的期待。Culpeper列出一系列积极和消极不礼貌输出策略（impoliteness output strategies），但正如Culpeper所指出的，这些策略并不能囊括所有；它们只是用来显示可能的输出策略及其面子取向[5]。与Brown和Levinson的礼貌层级不同的是，Culpeper的模型并非按最严重的不礼貌（most impolite）（直接不礼貌）到最轻度的不礼貌（least impolite）（礼貌缺失）的顺序排列，因为"人们如何对不礼貌程度策略进行排列尚未可知"（Culpeper et al, 2003: 1576）。实际上，对不礼貌程度策略的排列可能因文化和社团的不同而有所区别。

2.2 对Culpeper（1996）模型的批评及其修正

Culpeper 等（2003）指出Culpeper（1996）的不礼貌模型太过局限于关注言语层面的不礼貌策略，这些策略从词汇和语法层面进行定义，而没有关注参与者在进展着的交际中如何构建不礼貌（Culpeper et al., 2003: 1546）。Culpeper等学者抓住这一不足，在更长的语篇中考察不礼貌模型。他们在语料中发现了两个主要模型：同一策略的重复使用以及消极和积极礼貌策略的结合使用（Culpeper et al., 2003: 1561）。他们还勾勒出可供听话人使用的选择：不礼貌出现后，说话人可能做出回应也可能不做回应，做出回应时可能接受不礼貌也可能对抗不礼貌，对抗不礼貌可能是防御性的对抗（defensive counter）也可能是冒犯性的对抗（offensive counter）（2003: 1563）。Culpeper等（2003）设想冒犯性策略（offensive strategies）局限于匹配不礼貌或升级不礼貌，而防御性策略（defensive strategies）包括直接矛盾（direct contradiction）、取消（abrogation）、否决（opt out on record）、不真诚认可（insincere agreement）及无视对方的攻击（ignore the attack）。

与Culpeper等（2003）一样，Mills（2003）在认可Culpeper（1996）对不礼貌研究方法的发展做出贡献的同时，也批评他。Mills认为，Culpeper在脱离语境（decontextualized）的情况下考察不礼貌，其结果是忽略了说话者作为实践社团成员如何解读其交谈对象的话语的可能性。Mills（2003）反对Culpeper（1996）和Culpeper et al.（2003）视为基础的Brown和Levinson的框架，支持对自然发生的会话进行语境化分析（contextualized analysis），以及借用自会话分析（conversation analysis, CA）和批评话语分析（critical discourse analysis, CDA）的采访语料和轶事证据（anecdotal evidence）的语境化分析。Mills的方法把不礼貌视为主要是根据社团规范（community norms）对交际者行为的判断（2003: 126-127），她质疑脱离语境的、静态的礼貌观（static view of politeness）（2003: 109）[6]。虽然Mills把礼貌与性别视为"人们在会话中所实施的评估过程或评估行为"

（2003：1），她还是提醒道，分析者把转写后的文本视为交谈中创造出意义的唯一因素，并认识到不仅可能存在多种解读，而且参与者自己如何创造意义也可能存在多种解读（Mills，2003:244）。

Culpeper（2005）以多种重要方式回应Watts和Mills的批评。首先，他对不礼貌进行重新界定，把听话人在判定不礼貌和把意图这一概念复杂化所起的作用考虑在内。该定义之所以重要，在于它考虑到听话人这一中介（agency）在共同构建不礼貌的过程中所起的作用，而不是仅仅考虑对不礼貌做出回应。其次，他强调语境的重要性，采纳了Levinson（1992）"活动类型"（activity type）的定义并讨论他根据具体的语境——智力开发竞赛节目（exploitative quiz show）所作的分析（即作为娱乐的不礼貌（impoliteness as entertainment）； "活动类型"的制约；不礼貌是否因人们期待并鼓励（sanctioned）不礼貌而中立了（neutralized）。最后，Culpeper不再采用Brown和Levinson积极面子/消极面子二分法（positive/negative face dichotomy），而是采用了一个更为微妙的社会关系管理方法——Spencer-Oatey（2002）的"人际关系管理"概念。Culpeper按照Spencer-Oatey对Goffman面子概念的再分类来分析不礼貌实例，即"素质面子（quality face）"和"社会身份面子（social identity face）"，以及"社交权（sociality rights）"，即"平等权（equity rights）"和"交往权（association rights）"（Culpeper，2005:40）。虽然Culpeper采纳了Spencer-Oatey的术语，但他并没有将其模型更改为"人际关系管理"；换句话说，虽然他考虑到素质面子不礼貌（Quality Face Impoliteness）、社会身份面子不礼貌（Social Identity Face Impoliteness）、平等权不礼貌（Equity Rights Impoliteness）及交往权不礼貌（Association Rights Impoliteness）（Culpeper，2005: 42），也承认应该对积极不礼貌和消极不礼貌超级策略进行修改，以符合Spencer-Oatey的面子分类或"人际关系管理"类型，但他并未明确会重新详细规划这一任务。

Blas Arroyo（2001）从多个其他角度批评了Culpeper（1996）的模型，并提出富有创意的解决办法（innovative resolutions）。首先，Blas Arroyo注意到，直接不礼貌描述得最少而且根本没有举例说明（2001：21）；他把模型中的这一缺陷归因于没能将这种不礼貌与对积极或消极不礼貌的攻击很好地区分开（2001：22）。其次，Blas Arroyo（2001：22）指出很难确定某些策略到底是攻击积极不礼貌还是攻击消极不礼貌。例如，他指出"屈尊、鄙视或嘲笑"策略除了与其他策略关系密切外，很明显地是对积极面子产生威胁而不是对消极面子产生威胁（2001: 22）[7]。此外，Blas Arroyo还指出，Brown和Levinson所识别的、也被Culpeper所认定的策略中，有些明显是物理（physical）和交际策略，而另一些策略严格意义上则是语言或话语相关的策略。在Blas Arroyo所分析的西班牙面对面政治辩论中的不礼貌现象中，他通过下列方法解决上述问题：（1）放弃消极/积极不礼貌的区分；并且（2）对他所说的策略与言语资源两个术语进行区分，前者是"参与者所运用的态度和行为手段（behavioral tactics）"（2001：24，本文作者所翻译），后者是用于实现这些策略的语言和副语言资源（paralinguistic resources）。Blas Arroyo区分了面对面政治辩论的几个不礼貌策略：直接把对手与负面意图和事务联系在一起、指责对手撒谎、表示鄙视、明确指出对对手不利的对比以及指控对手自相矛盾。

2.3 理论整合(integration of approaches)

如果我们不把不礼貌视为失败的礼貌，而是视为工具性甚至功能性的，那么正如Culpeper 等（2003）所主张的，势必要发展出一套不礼貌模型。此外，Culpeper的不礼貌模型在发展过程中把听话人角色吸收（incorporate）进来共同构建不礼貌（co-construct impoliteness），也把Spencer-Oatey（2002）更为细致的"人际关系管理"概念吸收进来，同时，该模型似乎能够解释多种语篇类型的不礼貌现象，这些都意味着Culpeper的不礼貌模型是一个前景乐观、适合考查交际中不礼貌现象的框架。因此，下列分析以Culpeper的不礼貌模型为基础框架。

虽然如此，有几处偏离Culpeper框架之处尚需要注意。Culpeper（2005）运用Levinson（1992）的"活动类型"概念，而本分析则采用Mills（2003）所使用的"实践社团（community of practice）"概念。显然，这一点会引起争议，但本文采用这个方法并非意在批评别的研究使用活动类型这一概念，而是因为实践社团的方法在此似乎更适合自然发生的互动交谈研究，有别于其他研究中的机构话语及媒体话语。根据Levinson

（1992: 65）的定义，活动类型是"一个模糊的类别，其焦点成员（focal members）是以目的界定的（goal-defined），社交上是机构性的、有界事件，对参与者、背景等都产生制约，但最重要的是，对正当的贡献也产生制约"；他所举的例子是足球比赛或求职面试。相反地，实践社团概念较少关注事件，更关注参与者及其在交际中的取向。实践社团三个重要纬度是：相互约定（mutual engagement）、联合盟友（joint enterprise）和共享剧目（shared repertoire）（Holmes & Meyerhoff, 1999: 175-6）。实践社团不像活动类型那样受限制，而是相互约定的社交人（social beings）的一种动态分组（dynamic grouping），意在成为联合盟友，其话语可能会受到制约，也可能不会，人们可能有平等或不平等的地位关系，可能是核心人物也可能是边缘人物；他们的话语当然受制于实践社团的规范，但这些规范是突发且具主体间性的（intersubjective），通过参与者的交谈反映出来并由交谈内容所构成。本分析采用详细的语料序列分析方法，虽然我们意识到分析转录的文本只能体现出一种可能的解读，我们还是把说话人和听话人在不礼貌共建过程的作用及交际语境都考虑进来。

虽然Culpeper（2005）摒弃了Brown和Levinson（1987，1978）的积极面子/消极面子二分法，但他并未明确修改其模型，取而代之以Spencer-Oatey的"人际关系管理"概念（也就是说，他没有识别哪些超级策略（superstrategies）映射了人际关系管理两个组成部分的哪个方面）。事实上，他暗示单一策略可能意味着攻击对象不仅仅为两个组成部分中的一个[8]。例如，Culpeper（2005: 54）指出，Anne Robinson表示蔑视的警句"You are the weakest link... goodbye"首先侵犯了听话人的平等权利，其次也侵犯了其素质面子。因此，像Culpeper（2005）的研究一样，本分析不再使用Brown和Levinson的积极不礼貌和消极不礼貌分类，把语料中观察到的不礼貌输出策略（the impoliteness output strategies）与Spencer-Oatey（2002）所界定的人际关系管理成分相结合也仅仅是临时的（provisional）。我们承认，用于攻击一个成分的策略可能也攻击到另一个成分，这一点在具体例子分析中会尽可能地体现出来。

最后，为了回应Blas Arroyo（2001）颇具深刻见解的批评，我们在随后的分析中尝试对策略和言语资源进行区分。这种区分很重要，各种言语资源可以用来实现很多不同的策略，反过来又对攻击说话人不同侧面的面子和社交权进行回应。

2.4 研究问题

本文旨在研究在西班牙语/英语双语（实践）社团中，二年级儿童在同伴交际中如何**实施**不礼貌（do impoliteness），使用了什么策略和言语资源，以及他们如何威胁交谈对象的面子和社交权。本研究的主要目的是考察Culpeper（1996）最早提出并进一步提炼（Culpeper et al., 2003; Culpeper，2005）的不礼貌策略和言语资源是否出现在不同的话语类型中，也即，是否出现在一小群西班牙语/英语双语儿童自然发生的谈话中。此外，为了考察不礼貌在较长的语篇中是如何构建的，本研究将运用Culpeper等（2003）所采用的，也是Watts（2003）、Mills（2003）和Culpeper（2005）所采用的序列法（the sequential approach）。换句话说，本文将研究以下问题：（1）参与者运用了哪些不礼貌策略和言语资源？（2）参与者如何回应交际中出现的不礼貌？

3. 方法

3.1 背景

本文分析的语料为25小时的音频语料库。这是亚利桑那州凤凰城中部一个双语浸入式（dual language immersion）小学二年级教室自然发生的交际。该小学大约有850名学生，主要是墨西哥人和墨西哥裔美国人：90%的学生是西班牙裔；6.5%为英裔美国人，2.5%为非裔美国人，1%的为美国土著，还有不到1%的亚洲人[9]。学生主要来自该校所处的贫穷的城市社区。尽管多数学生是墨西哥和墨西哥裔美国人，但在这个双语实践社团里，学生们的语言类型（language repertoire）还是有相当大的差异的。事实上，根据国家的标准评估考试（the state's standard assessment exams），在这个特殊的学校里，78%的学生英语能力都有限。有报道称，近五分之一的凤凰市民出生在美国以外的国家（主要是墨西哥和拉丁美洲），近三分之一的5岁及5岁以上的该市居民在家里讲西班牙语，许多学生开始上学时只会西班牙语这一种语言。由于从西班牙语到英语的快速转换，许多墨西哥裔美国学生开始上学时只懂得英语这一单一语言。

3.2 过程及参与者

本研究的数据为本文作者于2003年1月至6月间作为观察员在该校二年级教室所收集的。作者利用参与课堂活动之便，录下了22名学生、2名教师（一位为英语老师，另一位为西班牙语老师）和一名实习老师自然发生的在学生与学生之间、学生与老师之间的交谈，交谈地点包括操场和自助餐厅。课堂活动小组是由老师挑选组合的，但午餐小组和游戏小组则由学生自由选择组合。作者主要依据哪个小组说话人双语能力最强，或哪个小组尚有最多的说话人未录音来自行选择要录制哪个小组。

二年级课堂构成一个实践社团，因为参与者都参与到一个联合盟友中（Holmes & Meyerhoff，1999）。根据Mills（2003）的研究，实践社团是一个重要的结构，说话人根据其规范来评估交谈者礼貌与否。虽然一个实践社团有共同的活动和仪式（shared activities and rituals），吸引人们都来参与，但参与者未必与拉波夫言语社团（Labovian speech community）（参见Labov，1972:121）一样具有共同的语言评估变量（the same shared evaluation of language variables）以及一套共享规范；随着时间的推移实践社团可能会建立起一个共享的资源剧目（repertoire of resources），包括言语资源，但其成员可能拥有不同的母语，语言能力亦不尽相同（参见Holmes & Meyerhoff，1999: 176-179）。本研究所考察的二年级课堂中，一半的学生能流利地使用双语（在此指经常在非正式的、学生与学生间的会话交谈中使用西班牙语和英语）。虽然实践社团拥有共同的行为规范，包括语言行为，但这并不意味着作为多个实践社团成员的个体参与者会遵循相同的规则或对别人的话语做出相似的评判。相反地，个体与实践社团之间存在着动态的关系，其行为规范，包括礼貌与否，是（在交际中）进行协商、维护并改变的（Mills，2003: 4）。

4. 语料与分析

4.1 表现不礼貌（Being impolite）——输出策略

本节将依次考查对说话人的面子（素质面子和社会身份面子）和社交权（平等权利和关系权利）的攻击。在可能的情况下，也关注对其他成分的次威胁。

4.1.1 攻击对方的素质面子

Spencer-Oatey（2002：540）在人际关系管理中面子构成方面有关素质面子的定义是：

希望别人对我们的才干、能力、相貌等个人素质进行积极的评价的基本愿望。素质面子关系到我们为自己力争的上述个人素质，因此与个人自尊感密切（sense of personal self-esteem）相关。

用来攻击说话人素质面子的最明显的策略也许是我们这里所称的"攻击对方的外表"和"攻击对方的能力"[10]。语料库中孩子们经常调用各种言语资源实施这些策略。

在下例①中，女孩Marta和男孩Andrés都是二年级的学生，大约8岁。他们一边忙着制作创意艺术作品（a creative arts project）——情人节卡片，一边交谈。二者均为墨西哥后裔，但Andrés是最近才抵达美国，而Marta则已经在美国待了很长时间[11]。

例（1）

165 Marta：*嗯，没牙齿*

（2.0）

166 Marta：*尖嘴猴腮*

[CD4_16]

---

① 译者提示：会话中所有符号的意义请见文末注释第11条。

在例（1）中，Marta攻击Andrés的素质面子，对他的外表作了隐晦的负面评价。这一不礼貌策略是通过使用谩骂（诽谤）这一言语资源实施的（参见Culpeper，1996"谩骂"）。

在第二个例子中[①]，Arturo通过"攻击他人的能力或工作"这一策略攻击Jessica的素质面子。Arturo是个男孩，而Jessica和Julia都是女孩，他们都是二年级学生。他们的老师Kennedy小姐把他们分在同一组，让他们协作完成小组项目，画一座吊桥模型。三名学生都是讲双语的墨西哥裔美国人。

例（2）：

183 Arturo：*啊，没关系！我不在乎*

184 Jessica：*噢:: (Julia)*

185 Arturo：**噢，要这样做**

186 Jessica：*人家不会那么笨啦*

187 Arturo：**噢:: 噢::** */笨*

188 Julia：*[不是笨...*

189 Miss K：请注意，孩子们!这是一座吊-桥(.) [请看-

190 Arturo：[看吧，我告诉过你那来自（Kelly）

191 Miss K：怎么 [(((听不清))

192 Arturo：[★你这笨蛋★

193 Miss K：它从塔楼上面穿过，是固定着的

194 Arturo：看，她的吊桥比你的酷多了(.) 你只是在瞎画

195 Jessica：*是吗? 那我再去拿纸*

196 Arturo：*[去咯，你要拿什么就拿什么吧，反正我都做完了*

197 Jessica：*[你得去拿*

198 Julia：*我才不去*

199 Arturo：*我也不去*

---

① 例中粗体字使用说明: 原文单词为大写字母, 表示声音较大的话语。鉴于汉语不存在大小写之分, 译者将之处理为粗体字。后续例子同此。

(0.5)

200 Arturo：你去[(((听不清.))

201 Julia：[(((听不清.))

[CD3_2]

　　这里Arturo攻击Jessica的素质面子，而她也攻击他的素质面子，他们都运用各种不同的言语资源。Arturo采取"攻击对方能力或工作"的策略；他的攻击一开始是间接的，如他在第185行对Jessica的工作进行攻击。Jessica恼怒地回应他的攻击，反过来也攻击Arturo的素质面子。她采用谩骂这样的言语资源（参见Culpeper的"谩骂"策略）以及一句声明来质疑Arturo的能力（第186行）。随后Arturo和Julia合作，联合起来对抗Jessica。他们构建"笨蛋（menso）"这样一个禁忌语（参见Culpeper et al.，2003 "使用禁忌语、发誓、辱骂"）防御性地做出回应。禁忌语"笨蛋"构建过程中被他们的老师K小姐打断。她为大家演示Kelly同学成功的创意作品。Kelly是他们的同班同学，是个英国人，主要说英语。Arturo继续辱骂Jessica（第192行"你这笨蛋（you dummy）"），攻击其素质面子；还通过对照Kelly与Jessica的作品，构建一个对Jessica不利的对比（第194行"她的吊桥比你的酷多了"）来攻击她的作品，并通过说她没有按照说明来做（第194行"你只是在瞎画"）表达不礼貌的信念（参见Leech，1983），质疑她的能力。

4.1.2 攻击对方的社会身份面子

　　Spencer-Oatey（2002：540）把构成人际关系管理中面子部分的社会身份方面定义为：

　　希望他人承认和维护我们的社会身份或角色的基本愿望。如，小组长、贵宾、密友。社会身份面子与我们努力争取的、自己在社会群体的角色相关，因此与我们的公共价值感密切相关。

　　本研究所考查的语料中最常采用的威胁参与者的社会身份面子的策略是"屈尊、鄙视或嘲笑"（Culpeper，1996）。下例中，Jordan和Cari加入上述例（1）中的Andrés那桌。他俩都是墨西哥裔美籍双语学生。

例（3）：

74 Jordan：*我们看看这上面写些什么*

75 Andrés：*上面写些什么？*

76 Jordan：*上面写些什么？*

77 Jordan：*你叫什么名字？*

78 Cari：(Andrés)

79 Jordan：*这上面说（Andrés）是个白痴*

80 Andrés：*才不是呢，这里写着你叫什么名字？*

81 Jordan：*没有*

82 Andrés：*他叫什么名字？（Jordan)是头破烂的骡子*

83 Cari：*你才是的，因为你一笑起来嘴角都到这里了*

84 Andrés：*给我，叫他给我*

85 Cari：*叫他给我*

86 Andrés：*他不肯把钢笔给我*

87 Cari：*他连英语都不会讲呢*

88 Jordan：*你连英语都不会讲*

89 Andrés：*哼，我要告诉老师他对她说那种话*

[CD4_5]

在例（3）中，Cari和Jordan通过使用"屈尊、嘲笑和轻蔑"
（Culpeper，1996）的策略攻击Andrés的社会身份面子。交际开始时，三
个参与者被要求就老师刚才读的故事写梗概，并对该故事做出回应。从活
动的本质讲，人们可能会认为学生们享有平等的社会角色，也就是说，大
家是同伴。然而从一开始，三个参与者就具有不平等的地位，因为老师分
配给Jordan和Cari的是"帮手"的角色，因为在英语浸入式课堂中Andrés是
个只会讲西班牙语的学生。交际中，这些角色和身份处于不断磋商和争夺
中，并且是通过不礼貌的使用而磋商和争夺的。

对Andrés社会身份面子的攻击在Jordan说的第一句话语中就出现了。
Jordan先是假装为Andrés当翻译（第74行），但实际上他编造了假的译文，
其中包含了辱骂语（第79行）。后来他和Cari嘲笑Andrés的英语差劲。通

过这些言语资源的结合对Andrés进行嘲笑和蔑视，攻击他的社会身份，也即攻击他希望得到认可的、作为共同参与者/合作者的同伴或角色的社会身份。Andrés攻击Jordan的素质面子以示反击（参见4.1.1）。Jordan也作出冒犯性回击，他通过"用肢体或语言妨碍或阻止他人"（Culpeper et al.，2003）的策略，拿走Andrés的钢笔，攻击他的平等权利（见下文4.1.3）。

4.1.3 攻击对方的平等权

Spencer-Oatey（2002：540）把构成人际关系管理社交权的平等性方面定义为：

我们坚信我们有权得到他人的尊敬、受到公正对待的信念：坚信他人不会过分强加给我们或不公正地摆布我们，不会利用或剥削我们，并且坚信我们能得到该得到的好处。

本研究中，下列策略用于攻击平等权：威胁/恐吓（Culpeper，1996；Culpeper et al.，2003)，用肢体或语言妨碍或阻止他人（hinder or block the other - physically or linguistically）（Culpeper et al.，2003），挑衅他人（challenge the other）（Culpeper et al.，2003）以及强加于人（impose on the other）[12]。"用肢体或语言妨碍或阻止他人"策略（Culpeper et al.，2003）已在上述例（3）中通过Jordan得以实施。"威胁/恐吓"策略往往通过威胁向老师告状（参见例3第89行）以及下文例4的肢体暴力威胁（threats of physical violence）来实现。该互动的参与者包括上述例（2）中的Marta以及例（1）、例（3）中的Andrés。另一位会说两种语言的是Jessica，墨西哥裔美籍二年级学生，她正与Marta和Andrés在同一张桌子上制作情人节贺卡。Melissa也说两种语言，也是墨西哥裔美国人，也是二年级学生。她到课桌边来借剪刀。此互动发生于例（1）之前。

例（4）：

157 Melissa：*我已经知道那男孩喜欢谁了*

158 Marta：*你也得安静下来，别插嘴*

159 Andrés：*不然我就、我就赏你一巴掌*

160 Jessica: *我们不是在跟你说话*

161 Marta: *我们不是在跟你说话……也许我会*

(1.0)

162 Marta: *我会踹你一脚哦?*

163 Andrés: *那我会踹回去*

[CD4_16]

在例（4）中，Marta指示Melissa要保持安静，并命令另一个参与者不要参与其中。Andrés与Marta协作，在她毫不客气的指令之外增加了暴力威胁。Marta在第162行使用了身体暴力的威胁，Andrés在第163行进行了冒犯性的回应。

在下面的例（5）中，Jessica使用不同的言语资源来实现"威胁/恐吓"策略，攻击其共同参与者的平等权利。此例紧随上文例（2）之后，参与者正在搭建他们先前设计好的吊桥模型。第四个学生Jaime加入了这个小组，他是个墨西哥裔美国双语男孩。

例（5）：

495 Arturo: *我刚做完这个(.)我从那儿拿来的(.)啊，没关系，你自己把它停下来。*

496 Jessica: *上帝会惩罚你的*

497 Julia: *哦*

498 Jaime: *再给我一个*

499 Julia: *等一下*

500 Jaime: *另一个呢? 拿这个，那里还有一个*

501 Julia: *（就跟）（Jaime）(.) 他比（Arturo）好*

502 Jessica: *是的，因为（Arturo）不肯帮忙*

503 Julia: *（Jaime）只是……，他在做的事情确实对我们有帮助，他想跟我们一起，（Arturo）并非*

504 Jessica: *哦，到那儿却没(.)人都忙的，真是笨蛋(.)*

505 Julia: *瞧，我已经知道是怎么做的了，瞧，我会做个跟你刚才*

做的一模一样的吊桥

506 Jessica: *不-不，（Julia）(.) 嗯，这个你用，另外一个借给我吧。*

507 Arturo: *抓紧一点*

508 Jessica: *喔（Arturo），我要告诉老师你催促她让他干这个事情来讨好（Julia）*

509 Julia: *我不帮你了*

510 Jessica: *我要告诉老师 (.) 你用手指头点这儿*

(1.0)

511 Jessica: *（Juli）你不帮我，你现在跟（Arturo）一样坏了*

[CD3_7/8]

此例第510行Jessica威胁要去告诉老师是一种常见的言语资源，但是她在第496行的威胁却较少见。这句话可能被解释为间接地表达了不礼貌的信念（参见Leech，1983），认为Arturo在撒谎。Jessica还使用另一种策略来攻击其共同参与者的平等权：强加于人。她用来实现这个策略的言语资源主要为使用犀利指令（unmitigated directives）（第506和510行）和声明性评价（declarative assessments）（第502、504和511行）。她还用侮辱性的词语（insult terms）强化这些评价（第504行）。

在下面的例（6）中，Arturo再次攻击他作为交际者的平等权，这次使用的策略是"挑衅他人"（Culpepcr ct al.，2003）。

例（6）：

207 Arturo: 快点，你在做什么？啥都没做

(3.0)

208 Arturo: 臭家伙

209 女孩: *我们先完成了*

210 Jessica: 咄

211 Arturo: 什么？((听不清.))

212 女孩: 好的。

(2.0)

　　213 Arturo：*快点!*

　　214 Jessica：*嘘，安静一点*

(1.0)

　　215 Julia：*让她干一会儿*

　　随着吊桥模型设计活动的继续，Arturo挑战了Jessica（第207和213行）。他将这个策略与"攻击他人的能力或工作"结合起来（第208行）。"挑衅对方"被认为是一种攻击对方平等权的策略，因为它过分强加于对方。在这里，Jessica协同Arturo构建了对Jessica的挑战，因为她过分强加指示，要求他人安静（第214行）。

4.1.4 攻击对方的社交权

　　Spencer-Oatey（2002：540）把构成人际关系管理社交权的交往权利定义为：

　　我们坚信有权与他人交往、与他人保持某种关系的基本信念……当然，我们视为"适量"的信念依赖于关系的性质以及社会文化规范和个人喜好。

　　所考查的语料中，交际者使用"忽略或冷落他人"（Culpeper，1996）以及"不与对方交往"（Culpeper 1996）的策略攻击他人的交往权利。这些策略将在例子中一一进行分析。例（7）的互动还是取自制作情人节卡片的创意活动语料。

例（7）：

180 Jessica：*是（Marta）(2.0)*

181 Jessica：*瞧=*

182 Marta：**=瞧 (.) 是（Marta）没有**

183 Jessica：*我告诉你，你应该改变你的态度，瞧，你已经变好了，但你要变好就应该分享*

(1.0)

184 Jessica：*就如你跟我分享热芝士（Hot Cheetos）一样，那就是一个好的((听不清.))，你已经改变很多了（Marta）你已经改变。我需要胶带老师，我需要胶带。*

(16.0)

185 Marta：**瞧**

(4.0)

186 Marta：*他们在乱涂乱画*

(3.0)

187 Marta：*你闭嘴*

(1.0)

188 Marta：*哼猪，他们是蠢猪*

189 Marta：**（Germán）***你也跟我对着干，你等着瞧((听不清.))你等着*

(3.0)

190 Marta：*喔::::你等着*

(2.0)

[CD4_17]

    在上面的例（7）中，Marta和Jessica都明确地评判别人的不礼貌行为，并且他们都使用"忽略或怠慢对方"的策略。从第180行开始，Jessica断定Marta的行为是冒犯性行为，并对此进行评论。Marta保持沉默（第182行之后），她在评论之后整整沉默了16秒。在第185个话轮中，Marta开口了，但并非防御性地回应Jessica对自己行为的评价，而是向学生小组说话，并就她认为他们的不礼貌之处做出评论。Marta的同组成员对她过分的不礼貌未做回应。相反地，他们用沉默来排斥她，就像她早些时候用沉默回应Jessica对她行为的评价那样。

    在例（7）中，Marta和其他人先后使用了沉默策略。但人们还使用诸如"不与对方交往"（Culpeper，1996）或"不感兴趣、不关心、不同情"（Culpeper，1996）等更明显的策略。如下面例（8）的第524行。

例（8）：

521 Julia：（Arturo）过来帮帮我们

522 Jaime：你得来帮帮我们

523 Julia：对，你得来帮帮我们

524 Arturo：我谁都不帮

525 Jaime：别这样 (.) 不帮忙你赢不了

[CD3_7]

4.2 对不礼貌的回应

根据Culpeper所区分的不礼貌策略，虽然语料中年幼的双语互动者常常采取不礼貌策略，不礼貌也许最好由互动双方来评估，因为（不）礼貌规范因活动类型（Culpeper，2005）或实践社团（Mills，2003）而异。Culpeper等（2003: 1562）提出交际者在感知到策略性不礼貌行为（strategic impoliteness）时的几种回应选项（response options）：首先，说话人可以选择回应或不回应；其次，在回应中，说话者可以接受对方的不礼貌，也可以做出回击（counter）；最后，做出回击的说话者可以选择采用冒犯性策略，也可以采用防御性策略。图1汇总了这些选项，该图改编自Culpeper等（2003）的图表，但有一个明显的变化。Culpeper（2005）及本研究所定义的不礼貌都包含了听话人这一评估角色，听话人最先具有判定权：最先判定为不礼貌或不判定为不礼貌。

在这部分，我们考查参与者对不礼貌所做出的回应及对不礼貌的共建情况。

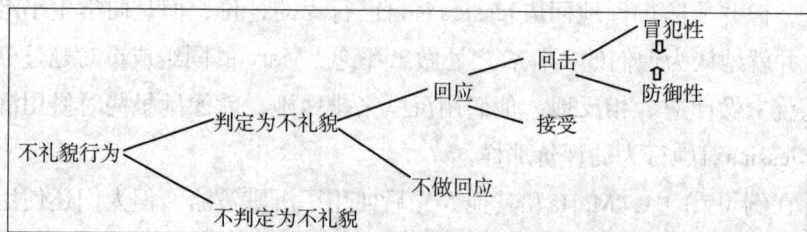

图1　回应选择概要，引自Culpeper等（2003:1563）

并根据Culpeper（2005）不礼貌定义进行修订

4.2.1 不做回应

Culpeper等（2003:1562）在其研究语料中未发现"不做回应"的例子。相比之下，本文所考查的西班牙语/英语双语儿童交谈中，策略性地（使用）沉默是一种常见的对不礼貌不做回应的策略。交谈中出现不礼貌之后，往往紧接着会出现相对较长的停歇。除了上述例（7）外，其他不做回应的例子包括：

例（9）：
89 Julia:　哦，真可爱
(2.0)
90　Arturo: 你，你喜欢它你要亲吻它？　(.)亲它((发出亲吻的声音))
91　Jessica: *有水*
92　Arturo: 亲它
93　Julia:　*他只是说——我只是说它很可爱，不过* ((听不清.))
[CD3_1]

在这里，Julia选择不回应Arturo在第90行的嘲讽。然而，在第93行中对方再次嘲笑她之后，她做出了防御性回击（见下文）。虽然对不礼貌不做回应乍一看显得被动，但正如我们在上面例（7），中所看到的，不做回应实际上可能是一种回应，即攻击说话者的社交权。换言之，对不礼貌不做回应可能起到忽视或怠慢对方的作用。

4.2.2 接受对方的不礼貌

根据Culpeper 等（2003: 1562）的理论，接受对方的不礼貌是一种策略，可进一步伤害听话人/回应者的面子，因为他或她承担起说话人使用不礼貌的责任。接受（对方的不礼貌）可能采取各种形式，如针对不同类型的不礼貌做出道歉或认可。例如，如果说话人意欲把听话人与负面事物联系起来，那么从理论上讲，听话人可以表示同意，因而承担最初不礼貌的责任。Culpeper等（2003: 1562）在其语料中并未发现使用这一策略的例子，而本研究的语料库中也很少发现。接受（对方的）不礼貌的例子在围绕吊桥造型的交谈中出现：

例（10）：

> 94 Jessica: *瞧，已经好了，Arturo (.) 你告诉Kennedy小姐我们已经做好了*
>
> 95 Arturo: *什么? 这也太臭了吧*
>
> 96 Jessica: *哦，是吗? 哦我真笨，竟然忘记一样东西*

例（10）中Arturo最初的不礼貌（第95行）受到冒犯性回击（"哦，是吗？"是一种挑衅，威胁到Arturo的平等权）。然后，Jessica开始接受这种不礼貌，承认自己忘记了什么。

4.2.3 防御性回击

要对一个不礼貌行为做出防御性回击，说话人通过寻求"歪曲、阻止或反过来管理面子攻击"（Culpeper et al.，2003: 1562）来保护自己的面子。防御性回击是本语料库中对不礼貌做出回应的常见策略。被指抄袭时，说话者往往为其行为进行辩护；被指垄断小组资源时，说话人往往证明自己使用资源的合理性。例子包括：

例（11）：

> 68 Marta: *每个人都想从我这抄袭点什么，我受够了。（Jessica）每个人都想抄袭，这样对吗?*
>
> 69 Juan: *不是我，我没有抄袭*
>
> 70 Marta: *[是吗?*
>
> 71 Marta: *那你干嘛赖在这里? 赖在这里说明你想抄袭一样的东西，对，就是这样*
>
> 72 女孩: *是的，我只是想做得像它因为——*
>
> 73 Juan: *((敲麦克风))*
>
> 74 Marta: *你甚至连呃呃连剪刀在哪里都不知道*
>
> 75 女孩: *不是的，因为我已经知道剪刀，知道那些剪刀在那儿了。*

例（11）中，Marta指责她的两个同伴Juan和一个女孩抄袭她的作品，攻击他们的素质面子。在第69行Juan只是简单地做出回应，在随后的话轮里，她直接反驳了Marta的指控。相比之下，女孩的协商立场（position to negotiate）更为复杂。她想同时保护自己免受Marta对她素质面子的攻击，又想能够继续使用Marta和Jessica控制着的特殊剪刀。在第72个话轮，她一开始声称她想用剪刀来干别的事情，但是Juan打断了她的话，而在第74行，Marta抓住机会回应她（尚未完成）的辩护。在第75行，女孩回应Marta在前一个话轮的指控，以其防御性回击扯平了Marta对她的指控。

4.2.4 冒犯性回击

最后一种选择是说话人对不礼貌进行冒犯性回击，对交际者的不礼貌行为做出回应，以反击其对说话人面子的攻击（Culpeper et al., 2003: 1562）。Culpeper等（2003: 1562）发现，即便泊车执法人员或称"（将违章停放的车辆扣在原地的）夹钳"具有作为机构角色的特殊性，但该研究中的听话人/回应者仍无法对抗执法人员的犀利攻击；然而，该策略却在其研究语料中以某种形式出现。这也是本文语料中出现的一种很常见的应对策略。例子包括：

例（12）：

    662 Jessica：*你们都是混蛋*

    663 Jaime：*你是混蛋=*

    664 Arturo：*=你是混蛋*

    [CD3_11]

从例（12）可以看出，冒犯性回击与最初的不礼貌一致。为了回应Jessica在第662行中对他们的素质面子的威胁，Jaime和Arturo都用同样的侮辱性词语回应，一个紧接着另一个回怼Jessica。

例（13）：

278   German：*他们表现得很疯狂*

279   Dolores：*闭嘴，不然我掐死你*

280   German：*他们表现得很疯狂*

    [CD2_12]

如例（13）所示，攻击也可能升级。在咖啡馆餐桌上，Germán威胁Dolores和其他女学生的素质面子，对方以将实施身体暴力回应他，威胁他的平等权。

5. 结语

在随后发表的文章中（Culpeper et al., 2003；Culpeper, 2005），Culpeper对Culpeper（1996）的不礼貌模型进一步做出修订。该模型有助于对不同的话语类型——一小群西班牙语/英语双语儿童自发的谈话中的不礼貌策略进行分类。在上文对语料中讲双语的二年级学生的不礼貌现象进行分析中我们发现，（孩子们）利用各种言语资源，实施各种策略，以攻击交谈者的面子和社交权。攻击参与者的外貌和攻击参与者的能力/工作也许是最常用的攻击他人素质面子的策略，并且通过使用言语资源来实现，比如使用侮辱语和做令人不快的比较。课堂语境中，攻击一个人的社会身份面子往往体现在不认可交谈者的同伴身份；这类攻击最常发生在Andrés这种以西班牙语为母语的单语者（monolingual Spanish-speaking）身上。其策略与攻击素质面子策略相似，但与交谈者的外貌或能力等因素相关的侮辱语和令人不快的比较使其与实践社团规范有所区别。参与者利用指令类（directives）言语资源强加于人，用疑问句或指令句挑衅他人，用（将实施暴力、告诉老师，甚至惹怒神灵等）威胁来吓唬他人，这些都是对平等权的威胁。用沉默来无视他人以及用指令等言语资源不让对方与他人交往，威胁的是对方的社交权。我们观察到，在互动过程中说话者可能攻击其交谈对象的多种面子和社交权。此外，我们的观察还发现，在一次互动中说话人可以攻击对方的面子和社交权的多个成分。对人际关系的一个成分进行重复、不断升级的攻击可能具有攻击到另一成分的特性，如用蔑视或嘲弄等攻击他人社会身份面子的方法反复攻击他人的素质面子。最后，我们发现，对交际者面子和社交权中的一个成分进行攻击，也威胁到交际者的面子和社交权的其他成分。图2呈现的是根据Culpeper（1996）、Culpeper等（2003）以及本分析采用的Spencer-Oatey's（2002）的人际关系管理概念而临时整合（provisional alignment）的概要。这份列表并非详尽无遗，只是对上述分析进行概括。

愿望/信念的定义		不礼貌策略
攻击面子		
素质面子	希望个人素质得到正面的评价	攻击他人的外貌；攻击他人的能力/工作
社会身份面子	希望我们的社会身份或角色得到认可	屈尊、鄙视或嘲笑
攻击社交权		
平等权	相信我们有权得到他人的公正对待	用肢体或语言恐吓/威胁妨碍或阻止他人 挑衅他人；强加于人
交往权	相信我们有权依照关系类型与他人进行交往	无视或冷落他人；不让与他人交往

图2 不礼貌策略与Spencer-Oatey（2002）的人际关系管理临时整合概要

交际者对不礼貌的回应对该不礼貌现象也是至关重要的，这些回应可能事实上促成不礼貌的共建。在4.2节中，我们研究了说话者对不礼貌的回应，发现说话人使用了Culpeper等（2003）所区分的所有选择：不做回应；防御性回击；冒犯性回击。研究中我们发现说话人往往结合使用多种回应策略，比如，从不回应到防御性回击到冒犯性回击。我们希望前面的分析能体现出Culpeper等学者和Mills所指出的，一种考虑更大范围的、自然发生的会话互动的方法。在该方法中，说话者多种策略的使用阐释了不礼貌的共建本质（the co-constructed nature）以及交谈中的不礼貌模型。

虽然不礼貌是一个相对来说研究得还不够深入的领域，尤其是在英语以外的其他语言，迄今为止，西班牙语不礼貌研究几乎完全集中在西班牙和拉丁美洲的政治话语。本文尝试探讨美国的西班牙裔双语者之间自然发生的会话中出现的不礼貌话语。因此，它有助于不礼貌研究（尤其是西班牙语）以及双语环境中的不礼貌研究。由于所考查的说话者数量较少，因此本研究的规模显然是有局限性的。比起礼貌语言研究中常常使用的角色扮演或问卷调查等方法，这种使用自然发生的自发谈话对语境中的"真实"语料（'authentic' data）进行分析的方法在语料和语境的"纯自然"（'naturalness'）方面更占优势，但也付出了代价：牺牲使用那些方法所能获得的更大数量的说话者、数量的代表性以及所收集语料的可比性（comparability）。虽然不可能在本研究的基础上进行归纳，但无论是定性研究还是定量研究，本研究结果确实与其他有关儿童与（不）礼貌研究结果有共鸣之处。

在未来对西班牙语/英语双语互动的不礼貌研究中，可以探讨性别与语码转换的关系。正如Goodwin（1999；Goodwin et al.，2002）的研究表明，有必要在人种学和详细分析的基础上对性别和儿童互动进行研究，西班牙语中尚未有这方面的研究。未来的研究应考虑双语互动中如何运用语码转换表达不礼貌。虽然已有关于儿童互动中的语码转换的研究（参见Jorgensen，1998；Bauer et al.，2002；Cromdal，2004），也有其他的研究探讨语码转换和礼貌行为的关系（参见Valdes，1981；Li Wei，1995；Gardner-Chloros & Finnis，2003），但有关儿童交际中的语码转换与（不）礼貌现象关系的研究尚属少见。

致谢：

感谢Derek Bousfield和Jeanette Owen给予的宝贵的反馈意见，感谢两位匿名评审的详细评语。本文所依据的分析语料得到社会学启动基金（Sociological Initiatives Foundation）的资助，对他们的支持深表感激。

注释：

1. 虽然Pedlow等学者及后来Ervin-Tripp、Kwarciak所研究的一样，是研究礼貌而不是研究不礼貌，但他们的研究结果也同样说明人们对不礼貌的作用非常敏感。这显然说明，光提出临时建议是不够的，还需要对此进行深入研究。

2. 当然，Mills（2003：48-49）质疑语境概念是分析人员事后强加的解释手段。她指出，交谈和语境是共同建构的。她认为"我们应该……在实践社团和整个社会的制约下，关注互动者在协商过程中所借以产生意义和自我定义的形式"（2003：51）。我认同Mills的观点，不过我也坚决主张互动者所选择的语境框架是意义生成的重要资源。

3. 这并非说从未有学者对墨西哥裔美国人的西班牙语礼貌现象做过研究（参见Cashman，2006有关美国西班牙语礼貌现象研究的综述）。

4. 当然，这种模型与Brown和Levinson的模型显然并不完全相反，因为

Culpeper的"讽刺或假意礼貌"与"间接不礼貌"并不相反。

5. 此外，从Culpeper（1996）—Culpeper等（2003）—Culpeper（2005）的不断修改可以证明，Culpeper的模型尚处于发展过程。

6. 虽然Mills不认同Brown和Levinson的模型，这确实使得她的方法与Culpeper的方法难以整合，但她的方法与Culpeper的方法倒是不对立，这也是我希望在本研究中展示的。尤其是Culpeper（2005）运用了Spencer-Oatey（2002, 2005）的人际关系管理框架，我在本文尝试制作成图表。

7. Culpeper等（2003）也指出这点，"没有人声称不礼貌的超策略属于同一个维度：确切地说，这些维度到底是什么，是一个需要进一步研究的领域"（1555）。

8. 正如在Bousfield（1999）的研究发现中呈现和在Culpeper等（2003）的研究中第一次指出的，这个问题并非是Culpeper的模型映射到 Spencer-Oatey的人际关系管理框架时存在的唯一问题。

9. 在美国英语中，这里所说的英裔美国人和亚洲人分别是"白人、非西班牙裔"和"环西太平洋裔"的同义词。

10. 这些策略名称均为本文作者所创，旨在完善Culpeper（1996 et al., 2003）的策略种类。

11. 案例中所有儿童名字均为化名。以下是本文语料片段转写时所使用的主要符号。

普通字体　原话语
（斜体）　根据西班牙语转写
中[括号　重叠话语

粗体字　　比较大声的话语
星号　　比较小声的话语
冒号::　　前述声音的加长
连字符-　　自行中断
(名字)　　化名置于括号内，表示转写者不确定是否为该词
((插入.))　分析者的评论，通常与非言语信息有关

12. "强加于人"这一策略名称为本文作者参考Spencer-Oatey的平等权

定义所创，旨在完善Culpeper（1996；Culpeper et al.，2003）的策略类型。

参考文献

［1］Bargiela-Chiappini, Francesa, 2003. Face and politeness: New (insights) for old (concepts). Journal of Pragmatics, (35): 1452-1469.

［2］Bauer, Eurydice Bouchereau, Joan Kelly Hall, and Kirsten Kruth, 2002. The pragmatic role of codeswitching in play contexts. International Journal of Bilingualism, 6(1): 53-74.

［3］Beebe, Leslie, 1995. Polite fictions: Instrumental rudeness as pragmatic competence. Georgetown University Roundtable on Linguistics: 154-168.

［4］Beebe, Leslie, 1997. Rude awakenings: Ways of responding to rudeness. Pragmatics and Language Learning, 8: 135.

［5］Blas Arroyo, José, 2001. 'No digas chorradas' ... la descortesía en el debate políticocara a cara: una aproximación pragma-variacionista. Oralia, 4: 945.

［6］Blas Arroyo, José, 2003. 'Pérdoname que se lo diga pero vuelve Ud. A faltar laverdad señor González': Form and function of political verbal behavior in face-to-face Spanish political debates. Discourse and Society, 14 (4): 395-423.

［7］Blum-Kulka, Shoshana, 1987. Indirectness and politeness in requests: Same or different? Journal of Pragmatics, 11: 131-146.

［8］Bolívar, Adriana, 2002. La descortesía como estrategia política en la democracia ve-nezolana. In La perspectiva no etnocentrista de la cortesía: identidad sociocultural de las comunidades hispanohablantes, Diana Bravo (ed.). Stockholm: University of Stockholm: 213-226.

［9］Bousfield, Derek, 1999. "They Need Strangling!" Impoliteness in the BBC Television Series 'The Clampers'. Unpublished MA dissertation, Lancaster University, UK.

［10］Bravo, Diana and Antonio Briz Gómez (eds.), 2004. Prágmatica sociocultural: estudios sobre el discurso de cortesía en español.

［11］Brown, Penelope and Stephen Levinson, 1987 (1978). Politeness: some universals in language usage. Cambridge: Cambridge University Press.

［12］Cashman, Holly, 2006. Linguistic Politeness in the Spanish of the United States. In Research on Politeness in the Spanish Speaking World, María Elena Placencia and Carmen García (eds.), Mahwah, New Jersey: Lawrence Erlbaum.

［13］Corsaro, William and Thomas Rizzo, 1990. Disputes in the peer culture of American and Italian nursery-school children. In Conflict Talk: Sociolinguistic investigations of arguments in conversations, Allen Grimshaw (ed.). Cambridge: Cambridge University Press: 21-66.

［14］Cromdal, Jakob, 2004. Building bilingual oppositions: Code-switching in children's disputes. Language in Society, (33): 33-58.

［15］Culpeper, Jonathan (1996). Towards an anatomy of impoliteness. Journal of Pragmatics, (25): 349-367.

［16］Culpeper, Jonathan, 2005. Impoliteness and entertainment in the television quiz show: The Weakest Link. Journal of Politeness Research, (1): 35-72.

［17］Culpeper, Jonathan, Derek Bousfield, and Anne Wichmann, 2003. Impoliteness revisited: with special reference to dynamic and prosodic aspects. Journal of Pragmatics, (35): 1545-1579.

［18］Eelen, Gino, 2001. A Critique of Politeness Theories. Manchester, UK: St. Jerome.

［19］Erlich, Frank, 2002. El discurso político venezolano actual: ?atenuación o refuerzo del conflicto? In La perspectiva no etnocentrista de la cortesía: identidad sociocultural de las comunidades hispanohablantes, Diana Bravo (ed.). Stockholm: University of Stockholm: 227-239.

［20］Ervin-Tripp, Susan, Jiansheng Guo, and Martin Lampert, 1990. Politeness and persuasion in children's control acts. Journal of Pragmatics, 14 (2): 307-331.

［21］Farris, Catherine, 2000. Cross-sex peer conflict and the discursive production of gender in a Chinese preschool in Taiwan. Journal of

Pragmatics, (32): 539-568.

[22] Gardner-Chloros, Penelope and Katerina Finnis, 2003. How code-switching mediates politeness: Gender-related speech among London Greek-Cypriots. Estudios de Sociolingüística, 4 (2): 505-532.

[23] Goodwin, Charles and Marjorie Goodwin, 1990. Interstitial argument. In Conflict talk: Sociolinguistic investigations of arguments and conversations, Allen Grimshaw (ed.). Cambridge: Cambridge University Press: 85-117.

[24] Goodwin, Marjorie, 1983. Aggravated correction and disagreement in children's conversations. Journal of Pragmatics, (7): 657-677.

[25] Goodwin, Marjorie, 1999. Constructing opposition within girls' games. In Reinventing Identities: The Gendered Self in Discourse, Mary Bucholtz, A.C. Liang and Laurel A. Sutton (eds.). Oxford: Oxford University Press: 338-409.

[26] Goodwin, Marjorie,Charles Goodwin,and Malcah Yaeger-Dror, 2002. Multi-modality in girls' game disputes. Journal of Pragmatics, (34): 1621-1649.

[27] Holmes, Janet and Miriam Meyerhoff, 1999. The community of practice: Theories and methodologies in language and gender research. Language and Society, 28(2): 173-185.

[28] Jorgensen, Normann J., 1998. Children's acquisition of code-switching for power wielding. In Code-switching in conversation: Language, interaction and identity, Peter Auer (ed.). London: Routledge: 237-258.

[29] Kasper, Gabriele, 1990. Linguistic politeness: Current research issues. Journal of Pragmatics, (14): 193-218.

[30] Kienpointner, Manfred, 1997. Varieties of rudeness. Functions of Language, 2 (2): 251-287.

[31] Kwarciak, B.J., 1993. The acquisition of linguistic politeness. Multilingua, 12 (1): 51-68.

[32] Labov, William, 1972. Sociolinguistic patterns. Philadelphia: University of

Pennsylvania Press.

[33] Ladegaard, Hans, 2004. Politeness in young children's speech: Context, peer group influence and pragmatic competence. Journal of Pragmatics, (36): 2003-2022.

[34] Lakoff, Robin, 1989. The limits of politeness. Multilingua, (8): 101-129.

[35] Leech, Geoffrey, 1983. Principles of Politeness. London: Longman.

[36] Levinson, Stephen, 1992. Activity types and language. In Talk at Work, Paul Drew and John Heritage(eds.). Cambridge: Cambridge University Press: 66-100.

[37] Li, Wei, 1995. Code-switching, preference marking and politeness in bilingual cross-generational talk: Examples from a Chinese community in Britain. Journal of Multilingual and Multicultural Development, 16 (3): 197-214.

[38] Márquez Reiter, Rosina and María Elena Placencia, 2004. Current trends in the pragmatics of Spanish. Amsterdam/Philadelphia: John Benjamins.

[39] Matsumoto,Yoshiko, 1988. Reexamination of the universality of face: Politeness phenomena in Japanese. Journal of Pragmatics, (12): 403-426.

[40] Mills, Sara, 2003. Gender and Politeness. Cambridge: Cambridge University Press.

[41] Pandey, Anjali, 1999. Deconstructing Disney discourse: Dialects of preferability. The SECOL Review, 23 (1): 45-82.

[42] Pedlow, Robert, Roger Wales, and Ann Sanson, 2001. Children's production and comprehension of politeness in requests: Relationships to behavioral adjustment in middle childhood. Journal of Language and Social Psychology, 20 (1/2): 23-60.

[43] Placencia, María Elena, 2001. Percepciones y manifestaciones de la (des) cortesía en la atención al público: el caso de una institución pública ecuatoriana. Oralia, (4): 177-212.

[44] Placencia, María Elena and Diana Bravo (eds.), 2002. Actos de habla y cortesía en español. Munich: Lincom Europa.

[45] Placencia, María Elena and Carmen García(eds.), 2006. Research on politeness in the Spanish-Speaking World. Mahwah, New Jersey: Lawrence Erlbaum.

[46] Pomerantz, Anita, 1984. Agreeing and disagreeing with assessments: Some features of preferred/dispreferred turn shapes. In Structures of social interaction: Studies in conversation analysis, J. Atkinson and J. Heritage (eds.). Cambridge: Cambridge University Press: 57-102.

[47] Schiffrin, Deborah, 1984. Jewish argument as sociability. Language in Society, (13): 311-335.

[48] Sifianou, Maria, 1992. Politeness phenomena in England and Greece: A cross-cultural perspective. Oxford: Clarendon Press.

[49] Spencer-Oatey, Helen, 2002. Managing rapport in talk: Using rapport sensitive incidents to explore the motivational concerns underlying the management of relations. Journal of Pragmatics, (34): 529-545.

[50] Spencer-Oatey, Helen, 2005. (Im)politeness, face and perceptions of rapport: Unpacking their bases and interrelationships. Journal of Politeness Research, (1): 95-119.

[51] Tannen, Deborah and Christina Kakavá, 1992. Power and solidarity in modern Greek conversation: Disagreeing to agree. Journal of Modern Greek Studies, (10): 11-34.

[52] Tracy, Karen and Sarah Tracy, 1998. Rudeness at 911: Reconceptualizing face and face attack. Human Communication Research, 25 (2): 225-251.

[53] Valdes, Guadalupe, 1981. Codeswitching as deliberate verbal strategy: A microanalysis of direct and indirect requests among bilingual speakers. In Latino Language and Communicative Behavior, Richard Duran, (ed.). Norwood, New Jersey: Ablex: 95-107.

[54] Wachal, Robert, 2002. Taboo or not taboo: That is the question. American Speech, 77(2): 195-206.

[55] Watts, Richard, 2003. Politeness. Cambridge: Cambridge University Press.

礼貌研究：回顾与展望

Van der Bom, I. and Grainger, karen. 2015. Journal of Politeness Research[J]. Journal of Politeness Research: Language, Behaviour, Culture, 11(2): 165-178.

摘　要：本期是《礼貌研究：语言·行为·文化》（*Journal of Politeness Research: Language, behaviour, culture*）期刊创立10周年专刊。十年前，创刊主编（founding Editor-in-Chief）Christine Christie创立了本刊，希冀打造一个"关注语言和非语言礼貌现象的国际化、多学科性质的研究论坛（multidisciplinary forum）"（Christie，2005：1）。在她的领导下，期刊发表了大量符合这一创始原则（founding principle）的论文。2010年Derek Bousfield和Karen Grainger接手肩负起编辑责任，2013年Grainger成了唯一的主编，《礼貌研究》期刊在两人的管理下不断成长、更加成熟。如今，仰仗众多作者和审稿人的宝贵贡献以及期刊读者、编辑团队和咨询委员会的不断支持，本刊仍然在各种礼貌现象的研究中处于旗舰和先驱地位。为了庆祝创刊十周年，我们有必要详细回顾礼貌研究领域已取得的成就，并展望未来的发展前途。

2005—2010：构想和早期（研究）

在21世纪初，得益于Penelope Brown和Stephen Levinson（1987 [1978]）发表的著作——《礼貌：语言使用的共性》（*Politeness: Universals in Language Usage*），语言和非语言的礼貌现象研究在多个学科中取得蓬勃发展。尽管在语用学以及包括社会语言学、社会人类学、文化研究、社会学、交际研究、计算机应用（computing）、心理学、性别研究和商业等在内的多个学科领域中，关于礼貌的研究急剧增加，但缺乏一个统一的平台将这些涉及礼貌研究的研究成果汇集到一起。但1998年，英国大学的一众学者成立了"语言礼貌研究小组"，成员们一致认为需要为礼貌研究创办一本专门的同行评议期刊（a peer-reviewed journal）。然后在2005年，第一期《礼貌研究：语言·行为·文化》正式创刊。

在第一期的介绍中，主编Christine Christie回顾了一系列不同领域的礼貌研究论著，证明了创立一本礼貌研究期刊的必要性。她指出，有关礼貌研究的成果多散布在不同领域的期刊上，意味着研究难以获得重要的实证结果，且难以创造有潜力推动此领域进一步发展的理论见解，因此无法取得长远的研究发展。Christine及编委会（the editorial board）的同事们旨在提供一个统一平台，以聚集关键理论论辩从而促进理论建树，为实证研究提供支持，以扩大人们对社会和文化现象的理解，也为描述和解释礼貌现象的方法论发展做出贡献。

正如Bousfield和Grainger（2010）所指出的，在Christie的组编之下，创刊几年后《礼貌研究》便成了跨越学科、语言、文化和语境的礼貌研究的重要渠道，享有高度凝聚力和影响力。期刊上发表的论文往往助力多个领域的发展，反映了礼貌研究的范围、适用性、重要性和影响力。由于篇幅所限，本文无法穷尽这一时期此刊上丰硕的发表成果，但是这阶段有一篇重要的论作，即Locher和Watts（2005）提出的关系概念化（conceptualization of relational work），它是更好地理解"礼貌"的关键。其他理论探索也同样推进了这一领域的发展，如Holtgraves（2005）对礼貌作为社会结构（social construct）的探索、Terkourafi（2005）"基于框架"的视角（"frame-based" view）、Spencer-Oatey（2005）的人际关系管理方法（approach of rapport management）、Arundale（2006）的建构主义面子概念（constructivist notion of face）、O'Driscoll（2007）对面子威胁行为（Face-Threatening Acts，FTAs）的探究、Christie（2007）对关联理论与礼貌之间的关系的讨论以及Haugh（2007）就礼貌研究中话语分析法（discursive approach）的批评。例如，不同于Brown和Levinson（1987）的辩证理解（dialectical understanding），Arundale（2006）坚持认为"面子"是一种动态现象，反映了交际中自我的共同构建本质（the co-constructed nature of self）。他把面子概念化为关系性和互动性，对推动该领域研究颇具影响。Arundale（2006）发表的文章还激发了关于面子和身份的关系的讨论（见Garcés-Conejos Blitvich et al.，2013）。

这一时期进一步见证了礼貌在一系列不同语言和文化中的应用，如法语（Beeching，2006; Kerbrat-Orec-chioni，2006）、西班牙语（Arnáiz，2006; MárquezReiter，2008; Félix-Brasdefer，2008）、希腊语（Koutsantoni，2007; Bella，2009）、土耳其语（Daller & Yıldız，2006）、汉语（Kádár，2007）、韩语（Byon，2006）、茨瓦纳语（Kasanga & Lwanga-Lumu，2007）、以色列语（Kampf & Blum-Kulka，2007）和波斯语（Sharifian，2008）。我们的特刊鼓励将礼貌研究拓展到不同的语境中，如"工作中的礼貌"（Mills & Beeching，2006）、"医疗环境中的礼貌"（Mullany，2009）、"计算机媒体交际（CMC）中的礼貌和不礼貌"（Locher，2010）等。另外，有关言语行为的拓展研究也值得一提（Kampf & Blum-Kulka，2006; Wouk，2006; Davies et al.，2007; Ogiermann，2009），包括2007年的"道歉"研究特刊（Grainger & Harris，2007）。在这个时期，不礼貌研究也有重要进展并概念化（Culpeper，2005; Piirainen-Marsh，2005），这得益于2008年由Bousfield和Culpeper特约编辑出版的"不礼貌"研究特刊。毫无疑问，本刊助力和鼓励了不礼貌研究，使之成了该领域最富有成果的研究方向之一。

最后，我们要感谢Geoffrey Leech在后期的重要贡献。在《礼貌研究》2007年第3卷第2期中，他提出了一个新的语用框架（pragmatic framework），用于研究交际中的语言礼貌现象。此模型包括一个共同的礼貌原则（Leech，1983，2003，2005）及一个礼貌大策略（a Grand Strategy of Politeness，GSP）。他声称该模型既可解释东方，亦可解释西方语言交际中的礼貌现象。该文改编后发表于他2014年出版的《语用学中的礼貌》（*The pragmatics of politeness*）中。

2010—2015：进一步成长和成熟

2010年，Derek Bousfield和Karen Grainger从Christine Christie手中肩负起编辑之责。他们在合作编纂的第一期刊首语中指出，《礼貌研究》

第1卷第1期便"讨论和（重新）介绍了研究问题和立场，预见了近期在刊物论文上看到的多种争议"（Bousfield & Grainger，2010：162）。事实上，从2010年起，本刊就推进了有关礼貌研究的重要讨论，如礼貌作为关系（relational work）（Zayts & Schnurr，2013；Estellés Arguedas & Albelda Marco，2014；Grainger et al.，2015）、人际关系管理（rapport management）（García，2012）、礼貌作为身份（identity work）(Garcés-Conejos Blitvich et al.，2013；Georgakopoulou，2013)、礼貌作为面子（facework）(Al-Adaileh，2011；Kádár & Roe，2012；Hatfield & Hahn，2014)、身份和面子之间的相互关系（identity & face）(Bucholtz and Hall，2013；Joseph，2013；Miller，2013)以及诸如分析者角色（Haugh，2012；Kádár & Mills，2013）等基本认识论问题（fundamental epistemological questions）。在Garcés-Conejos Blitvich（2013）作为特约编辑的"身份和面子"研究特刊中，Garcés-Conejos Blitvich指出，话语分析方法（discursive approaches）的出现使礼貌研究中"面子"和"身份"之间的严格界限变成问题。在引言部分，她考查了这两个概念之间的相互关系，质疑将它们的理论概念化为离散现象（discrete phenomena）的合理性，质疑面子和身份在多大程度上概念模糊或重叠。她全面的理论概述是《礼貌研究》期刊中下载量最多的文章之一。该文对礼貌研究领域迄今为止做了什么进行了反思，为未来的礼貌和身份研究提供了起点；而该特刊中收集的其他文章则通过实证研究引发理论辩论（Georgakopoulou，2013；Joseph，2013；Miller，2013；Garcés-Conejos Blitvich et al.，2013）以及进一步的理论反思（Bucholtz & Hall，2013）。

这一时期见证了在实证研究基础上进一步的理论讨论（Cook，2012；Hasegawa，2012；Clark，2013；Schlund，2014）、原有议题的扩展以及诸如推动不礼貌研究的令人兴奋的新兴议题的引入（Bayraktaroğlu & Sifianou，2012；Dynel，2012；Mugford，2012）。本刊还鼓励对日益多样化的语境、文化和语言进行研究。例如，2011年发行了法律语境下的礼貌研究特刊（Archer，2011a，2011b；Cecconi，2011；Harris，2011；Johnson & Clifford，2011；Luchjenbroers & Aldridge，2011；Tracy，2011）、关于礼貌史的研究论文(Archer，2011b；Cecconi，2011；King，2011；Terkourafi，2011；Kádár，

2012)、由拉丁语演变而成的语言（Romance languages）中（不）礼貌言语的韵律表达（Es-tellés Arguedas & Albelda Marco，2014; Gili Fivela & Bazzanella，2014; Hidal-go Navarro & Cabedo Nebot，2014; García Negroni & Caldiz，2014; Devís Herraiz & Cantero Serena，2014）以及非洲地区的礼貌研究（Bouchara，2015; Grainger et al.，2015; Hampel，2015; Johns and Félix-Brasdefer，2015; Lauriks et al.，2015; Makoni，2015）。后两个特刊的发行是拓展礼貌研究至其他地理区域之需（Brown，2010，2013; Kádár & Mills，2013; Hatfield & Hahn，2014; Peterson & Vaattovaara，2014），也是为了进一步考查非言语形式的礼貌，如韵律与礼貌之间的复杂关系。正如Hidalgo Navarro（2014：1）所指出的，（不）礼貌的语音层面研究还处于新兴阶段。McKinnon和Prieto（2014：189）及Mapson（2014）也提出了类似视角：Mapson考查了英语手语（British Sign Language）中的非手工特征（non-manual features）（通常被视为韵律的一部分），指出"对口头语言礼貌的研究广度并未体现在更多特殊的符号语言学（sign linguistics）领域"（Mapson，2014: 161）。她的分析使基于口语形式的礼貌策略的分类框架（Blum-Kulka et al.，1989）变得有问题，有必要进一步研究符号语言领域的礼貌现象，如，英语手语与美国手语间的跨语言研究（cross-linguistic studies）。

2015年及未来：礼貌研究的回顾与前景

回顾过去多年来在《礼貌研究：语言·行为·文化》期刊中发表的研究，可发现其重要主题多涉及礼貌理论的发展和礼貌研究方法在不同主题领域、不同语言和文化以及各种交流媒体中的实际应用。礼貌理论的理论发展可参见Grainger（2011）对礼貌研究进行的三波浪潮的划分（参见Culpeper，2011; Kádár & Haugh，2013）。根据Grainger（2011：169）的区分，第一波礼貌理论包含Brown和Levinson（1978, 1987）、Leech（1983）和Lakoff（1973, 1989）的研究，主要是引用了J. L. Austin（1962）和Paul H. Grice（1975）的论著。第二波礼貌研究可归纳为对Grice的礼貌研究方法的批判（Eelen，2001; Mills，2003; Watts，2003, 2005），广为人知的是礼貌研究中的"话语转向"（discursive turn）概念（Locher 2004，2006a，2006b; Locher & Watts，2005; Linguistic Politeness Research Group，2011; Mills，2011）。Grainger所介绍的第三波浪潮是礼貌研究中的社会学/互动研究法（sociological/interactional approaches）的提出，可见于O'Driscoll（2007）、Arundale（2006）、Haugh（2007）和Terkourafi（2005）的论著。在这三波浪潮中，《礼貌研究》发表的研究主要处于第二和第三波。这也许是源于本刊创立时间之故，但也能看出这是当前礼貌理论研究的关注点所在。

本期所发论文都可视为属于第二和第三波礼貌研究方法。其中van der Bom和Mills对话语礼貌的研究以及Mitchell和Haugh将（不）礼貌概念化为社会实践的讨论，都清晰地归属于礼貌研究的第二和第三波。van der Bom和Mills的论文旨在提供一个例证，说明话语分析法在语料分析中的可行性。他们首先追踪了礼貌研究的话语分析方法的发展并进行了评判，然后指出，话语分析方法应该被看作是分析礼貌的一种方法，而不是主要被视为一种批判。为例证这一观点，他们通过提供逐步的话语分析，讨论了一群荷兰人和意大利人组成的亲密朋友团体间的对话节选，考察了交际者之间的评价和互动，以及交际者在话语中所引入的不同资源（Agha，2006）。因此，这篇文章对那些对礼貌研究感兴趣的本科生和研究生来说易于学习，也会有助于话语分析方法的教学。

Mitchell和Haugh的论文是第三波礼貌研究的典范。他们对机构和社会行为的关系做出颇有见地的分析，提出在不礼貌理论化（theorizing impoliteness）过程中聚焦于机构能了解不礼貌语言输出者的立场如何可以解释得通：由于其所处的机构，听话者在评价其谈话或行为是否不礼貌时，不仅只依靠社会规范或所感知的说话者意图，还在很大程度上考虑听话者所属的机构，将说话者的行为解释为某一特定的行为。因此当语料中的一名交际者被问及对话人的否定回应时，他清楚地表示自己对这种回应的评估源自他所属机构的回应方式。他们的看法基于这样一种观点，即不礼貌评价者必须将说话者的行为解释为一种特殊的社会行为（social action），且认识到这种社会行为与特定道德标准的相关性，以理解不礼貌行为的合理产生（Haugh，2013，2015）。他们通过对澳大利亚人和美国人的互动中潜在的不礼貌行为实例进行详细的互动分析，佐证了他们的主张。Mitchell和Haugh的论文非常具有洞察力，开辟了（不）礼貌评价研究的新视角。他们使用的术语agency可以被看作是存在于礼貌规范和（被感知的）说话人意图之间的一种中介形式，因此，它可以用于理解听话人在评估互动时如何受到礼貌规范的影响，同时解释交际中说话人对（不）礼貌评估的个体差异。另一点值得注意的是，这项研究进一步融合了Haugh（2015）对道德秩序（the moral order）的三阶段构想，为进一步探索机构、礼貌和道德秩序留下充足的余地。

Fukushima的研究则位于第二波礼貌研究，她更多地关注注意力（attentiveness）。她指出，随着人际语用学（interpersonal pragmatics）的发展，人们越来越需要研究人际关系，也对话语研究方法中的评价愈加看重。注意力是一个概念，服务于这些研究领域的发展并且从非语言的角度思考（不）礼貌现象，因此有助于更深刻地理解礼貌，包括更广泛意义上的语言和非语言（不）礼貌。在论文中，Fukushima对注意力进行了详尽的界定，把它与关注自我和在意他人（omoiyari）进行对比，然后提出一个模型，详细地描述了注意力的各个阶段。

Dynel提供了一个颇具匠心的不礼貌研究综述，并且指明一些具有前瞻性的研究方向以充实不礼貌研究。她论文的第一部分回顾了当前不断引起争论的方法论和理论问题，例如标签的使用、（所感知的）说话人意图状态，认可的面子威胁的概念化、不礼貌分类法（impoliteness taxonomies）的可行性以及不礼貌公式（impoliteness formulae）问题。综述的第二部分探索了各类话语域（discourse domains），并为不礼貌研究领域进一步发展的可能路线提出建议。

Kádár和Márquez Reiter对在社会心理学中通常被称为"旁观者介入（bystander intervention）"的案例进行了社会语用考察。他们的论文反映了人们对研究礼貌行为中的道德和情感基础（emotional bases）逐渐产生兴趣，这可能是不礼貌和礼貌评价研究可预测的发展方向。Kádár和Márquez Reiter参考了Holtgraves（2005)和Spencer-Oatey（2007)等学者的研究，认为应该从学术上更多地关注被忽视的（不）礼貌和（不）道德（(im)morality）之间的关系。在这种情况下，他们通过分析一个尚未被探索的领域，即对旁观者介入互动中的元语用、（不）礼貌和（不）道德进行界面研究，推动了目前的不礼貌研究。Kádár和Márquez Reiter分析了美国电视真人秀节目《黄金时间：你会做什么?》（*Prime time: What Would You Do?*）中的四则旁观者介入互动的案例。与Mitchell和Haugh相反的是，Kádár和Márquez Reiter指出道德本身（per se）并非如Mitchell和Haugh所定义的，是一种社会实践（social practice），而是一种人们感知和定义的现象。他们的论文考察了参与者的介入行为（action of intervening），考察了介入行为与仪式、（不）礼貌和（不）道德的理论概念化相互关联（礼貌1）的方式，也考察了参与者对（不）礼貌和（不）道德的元交际取向（metacommunicative orientations），为一级礼貌和二级礼貌的研究问题提供了宝贵的见解。

虽然本期的大多数论文涉及面对面的口头互动，但Maíz-Arévalo的论文针对计算机媒介交流（computer- mediated communication (CMC)）中的"嘲弄"（jocular mockery）现象进行的研究，说明媒体语境是礼貌研究的一个重要发展领域。在一期CMC特刊中，Locher（2010）指出，在其他领域将礼貌研究与以计算机为媒介的交际语料结合起来分析仍有很大的空间。他还指出，礼貌研究者需更加关注在线交际中的礼貌现象。Locher建议我们更多地关注以计算机为媒介的交际语料，从而考察规范与礼貌的协商互动，面子、身份与在线交际的关系，以及以计算机为媒介的交际形式与面对面交际之间的区别（把媒体的局限性纳入考量中）。Maíz-Arévalo的论文便满足了这些要求。她研究嘲弄的发生原因，并对两个不同的在线社区中的嘲弄现象进行了对比：一个是西班牙语在线社区，一个是英语在线社区。她的研究涉及以下问题：

（一）在西班牙语和英语语料库中什么情况下触发了嘲弄?

（二）参与者如何"框构（framed）"嘲弄?

（三）交际中如何回应?

文中的语料不仅展现了较少探索的礼貌和以计算机为媒介的交际的维度，特别是嘲弄现象，还揭示了语料是如何与自我认同（self-identity）和面子的构建相关联的。

从本特刊选定的论文中可以看出，我们旨在反映目前礼貌研究主题的多样性（the diversity of themes）以及这一领域的最新进展和趋势（advancements and trends）。本特刊主题包括话语礼貌、社会行为礼貌、礼貌与道德的关系、语言礼貌和非语言礼貌以及以计算机为媒介的交际中的礼貌和不礼貌现象。遗憾的是，本特刊无法全面展现不断出现和扩展的礼貌研究侧面。但是，我们希望本刊能让研究者了解当前礼貌研究在理论和方法论上的进展情况。我们希望本特刊能为推动这个领域做出重要贡献，也希望《礼貌研究》期刊能够继续成为礼貌研究创新的助推器。

总而言之，迄今为止，在《礼貌研究》期刊上发表的论文体现了我们在较少研究的文化和语言领域开展礼貌研究的贡献，我们的目标是继续推进该领域的理论和方法的发展。本刊为世界范围内礼貌研究的开展发挥了关键作用，我们将继续鼓励对较少涉及的文化、语言和主题领域进行更深远的研究。

本刊编辑部感谢所有论文审稿人、学者、德古意特出版社（DeGruyter）的同事们和咨询委员会为本刊的成功所做出的巨大贡献。

我们期待着在未来的日子里，本刊能够持续成长并有所创新。

参考文献

［1］Agha, Asif, 2006. Language and social relations. Cambridge: Cambridge University Press.

［2］Al-Adaileh, Bilal, 2011. When the strategic displacement of the main topic of discussion is used as a face-saving technique: Evidence from Jordanian Arabic. Journal of Politeness Research, 7(2): 239–257.

［3］Archer, Dawn (ed.), 2011a. Special issue. Facework and im/politeness across legal contexts: An introduction. Journal of Politeness Research, 7(1): 1–19.

［4］Archer, Dawn, 2011b. Libelling Oscar Wilde: The case of Regina vs. John Sholto Douglas. Journal of Politeness Research, 7(1): 73–99.

［5］Arnáiz, Carmen, 2006. Politeness in the portrayal of workplace relationships: Second person address forms in Peninsular Spanish and the translation of humour. Journal of Politeness Research, 2(1): 123–141.

[6] Arundale, Robert B., 2006. Face as relational and interactional: A communication framework for research on face, facework and politeness. Journal of Politeness Research, 2(2): 193–216.

[7] Austin, John. L., 1962. How to do things with words. Oxford: Oxford University Press.

[8] Bayraktaroglu, Arin & Maria Sifianou, 2012. The iron fist in a velvet glove: How politeness can contribute to impoliteness. Journal of Politeness Research, 8(2): 143–160.

[9] Beeching, Kate, 2006. Politeness markers in French: Post-posed quoi in the tourist office. Journal of Politeness Research, 2(1): 143–167.

[10] Bella, Spyridoula, 2009. Invitations and politeness in Greek: The age variable. Journal of Politeness Research, 5(2): 243–271.

[11] Blum-Kulka, Shoshana, Juliane House & Gabriele Kasper (eds.), 1989. Cross-cultural Pragmatics: Requests and apologies. Norwood, NJ: Ablex Publishing.

[12] Bouchara, Abdelaziz, 2015. The role of religion in shaping politeness in Moroccan Arabic: The case of the speech act of greeting and its place in intercultural understanding and misunderstanding. Journal of Politeness Research, 11(1): 71–98.

[13] Bousfield, Derek & Jonathan Culpeper (eds.), 2008. Special issue. Impoliteness: Eclecticism and diaspora. Journal of Politeness Research 4(2).

[14] Bousfield, Derek & Karen Grainger, 2010. Politeness research: Retrospect and prospect. Journal of Politeness Research, 6(2): 161–182.

[15] Brown, Lucien, 2010. Politeness and second language learning: The case of Korean speech styles. Journal of Politeness Research, 6(2): 243–269.

[16] Brown, Lucien, 2013. "Mind your own esteemed business": Sarcastic honorifics use and impoliteness in Korean TV dramas. Journal of Politeness Research, 9(2): 159–186.

[17] Brown, Penelope & Stephen C. Levinson, 1987 [1978]. Politeness: Some

universals in language usage. Cambridge: Cambridge University Press.

[18] Bucholtz, Mary & Kira Hall, 2013. Epilogue: Facing identity. Journal of Politeness Research, 9(1): 123–132.

[19] Byon, Andrew Sangpil, 2006. The role of linguistic indirectness and honorifics in achieving linguistic politeness in Korean requests. Journal of Politeness Research, 2(2): 247–276.

[20] Cecconi, Elisabetta, 2011. Power confrontation and verbal ortuga in the arraignment section of XVII century trials. Journal of Politeness Research, 7(1): 101–121.

[21] Christie, Christine, 2005. Editorial. Journal of Politeness Research, 1(1): 1–7.

[22] Christie, Christine, 2007. Relevance theory and politeness. Journal of Politeness Research, 3(2): 269–294.

[23] Clark, Jodie, 2013. 'Maybe she just hasn't matured yet': Politeness, gate-keeping and the maintenance of status quo in a community of practice. Journal of Politeness Research, 9(2): 211–237.

[24] Cook, Haruko Mineghishi, 2012. A response to "Against the social constructionist account of Japanese politeness". Journal of Politeness Research, 8(2): 269–276.

[25] Culpeper, Jonathan, 2005. Impoliteness and entertainment in the television quiz show: The Weakest Link. Journal of Politeness Research, 1(1): 35–72.

[26] Culpeper, Jonathan, 2011. Politeness and impoliteness. In Gisle Andersen & Karin Aijmer (eds.), Handbooks of pragmatics. Berlin & New York: Mouton de Gruyter: (5): 391-436.

[27] Daller, Helmut & Cemal Yıldız, 2006. Power distance at work: The cases of Turkey, successor states of the former Soviet Union and Western Europe. Journal of Politeness Research, 2(1): 35–53.

[28] Davies, Bethan L., Andrew Merrison & Angela Goddard, 2007. Institutional apologies in UK higher education: Getting back into the black before going into the red. Journal of Politeness Research, 3(1): 39–63.

［29］Devís Herraiz, Empar & Francisco José Cantero Serena, 2014. The intonation of mitigating politeness in Catalan. Journal of Politeness Research, 10(1): 127–149.

［30］Dynel, Marta, 2012. Setting our house in order: The workings of impoliteness in multi-party film discourse. Journal of Politeness Research, 8(2): 161–194.

［31］Eelen, Gino, 2001. A critique of politeness theories. Manchester: St. Jerome.

［32］Estellés Arguedas, Maria & Marta Albelda Marco, 2014. Evidentials, politeness and prosody in Spanish: A corpus analysis. Journal of Politeness Research, 10(1): 29–62.

［33］Félix-Brasdefer, J. César, 2008. Sociopragmatic variation: Dispreferred responses in Mexican and Dominican Spanish. Journal of Politeness Research, 4(1): 81–110.

［34］Garcés-Conejos Blitvich, Pilar, Patricia Bou-Franch and Nuria Lorenzo-Dus, 2013. Identity and impoliteness: The expert in the talent show Idol. Journal of Politeness Research, 9(1): 97–121.

［35］García, Carmen, 2012. Complimenting professional achievement: A case study of Peruvian Spanish speakers. Journal of Politeness Research, 8(2): 223–244.

［36］Georgakopoulou, A. 2013. Small stories and identities analysis as a framework for the study of im/politeness-in-interaction. Journal of Politeness Research, 9(1): 55–74.

［37］Garcés-Conejos Blitvich, Pilar (ed.), 2013. Special issue. Face, identity and im/politeness. Journal of Politeness Research, 9(1).

［38］García, Carmen, 2012. Complimenting professional achievement: A case study of Peruvian Spanish speakers. Journal of Politeness Research, 8(2): 223–244.

［39］García Negroni, María Marta & Adriana Caldiz, 2014. Prosody, polyphony and politeness. A polyphonic approach to prosodic configurations common to French and Spanish. Journal of Politeness Research, 10(1): 63–96.

[40] Gili Fivela, Barbara & Bazzanella, Carla, 2014. The relevance of prosody and context to the interplay between intensity and politeness. An exploratory study on Italian. Journal of Politeness Research, 10(1): 97–126.

[41] Grainger, Karen, 2011. "First order" and "second order" politeness: Institutional and intercultural contexts. In Linguistic Politeness Research Group (ed.). Discursive approaches to politeness. Berlin & New York: Mouton de Gruyter: 167-188.

[42] Grainger, Karen & Sandra Harris (eds.), 2007. Special issue. Apologies. Journal of Politeness Research, 3(1).

[43] Grainger, Karen, Zainab Kerkam, Fathia Mansor & Sara Mills, 2015. Offering and hospitality in Arabic and English. Journal of Politeness Research, 11(1): 41–70.

[44] Grice, Paul, 1975. Logic and conversation. In Peter Cole & Jerry L. Morgan (eds.), Syntax and semantics (vol. 3: Speech acts). London: Academic Press: 41-58.

[45] Hampel, Elisabeth, 2015. "Mama Zimbi, pls help me!" Gender differences in (im)politeness in Ghanaian English advice-giving on Facebook. Journal of Politeness Research, 11(1): 99–130.

[46] Harris, Sandra, 2011. Epilogue: Facework and im/politeness across legal contexts. Journal of Politeness Research, 7(1): 147–152.

[47] Hasegawa, Yoko, 2012. Against the social constructionist account of Japanese politeness. Journal of Politeness Research, 8(2): 245–268.

[48] Hatfield, Hunter and Jee-Won Hahn, 2014. The face of others: Triadic and dyadic interactions in Korea and the United States. Journal of Politeness Research, 10(2): 221–245.

[49] Haugh, Michael, 2007. The discursive challenge to politeness research: An interactional alternative. Journal of Politeness Research, 3(2): 295–317.

[50] Haugh, Michael, 2012. Epilogue: The first-second order distinction in face and politeness research. Journal of Politeness Research, 8(1): 111–134.

[51] Haugh, Michael, 2013. Speaker meaning and accountability in interaction. Journal of Pragmatics, (48): 41–56.

[52] Haugh, Michael, 2015. Im/politeness implicatures. Berlin: Mouton de Gruyter.

[53] Hidalgo Navarro, Antonio, 2014. Introduction. Special issue. The prosodic expression of linguistic im/politeness in Romance languages. Journal of Politeness Research, 10(1): 1–4.

[54] Hidalgo Navarro, Antonio & Adrián Cabedo Nebot, 2014. On the importance of the prosodic component in the expression of linguistic im/politeness. Journal of Politeness Research, 10(1): 5–27.

[55] Holtgraves, Thomas, 2005. Social psychology, cognitive psychology, and linguistic politeness. Journal of Politeness Research, 1(1): 73–93.

[56] Johns, Andrew & Félix-Brasdefer, J. César, 2015. Linguistic politeness and pragmatic variation in request production in Dakar French. Journal of Politeness Research, 11(1): 131–164.

[57] Johnson, Alison & Ruth Clifford, 2011. Polite incivility in defensive attack: Strategic politeness and impoliteness in cross-examination in the David Irving vs. Penguin Books Ltd and Deborah Lipstadt trial. Journal of Politeness Research, 7(1): 43–71.

[58] Joseph, John E., 2013. Identity work and face work across linguistic and cultural boundaries. Journal of Politeness Research, 9(1): 35–54.

[59] Kádár, Dániel Z., 2007. On historical Chinese apology and its strategic application. Journal of Politeness Research, 3(1): 125–150.

[60] Kádár, Dániel Z., 2012. Historical Chinese politeness and rhetoric. A case study of epistolary refusals. Journal of Politeness Research, 8(1): 93–110.

[61] Kádár, Dániel Z. & Keith Roe (eds.), 2012. Special issue. Chinese 'face' and im/politeness: An introduction. Journal of Politeness Research, 8(1).

[62] Kádár, Dániel Z. & Michael Haugh, 2013. Understanding politeness. Cambridge: Cambridge University Press.

[63] Kádár, Dániel Z. & Sara Mills, 2013. Rethinking discernment. Journal of

Politeness Research, 9(2): 133–158.

［64］Kampf, Zohar & Shoshana Blum-Kulka, 2007. Do children apologize to each other? Apology events in young Israeli peer discourse. Journal of Politeness Research, 3(1): 11–37.

［65］Kasanga, Luanga A. & Joy-Christine Lwanga-Lumu, 2007. Cross-cultural linguistic realization of politeness: A study of apologies in English and Setswana. Journal of Politeness Research, 3(1): 65–92.

［66］Kerbrat-Orecchioni, Catherine, 2006. Politeness in small shops in France. Journal of Politeness Research, 2(1): 79–103.

［67］King, Jeremy, 2011. Power and indirectness in business correspondence: Petitions in Colonial Louisiana Spanish. Journal of Politeness Research, 7(2): 259–283.

［68］Koutsantoni, Dimitra, 2007. "I can now apologize to you twice from the bottom of my heart": Apologies in Greek reality TV. Journal of Politeness Research, 3(1): 93–123.

［69］Lakoff, Robin T., 1973. The logic of politeness: Or minding your P's and Q's. Papers from the Ninth Regional Meeting of the Chicago Linguistics Society: 292–305.

［70］Lakoff, Robin, 1989. The limits of politeness: Therapeutic and courtroom discourse. Multilingua, (8): 101–129.

［71］Lauriks, Sanne, Ian Siebörger & Mark De Vos, 2015. "Ha! Relationships? I only shout at them!" Strategic management of discordant rapport in an African small business context. Journal of Politeness Research, 11(1): 7–39.

［72］Leech, Geoffrey, 1983. Principles of pragmatics. New York: Longman.

［73］Leech, Geoffrey, 2003. Towards an anatomy of politeness in communication, International Journal of Pragmatics, (14): 101–123.

［74］Leech, Geoffrey, 2005. Politeness: Is there an East-West Divide? Wai Guo Yu: Journal of Foreign Languages, 160(6): 3–31.

［75］Leech, Geoffrey, 2007. Politeness: Is there an East-West divide? Journal of Politeness Research, 3(2): 167–206.

[76] Leech, Geoffrey, 2014. The pragmatics of politeness. Oxford: Oxford University Press.

[77] Linguistic Politeness Research Group. 2011. Discursive approaches to politeness. Berlin & New York: Mouton de Gruyter.

[78] Locher, Miriam A., 2004. Power and politeness in action: Disagreements in oral communication. Berlin: Mouton de Gruyter.

[79] Locher, Miriam A., 2006a. Polite ortuga within relational work: The discursive approach to politeness. Multilingua, 25(3): 249–267.

[80] Locher, Miriam A., 2006b. The discursive approach to polite ortuga. Language in Society, 35(5): 733–735.

[81] Locher, Miriam A. (ed.), 2010. Special issue. Politeness and computer-mediated communication. Journal of Politeness Research, 6(1).

[82] Locher, Miriam A. & Richard J. Watts, 2005. Politeness theory and relational work. Journal of Politeness Research, 1(1): 9–33.

[83] Luchjenbroers, June & Aldridge-Waddon, Michelle, 2011. Paedophiles and politeness in email communications: Community of practice needs that define face-threat. Journal of Politeness Research, 7(1): 21–42.

[84] Makoni, Sinfree, 2015. Introduction: Politeness in Africa. Journal of Politeness Research, 11(1): 1–5.

[85] Mapson, Rachel, 2014. Polite appearances: How non-manual features convey politeness in British Sign Language. Journal of Politeness Research, 10(2): 157–184.

[86] Márquez Reiter, Rosina, 2008. Intra-cultural variation: Explanations in service calls to two Montevidean service providers. Journal of Politeness Research, 4(1): 1–29.

[87] McKinnon, Sean and Pilar Prieto, 2014. The role of prosody and gesture in the perception of mock impoliteness. Journal of Politeness Research, 10(2): 185–219.

[88] Miller, Elizabeth R., 2013. Positioning selves, doing relational work and constructing identities in interview talk. Journal of Politeness Research,

9(1): 75–95.

[89] Mills, Sara, 2003. Gender and politeness. Cambridge: Cambridge University Press.

[90] Mills, Sara. 2011. Discursive approaches to politeness and impoliteness. In Linguistic Politeness Research Group (ed.), Discursive approaches to politeness. Berlin & New York: Mouton de Gruyter: 19–56.

[91] Mills, Sara & Kate Beeching (eds.), 2006. Special issue. Politeness at work. Journal of Politeness Research, 2(1).

[92] Mugford, Gerrard, 2012. I wouldn't say that if I were you: Face-to-face with foreign-language impoliteness. Journal of Politeness Research, 8(2): 195–221.

[93] Mullany, Louise (ed.), 2009. Special issue. Politeness research and health communication. Journal of Politeness Research, 5(1).

[94] O'Driscoll, Jim, 2007. What's in an FTA? Reflections on a chance meeting with Claudine. Journal of Politeness Research, 3(2): 243–268.

[95] Ogiermann, Eva, 2009. Politeness and in-directness across cultures: A comparison of English, German, Polish and Russian requests. Journal of Politeness Research, 5(2): 189–216.

[96] Peterson, Elizabeth and Johanna Vaattovaara, 2014. Kiitos and pliis: The relationship of native and borrowed politeness markers in Finnish. Journal of Politeness Research, 10(2): 247–269.

[97] Piirainen-Marsh, Arja, 2005. Managing adversarial questioning in broadcast interviews. Journal of Politeness Research, 1(2): 193–217.

[98] Pizziconi, Barbara, 2007. The lexical mapping of politeness in British English and Japanese. Journal of Politeness Research, 3(2): 207–241.

[99] Schlund, Katrin, 2014. On form and function of politeness formulae. Journal of Politeness Research, 10(2): 271–296.

[100] Sharifian, Farzad, 2008. Cultural schemas in L1 and L2 compliment responses: A study of Persian-speaking learners of English. Journal of Politeness Research, 4(1): 55–80.

［101］Spencer-Oatey, Helen, 2005. (Im)Politeness, face and perceptions of rapport: Unpacking their bases and interrelationships. Journal of Politeness Research, 1(1): 95–119.

［102］Spencer-Oatey, Helen, 2007. Theories of identity and the analysis of face. Journal of Pragmatics, 29(4): 639–656.

［103］Terkourafi, Marina, 2005, Beyond the micro-level in politeness research. Journal of Politeness Research, 1(2): 237–262.

［104］Terkourafi, Marina, 2011. From Politeness1 to Politeness2: Tracking norms of im/politeness across time and space. Journal of Politeness Research, 7(2): 159–185.

［105］Tracy, Karen, 2011. A facework system of minimal politeness: Oral argument in appellate court. Journal of Politeness Research, 7(1): 123–145.

［106］Watts, Richard J., 2003. Politeness. Cambridge: Cambridge University Press.

［107］Watts, Richard J., 2005. Linguistic politeness research: Quo vadis? In Richard J. Watts, Sachiko Ide & Konrad Ehlich (eds.), Politeness in language: Studies in its history, theory and practice, 2nd edn., xi–xlvii. Berlin and New York: Mouton de Gruyter.

［108］Wouk, Fay, 2006. Strategies of apologizing in Lombok Indonesia. Journal of Politeness Research, 2(2): 277–311.

［109］Zayts, Olga & Stephanie Schnurr, 2013. "[She] said: 'take the test' and I took the test". Relational work as a framework to approach directiveness in prenatal screening of Chinese clients in Hong Kong. Journal of Politeness Research, 9(2): 187–210.

虚假礼貌和文化：源于英国和意大利语料的
感知与实践

Taylor C., 2016. Mock politeness and culture: Perceptions and practice in UK and Italian data[J]. Intercultural Pragmatics, 13(4):463-498.

摘　要：本文以英国和意大利的（民族）文化为例，考察了英国和意大利对文化差异（cultural variation）与实际做法（actual practice）相对应的感知（perception）程度。更具体地说，本文讨论不/礼貌（im/politeness）的一个侧面，我称之为虚假礼貌（mock politeness），是隐性不礼貌（implicational impoliteness）的一个子集（Culpeper，2011），它是由于礼貌与不礼貌失配（mismatch）而触发的。

在研究的第一阶段，我使用两组可比较的语料库来研究人们对与文化认同（cultural identities）相关的虚假礼貌（使用诸如讽刺（sarcastic）和摆谱（patronizing）等检索词）的感知情况。第一组语料库由2014年收集的英国和意大利全国性报纸组成，第二组是网络语料库（ItTenTen和EnTenTen12, 见Jakubíček et al., 2013）。这一阶段出现一种强烈的倾向，无论是英语语料库还是意大利语语料库，都倾向于将（潜在的）诸如反讽（being ironic）等虚假礼貌行为与英国文化认同联系在一起。

在研究的第二阶段，为了调查是否有证据证明第一阶段所发现的文化假设，我使用来自英式英语和意大利语在线论坛的会话语料库，其中的虚假礼貌行为已经进行了识别和标注（annotated）。正如我们将看到的那样，本分析揭示了文化实践（cultural practice）的差异以及感知与实践之间的巨大差距。

在描述和识别这种感知和实践之间的差距时，我既展示了（以英国为中心的）学术描述如何低估了文化差异（cultural variation），反过来，也说明了世俗描述（lay description）是如何高估了文化差异的。

关键词：不礼貌，虚假礼貌，讽刺，反讽，跨文化分析，语料库语用学

1. 引言

在本文中，我考察了英国和意大利在实施不/礼貌时存在的文化差异（cultural variation/difference）在多大程度上与英国和意大利（民族）文化的实际实践相对应。更确切地说，我感兴趣的是不/礼貌的一个侧面——虚假礼貌，这是隐性不礼貌的一个子集。它被定义为"不礼貌的一种解读，不符合话语的表面形式或语义意义或行为的象征意义"（Culpeper, 2011：17）。在虚假礼貌的情况下，如下文所讨论的，失配（mismatch）是由于在同一话语中存在不相容的礼貌和不礼貌的举动（moves）而引起的。这项调查的出发点之一是观察学术工作（academic work）中的一个内在矛盾，即在"反讽"（irony）和"讽刺"（sarcasm）的标签下讨论虚假礼貌：首先，假设它们是普遍行为（universal behaviours）；其次，假设它们是特定文化行为（culture-specific behaviours）。在本引言中，我简要地定义了虚假礼貌，并较详细地描述这两个互不兼容的假设。

1.1 虚假礼貌介绍

迄今为止，大多数关于虚假礼貌现象的研究都是以"反讽"和"讽刺"为标题进行的，正如其他文献（Taylor，2015；Dynel，2016）所论述的那样，二者虽重叠但却是明显不同的概念。这些概念之间界限的模糊随着不/礼貌框架内第一个重要的虚假礼貌理论而出现，在这个框架内，Leech（1983：144）将"反讽"描述为"一种明显友好的冒犯方式（虚假礼貌）"。虚假礼貌这一概念被整合并应用于Culpeper（1996）的不礼貌模型及其后续发展中（Culpeper et al.，2003；Culpeper，2005），尽管在后来的研究中更偏好使用"讽刺"一词。Kaul de Marlangeon和Alba-Juez（2012，基于Kaul de Marlangeon 2008年的研究）也在他们的不礼貌类型中解释了虚假礼貌，其中包括一类"形式上的礼貌行为，但带着不礼貌的目的"。同样，他们将这一类别与具有反讽意味的修辞手段联系起来，指出：

[在]这种类型中，礼貌形式被当作一种不礼貌的手段，这是很矛盾的。语境对成功实现这一目标起着至关重要的作用，因为说话人形式上的礼貌语言被解释为对听话人（或第三方）的讽刺性攻击（an ironic attack）。

Kaul de Marlangeon & Alba-Juez（2012: 82, 加点字为本文作者所加）

在更近的研究中，Leech（2014）重申了他如今所称的"讽刺或会话反讽"（"sarcasm or conversational irony"）的定义中间接性的重要性，并将虚假礼貌的交际描述如下：

为了具有反讽意味，S表达或暗示一个意义（我们称之为意义 I）。该意义将有利的价值与O（O指其他人，主要指听话人）相关的事物联系起来或将不利的价值与S（S指自己，即说话人）相关的事物联系起来。同时，通过意义 I 和语境，S更间接地暗示了另一个更深层次的意义（意义 II）。该意义通过将不利的值与O有关的东西联系起来，或者将有利的意义与S有关的东西联系起来，把意义I取消了。

Leech（2014: 233，加点字为本文作者所加）

然而，这一定义不能完全解释虚假礼貌的一个子范畴，即Leech（2014）所称的态度冲突（attitude clash），它被定义为"在同一种语言中，公开的'礼貌'意义和反讽的'不礼貌'意义同时出现的情况"（2014：238）。虽然他识别出这种更公开的形式，但他并没有解决该定义（公认的）差异，一个依赖于隐性和否定的不礼貌表达式和这种特别的虚假礼貌的公开（即不可否定）性质之间的差异。

为了尝试涵盖本研究中的各种虚假礼貌行为，本研究使用的定义是：

当存在不/礼貌失配而导致不礼貌的含意时，便出现虚假礼貌。

这就解释了Leech（2014）所指的两种虚假礼貌，Taylor（2012）所称的共同文本（co-textual mismatch）和语境失配（contextual mismatch），以及Culpeper（2011 a）所指出的两种由惯例驱动的（convention-driven）隐含不礼貌（implicational impoliteness）：

（1）内在的：部分行为所投射的语境与另一部分行为所投射的语境失配
（2）外在的：一个行为所投射的语境与使用的语境失配

Culpeper（2011a: 155）

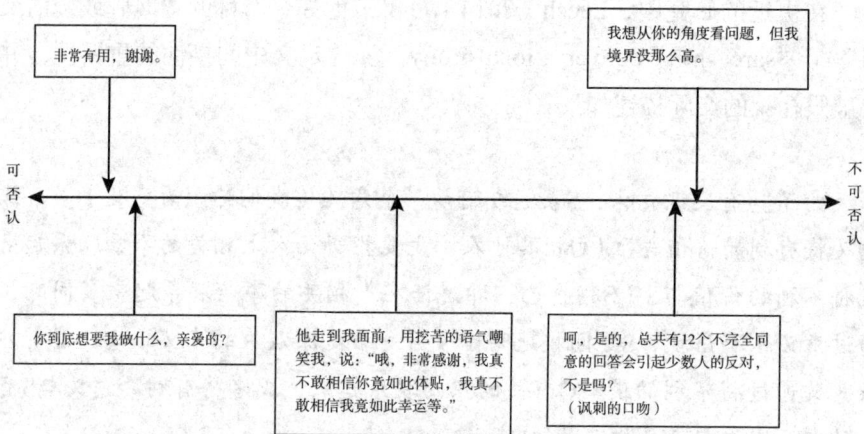

图1　在英国语料库中发现了虚假礼貌的例子

为了说明这一点，图1提供的示例（取自本文使用的Mumsnet语料库）分布在一种渐变的"直接性（on-recordness）"中。每个例子都被论坛的一个参与者认为是不礼貌的，而每一种情况下，我们都发现不/礼貌的失配。左边更多地依赖语境来识别不礼貌行动，而右边则更明显地表现出失配结果。

从图的上半部两个例子开始，左侧表达感谢时没有显示不真诚的多模态（multimodal）或文本标记语（textual markers），对于那些认为这是讽刺（sarcastic）的参与者来说，不/礼貌失配完全取决于语境。相反地，在右侧，正如周围的文字所描述的那样，奚落（put down）呈现了一个花园小径结构（garden-path structure）（Leech，2014：238），从表面上的礼貌变成了侮辱，而这在共同文本中是直接表达的（expressed on-record）。①在Culpeper（2011a）的模型中，这是一种内部失配（internal mismatch）的子类型，称为"言语公式失配"（verbal formula mismatch）。我们可以认为，图的上半部分的这两个例子代表了虚假礼貌连续体中的两个对立点，从基于语境的不/礼貌失配的可否认话语，到基于共同文本的不/礼貌失配的不可否的直接话语。

在这样一个连续体的中心，我们可以通过元交际线索（meta-communicative cues）预见交际的失配，正如所报告的假意不礼貌（mock impoliteness）（Haugh，2010：2108）和反讽（Attardo，2000，视为'反讽标记语'（irony markers））。图1下半部分显示了语料库中似乎属于这一类别的一些例子。左边的例子可能被认为是利用内部失配，尽管只有当听话者在该语境下把亲爱的（dear）理解为约定俗成的不礼貌标记语时才会这样。中心的例子显得失配是因为语气，因此，在Culpeper的模型中被归类为内部失配的另一个子类别，即"多模态失配"（multimodal mismatch），其言语、口头和视觉元素（verbal, oral and visual elements）可能发生冲突。最后，在右下角的例子中，根据语境，最初是外部失配，但后来最终以书面（written）形式说明其讽刺性口吻（sarcastic voice），使不礼貌直接化。

因此，我们可以看到，这里所使用的定义"当存在不/礼貌失配而导致不礼貌的含意时，便出现虚假礼貌"，是把所有的虚假礼貌行为纳入考量。此外，这个定义清楚地表明，虚假礼貌属于隐含不礼貌的范畴（Culpeper，2011a），其关键的组成部分存在失配（在同一话语中存在礼貌和不礼貌行为和不礼貌的判定（在本文中，始终是由参与者进行判定）。

在前人对虚假礼貌的元语言（metalanguage）的研究中（Taylor，2016），我发现下面的元语用标签（metapragmatic labels）被用来描述虚假礼貌行为（mock polite behaviors）（根据上述定义）。这些标签中没有一种只表示虚假礼貌行为，因此它们是按照所描述的虚假礼

---

① 更多关于花园小径结构的信息，请参见Mey（1991）和Dynel（2009）或Attardo（2001）以及其他文献有关反讽的逻辑机制的讨论。

貌行为的百分比排列的。英国论坛中虚假礼貌元语用标签的排列顺序是：摆谱*（patronising），挖苦（sarcastic），尖酸（biting），傲慢（condescending），讽刺（cutting），苛刻（caustic），搞笑（make fun），愚弄（mock），恶意（bitchy），揶揄（tease），说反话（ironic），消极抵抗（passive aggressive），奚落（put down），过度礼貌（overly polite）；而意大利论坛的排列顺序是：摆谱*（paternalis*），施虐*（sadis*），搞笑（prendere in giro），挖苦（sarcasticoo），阴险*（viperis*），诡诈（subdolo），嘲笑（deridere），愚弄（beffare）和说反话（ironico）①②。因此，在第4节中，应该注意的是，可以使用这些术语中的任何一个来描述虚假礼貌行为。

1.2 共性（universality）和文化刻板印象（cultural stereotypes）的假设

在本节中，我主要研究反讽和讽刺。这并不是说它们彼此是一样的，也不是说它们等同于虚假礼貌。这是基于对以下事实的简单认识：在学术理论方面，这三个术语之间存在着重叠，而且以前大多数关于虚假礼貌的描述都使用这些标题。

第一个也是最普遍的嵌入式假设（embedded assumption）是，反讽和讽刺是常见的人类行为，对一种语言（通常是英语）进行的行为分析对所有语言都是有效的。有些人甚至认为讨论一种语言（通常是英语）中反讽的元语言也适用于其他语言，例如Utsumi（2000）指出：

言语反讽（Verbal irony）本质上是隐含而非直白的。正如 Haverkate（1990, p. 79）所指出的，言语反讽不能用"我反讽地通知你……"和"……具有反讽意思"这类指称性表达式说出来。从实践中可以发现一个事实：不存在"反讽化（ironize）"这样的动词（1778）。

例如，最初提到"言语反讽"而不是"英语中的言语反讽"表明

① 括号中的译文并非功能对等的翻译，功能对等翻译非常复杂。它们是《牛津帕拉维亚双语词典》的首个词条。

② 星号通常用来表示涵盖了所有可能的结尾。

假设了这是对讽刺作为一种通用语言特征的讨论。然而，下面的主张认为没有像"反讽"这样的动词把我们带回到一个限制性更强的英语领域（restrictive English-speaking domain）。在意大利语（"ironizzare"）以及其他很多语言中，肯定有一个表示"反讽化"的动词①。事实上，推特上诸如#反讽（#ironic）这类井号标签的兴起也表明了一个更广泛认可的观点，即反讽不是通过指称表达式表达出来的，它也依赖于文化，因为它无法解释很多人对当代文化的体验。这种以英语为中心（anglocentricity）的研究结果极大地降低了虚假礼貌的描述和理论化能力。此外，如Rockwell和Theriot（2001: 46）所指出的，当纳入实证数据时，"大多数关于反讽和讽刺的研究都是把美国人、说英语的人作为研究对象。"因此，我们不知道来自其他文化背景的人是否会跟说英语者一样，以同样的方式或以同样的频率来表达讽刺。关于文化差异的潜在影响，Haiman（1998）甚至提出讽刺在一些文化中并不存在，例如新几内亚高地一群华族人（the Hua, a group of New Guinea Highlanders）。如果它揭示出反讽和/或讽刺的使用和性能（use and performance）属于特定文化，并且二阶理论（the second-order theorisation）是建立在以英语为中心的模型之上的，这对于概括这个特征有重要的影响。

　　第二个问题与把特定形式的不/礼貌与民族身份（national identities）联系起来的文化刻板印象（cultural stereotyping）有关。如果我们以广受欢迎的《孤独星球指南》（*Lonely Planet* guide book）为例，其英语版本告诉读者，"英式幽默感极具反讽、尖刻和自嘲（self-deprecation），深置于许多游客的脑海，但除非你掌握了'开玩笑'（taking the mickey）这一英语习惯，否则您将失去一个了解到底是什么使得这个特殊的小国家如此这般的关键因素（a crucial key）"（Else，2008：50-51），意大利语翻译也出现同样的情况"（Else 2009：48）。《孤独星球指南》中没有任何类似的东西出现在意大利语中，这里的刻板印象包括"意大利不适合性格内向的人生存"的说法（Else，2008：60）。Fox（福克斯）畅销的人类学指南《看英语》（*Watching the English*）同样强调反讽对英语交际

---

① 可以说包括英语在内。《牛津英语词典》列出该词的最早使用可以追溯到1638年。

的重要性，声称"我们习惯了不说出我们的意思：反讽、自嘲、轻描淡写（understatement）、挖坑（obliqueness）、模棱两可（ambiguity）和彬彬有礼的伪装（polite pretence）都根深蒂固，是英语的一部分"（2005：363，斜体字为本文作者所为）和"几乎所有的英语会话和社交活动都至少具有一定程度的玩笑（banter）、戏弄（teasing）、*反讽*、机智（wit）、*嘲弄*、玩文字游戏（wordplay）、讽刺（satire）、轻描淡写、幽默自贬（humorous self-deprecation）、*讽刺*、浮夸（pomposity-pricking）或纯粹的愚蠢（silliness）"（2005：402，斜体字为本文作者所为），就好像这是英语语言所独有的。相比之下，Severgnini的《拉贝拉·菲尔塔：意大利思想内部指南》（*La Bella Figura: An insider's guide to the Italian mind*）中唯一提到反讽的地方是"我们认为反讽是一种超然（a form of detachment）和无声的反对（a form of silently disapprove）"（2007：71）。因此，至少在这种世俗的讨论（lay discussion）中，对于反讽的文化特性似乎存在某种共识。有趣的是，Barbe（1995：185）认为，德国人认为他们的反讽相比起美国人更像是讽刺。然而，她对德语语料的实证分析发现反讽用于保全面子，因此她猜想这些假设是由对德国人的行为中更普遍的（自我）刻板印象所驱动的。

更引人注目的是，这类刻板印象也渗透到学术讨论中。仅举两个最近提到虚假礼貌的例子，Ajtony（2013：10）对英国电视剧《唐顿庄园》（*Downton Abbey*）中刻板印象的分析告诉我们，"一些角色的另一个刻板英语特质是他们的幽默（英式幽默！）与反讽混为一谈"，但没有证据证明该研究者所断言的是典型的英语行为，或者说明其构成"英式幽默"。同样地，Maynard和Greenwood（2014: 4328）告诉我们，"讽刺经常发生在用户生成的内容中，尤其是用英语发布的内容，比如博客（blogs）、论坛（forums）和微博（microposts）"，"虽然并非局限于英语，但讽刺是英国文化固有的一部分"，但是，这些并非是分析结果，而是一种先验假设（a priori assumption）。此外，这种刻板印象不仅出现在以英语发表的学术著作中，例如Almansi（1984）讨论了无论是当前还是历史上，反讽都是"典型英语"（typically English），并指出英语语言是如何"几个世纪来习惯了接触和使用这种修辞"（Polesana，2005：62）。

1.3 研究目标

如上文讨论所示，把嵌入在某些类型的虚假礼貌的刻板印象作为英语或英国人所特有的假设，与a）缺乏经验证据和b）学术界（academics）为概括语言表达而分析（英语）语料的假设之间存在着冲突。因此，本文的原则目标（principle aim）是考察来自两种民族文化的参与者是否感知到虚假礼貌与任何特定文化相关（第3节），然后分析两个论坛（一个主要是英语，另一个是意大利语）如何实施虚假礼貌，以便调查这些行为中存在哪些相似和不同之处（第4节）。

2. 概念和方法框架

2.1 文化和英语中心主义（anglocentrism）

不/礼貌研究中对文化的分析历来有所困扰。一方面，研究人员一直热衷于通过考察不同的文化来质疑Brown和Levinson的开创性论著的副标题（《语言使用的一些共性》（Some *Universals* in Language Usage）），但另一方面，这样做使得他们饱受批评，认为他们的研究重复着类似的直截了当或带有偏见的描述。出现这种情况的第一个原因是，有一种以国家为主导的文化运作（operationalize）倾向。这是本文所采用的方法，因为我的目的是调查有关民族文化（national cultures）的主张，但这并不是说在任何特定的场合中，民族文化都很可能是虚假礼貌使用中最重要的变量[①]。一系列其他社会文化特征（socio-cultural features）很可能会影响语言行为，这在社会语言学中有过广泛的讨论。事实上，这一点在Dress等（2008）关于讽刺的研究中就已经显示出来了。他们在纽约和田纳西州的学生中就自我评估和引出使用讽刺进行比较，调查区域差异（regional variations）。

许多情况下，虚假地声称具有共性（universality）或文化盲点（cultural blindness）的问题产生于三种方式，在这些方式中，不/礼貌可

---

① 这种方法也意味着我在文化界定问题上是选边站的（side-stepping），在Barigela-Chipapini（2009）和Ogiermann（2009）的研究中，除了研究其他问题，还提及文化界定的困难对不/礼貌问题的意义。

能被认为是或有可能是以英语为中心的（be/being anglocentric）。第一，大量已发表的研究都是针对英语文化而进行的，而这是"理论制造者的运动场（play-ground of theory-makers）"（Bayraktaroglu & Sifianou，2001：7）。第二，大量已发表的研究都是由讲英语的研究人员从事的。第三，英语是我们所在的研究领域中占主导地位的科学语言（scientific language）。这三点显然是紧密相连的，但它们的不同之处在于它们运作的隐蔽性（covertness），这在某种程度上是一种渐变（something of a cline）。例如，在第一种情况下，研究人员很可能意识到其局限性，而且解决办法相对容易，因为它涉及在其他文化中（准）复制（(para)-replication）这种研究。然而，就最后一种情况而言，研究人员受到了很大的限制（是否有其他选择？），且不太可能意识到这些局限性。根据Haugh（2012）的说法，采用英语作为不/礼貌研究的科学语言可能会导致两个问题。首先，它可能"不恰当地限制了我们作为分析者所认为的值得关注的东西，因为语言和概念不可避免地封装（encapsulate）了一种世界观，包括感知、分类和评判我们的社交世界的方式"；其次，"在某些概念中，使用英语可能掩盖了在不同语言和文化中有关这些概念的重要差异和基本假设"（2012：116）。在本研究中，我以一个参与者的视角考察了虚假礼貌的感知和使用，由此部分地探讨了虚假礼貌的理论建构中潜在的英语中心性（anglocentricity）。然而，从长远来看，如果我们接受一种语言很可能继续作为我们领域内的学术界主导语言，那么按照把英语语言作为一个整体远离其文化基础重新定位（relocate）的方式，我们似乎需要一个远离以国家/文化为中心（the national/cultural centre）、对科学语言进行"重新定位（relocation）"的过程（Saraceni，2010）。

正如Mills（2009）所指出的那样，对不/礼貌和文化研究工作的第二个主要批评是，"文化层面（cultural level）对不礼貌的概括往往以刻板知识和意识形态知识（ideological knowledge）为基础"（2009：1047）。正如1.2节所示，这似乎是虚假礼貌研究的一个特点，也是我在本文中要探讨的一个方面。

第三个问题涉及对特定特征在不同文化中可能发挥的作用的意识（awareness）（Sifianou，1992）以及不/礼貌的实现可能具有多大差异的意识。例如，"虽然在某些文化中，策略可能体现礼貌的本质，但在另一些文化中，体现礼貌本质的可能主要是慷慨或谦逊等概念"（Bayraktaroglu & Sifianou，2001：3）。

这样的批评导致话语分析方法（Mills，2011）对寻求普遍性或概括性的否决。然而，这一反应在诸如Ogiermann（2009）等跨文化研究（cross-cultural studies）中受到了挑战，他们的研究建立在普遍概念可用于跨文化比较的理念之上。Culpeper（2011 b）还对此加以论述，指出：

> 如果我们抛开普遍概念或更彻底地抛开任何一种泛化（generalization），如果各自都是在各自的术语中定义，我们如何将一种文化的礼貌与另一种文化的礼貌进行比较呢？这相当于拿苹果和橘子做比较并得出它们是不同的的结论；而应用变异的维度（dimensions of variation）（例如，有没有种子、可食用性、甜度）则可以给我们一个处理这些差异的方法。
>
> Culpeper（2011b：410）

在文化和不/礼貌的关系研究上，我想讨论的最后一个潜在的弱点是人们倾向于以牺牲相似性（similarity）为代价来关注差异性（difference）。正如Bargiela-Chiappini（2009：309）所指出的那样，"我们中的许多人会将轶事所表现的文化描述为'行为差异'（difference in action），这在我们作为参与者所观察到的跨义化接触中是可以看到的"。文化作为参与者其突出之处通常是差异，例如无意不礼貌的潜在因素。然而，如上所述，当这种自然倾向渗透到学术话语（academic discourse）中时，就成了问题，其结果是所报道的不是跨文化（intercultural）或超越文化（cross-cultural）的比较，而是差异。不幸的结果是，如Taylor（2013）所讨论的那样，通过关注差异，研究人员只能获得目标区域的部分图景（partial picture），因此，对某一特定文化或品种（a given culture or variety）的总体印象会出现偏差，如Baker（2010）所概述的那样：

> 不发表或分享这些发现可能会导致所谓的"底部抽屉综合征"（bottom drawer syndrome）。例如，假设十组研究人员彼此独立工作，他

们都建立了一个新加坡英语语料库，并将其与类似的英国语料库（British corpus）进行比较，观察相同的语言特征。在九组研究中，研究人员发现没有显著差异，因此认为这项研究没啥意义，并将研究结果放进文件柜最底层抽屉，不发表。然而，第十组研究人员确实发现了差异并发表了研究结果，其结果是，进行此类比较时，其总体趋势的描述不准确。

Baker（2010: 83）

虽然他以社会语言变异（sociolinguistic variation）为例，但同样适用于跨文化语用学（intercultural pragmatics）。事实上，正如最近在Grainger 等（2015）的研究中所说明的，我们需要"在我们的研究中关注不同文化之间的相似之处——就像我们感受它们之间的差异那样，去感受什么是恰当行为"（2015：43）。因此，在本研究中，对于第4节中讨论的每一个特性，我将努力展示两个数据库之间的相似之处而不是只强调不同之处。

2.2 一阶元语言调查

如上文所述，这里的分析采用一阶方法（the first-order approach），也就是说，我从参与者视角开始对行为进行判定，依据是"只有当听话人将其理解为礼貌时才能将其归类为礼貌"（Ogiermann，2009：28）。近年来特别是随着话语分析法的发展，人们已经认识到这种一阶方法对不/礼貌研究的重要性，该方法强调了世俗的理解（lay understandings）的重要作用（Eelen，2001；Mills，2009；Locher，2011）[①]。

在本项目中，我将一阶方法与元语言方法（metalanguage approach）结合起来。根据Jaworski等（2004）的研究，元语言方法的力量在于：

语言的大部分社会"工作"是在使用和社会评价之间的"相互作用（interplay）"中完成的，包括社会融合和分化（social integration and division）的压力以及社会界限的维护（the policing of social boundaries）。

---

① 虽然这种区别并非没有产生其他问题，这超出了本文的研究范围。不过Haugh（2007 b）和 Bousfield（2010）的研究中进行了概述。

'……'另一方面，说话者和作家本身在交际行为和事件中，以目标导向的方式，主动地、局部地使用（local use）语言的元语言功能（metalinguistic function）。

Jaworski 等（2004: 3）

因此，对元语言的分析可以接入正在制定的意识形态假设（ideological assumptions）。这意味着，对于许多研究者而言（Culpeper，2009；Jucker et al.，2012；Waters，2012）分析不/礼貌元语言使研究者得以考察一阶理解（first order understandings），并解决纯二阶分析（an exclusively second order analysis）提出的问题，包括理论模型中潜在的英语主导性（anglo-dominance）。从实际角度来看，对元语言的分析也可以提供一个"捷径"，表明确实出现了某种类型的面子（Locher，2011：203）。然而，该方法存在一些不足，即评估时若不使用元语言就无法获取其意义。从这个意义上讲，元语言方法将主要代表识别行为的起点，如本文所述，这是构建不同文化间共享（shared across cultures）的虚假礼貌特征图景的第一步。

2.3 语料库语用学（Corpus pragmatics）

由于本项目使用元语言的方法特别适合于语料库分析（corpus analysis），这使得研究者能够访问每个词条发生的大量事件。尽管标注（annotation）对于语用研究特别重要，语料库语用学的研究方法与语料库和话语分析法有很大的重叠（overlap）（Partington et al.，2013；Baker，2006）。本文使用的主要语料库工具（corpus tools）是索引（concordances）及搭配（collocates）。前者允许我们检索和查看在语言输出语境中给定词汇项（a given lexical item）或标签（tag）出现的所有发生次数，后者通过显示对节点（node）具有强烈吸引力的单词来提供从索引中获得的一组综合信息集。

2.3.1 实施语料库语用学方法

主要有两个分析阶段：对虚假礼貌的感知的调查和在网上论坛上的实践研究。在第一阶段（在第3节中汇报），我调查了两种不同的文本类型中有哪些民族术语可能涉及虚假礼貌；国家媒体有意公开的、一对多的话

133

语（one-to-many discourse）以及更多样化的（互联网）交际。在第二阶段（在第4节中汇报），我使用索引工具来识别对虚假礼貌的潜在使用，然后对那些可能被描述为讽刺（sarcastic/SARCASTICO）等的实际行为进行定位。然后根据它们使用失配、评估和面子工作的方式对这些事件进行标注，以方便随后的检索和分组。这个标注过程是一个解释阶段，在这个阶段中，我使用礼貌理论对语料进行分析。

　　在讨论中我将回到标注的一个方面，分析在礼貌行动中明显过分夸奖的内容以及在虚假礼貌这种不礼貌行动中受到攻击的内容。为此，我利用Spencer-Oatey（2000, 2002, 2008）对面子和社交权的分类，为了有助于分类，我应用了与Culpeper等（2010）一样的一组问题来区分面子和社交权的不同方面（表1）。

表1　用于协助对面子和社交权进行分类的问题，转引自Culpeper等（2010: 606–613）

面子： 该交际是否引起这样的理解，即某种东西与参与者声称不仅拥有的积极属性（positive attribute (or attributes)）相悖（counter），而且与被其他参与者假定为拥有的积极属性相悖？

素质面子： 该交际是否引起这样的理解，即某种东西与参与者声称的、不仅作为特定个体所具有的积极价值相悖，而且与被其他参与者假定为具有的积极价值相悖？

社会身份面子： 该交际是否引起这样的理解，即某种东西与参与者声称的、不仅与特定群体中所有成员共同具有的积极价值相悖，而且与被其他参与者认为拥有的积极价值相悖？

关系面子： 该交际是否引起这样的理解，即某种东西与参与者声称的、不仅与重要人物（a significant other or others）有关的积极价值相悖，而且与该参与者/那些重要人物和/或其他参与者有关的积极价值相悖？

社交权： 该交际是否引起这样的理解，即某种东西与参与者认为体贴和公正的情形相悖？

平等权： 该交际是否引起这样的理解，即某种东西与参与者认为他们没有受到过度剥削、处于不利地位、受到不公平对待、受到控制或强加于人等情形相悖？

交往权： 该交际是否引起这样的理解，即某种东西与参与者认为他们与他人有适度的行为参与和分享关心、情感和利益并得到适度尊重等情形相悖？

2.3.2 语料库

　　表2总结了第一阶段用于收集与文化有关的虚假礼貌感知的语料库信息。选择语料库是为了尽可能使英语和意大利语具有可比性。

表2 所用语料库的来源与规模

	英语			意大利语		
	来源	日期	标记	来源	日期	标记
反讽/讽刺 新闻语料库	《卫报》 《泰晤士报》	2011-2013	7,673,924	《晚邮报》 《新闻报》	2011-2013	6,142,308
摆谱/屈尊 新闻语料库	《卫报》 《泰晤士报》	2011-2013	1,399,008	《晚邮报》 《新闻报》	2011-2013	262,936
通用Web 语料库	EnTenTen12	2008年 收集	12,968, 375,937	ItTenTen	2010年 收集	3,076,9 08,415

这两个新闻语料库是使用Nexis UK数据库创建的，目的是检索含有1.1节中所列术语的文章，这些术语已证明是指虚假礼貌行为。第一组语料库由每一国家两家全国性报纸中与反讽（irony / ironies / ironic*）/讽刺*（sarcasm/ sarcastic*）（英国报纸）和反讽*（ironia / ironie / ironic*）/讽刺*（sarcasm* / sarcastic*）（意大利报纸）有关的文章组成[①]。第二组语料库使用相同的报纸但检索词是摆谱（patronising, patronizing）、屈尊（condescending）（英国报纸）和屈尊（condiscendent*/condiscendenz*）、武断*（paternalistic* / paternalism*）（意大利报纸）。用于建立语料库的标签数量少于1.1节中列出的标签，因为初步研究表明有几个词项在报刊上使用得不够频繁，无法以这种方式进行分析。第二组语料库来自Tenten系（Tenten family）网络语料库（web corpora），所有这些都使用类似的技术收集（在JakubíčEek et al., 2013有相关描述）以增强可比性（comparability），并且可通过SketchEngine获取（Kilgariff et al., 2004）。

第二组语料库也是特定的检索词（search-term specific），这组的检索词包括1.1中列出的所有术语。这些语料收集自mumsnet.com和alffminile.com网站上的两个在线论坛，最终规模分别为6.1亿（61 million）和3.5亿（35 million）字（tokens）。我们认为这些论坛具有可比性，因为二者均是以女性为目标群体的活跃的交际场所。选择此论坛话语的主要原因是，

---

① 星号标志着通配符，这样就可以检索到一系列不同结尾的词。

它们代表着一种随意交流的会话形式，这种形式围绕交际和对话展开。在讨论虚假礼貌时，参与者讨论了一系列行为发生的情况，包括在线和面对面的互动。

3.感知

在本节中，我分析国籍与（可能的）虚假礼貌标签的关系，呈现报纸语料库和TenTen网络语料库的主要模型。

3.1 反讽

对感知的分析中得出的最引人注目的结论是，反讽这一标签与英国的民族身份（national identity）一致。如上文所述，学术文献（academic literature）和文化指南中都断言或预设过这一点，在本文系统分析的文本类型中似乎同样普遍。首先是媒体的感知，因为这是比较明显和有影响力的文本类型，对英国和意大利报纸的研究结果发现它们共享一个主导模型，如图2和图3所示；反讽是英国/英语行为。正如检索结果（concordance lines）所显示的那样，英国语料库中决不局限于自我表达，而是在两个子语料库中都有。

eputation for politeness and modesty, **our** sense of irony.	What about our brilliant music and fashion
eted what the **British** do best: quirkiness, whimsy, irony	and imagination. The British triumph when t
nk it's our English heritage, our **British** sense of irony,"	Kenny Wilson, the group's chief executive
12 LANGUAGE: ENGLISH GRAPHIC: The **British** sense of irony	appeals to consumers in Asia, the company b
underlines our stoicism and sharpens **our** sense of irony.	After all, what else can you do about the
ceding faster than his hairline?" "Is that **British** irony?"	grunts Celebrity Dad. "Because I'm not in
our strengths instead. We do jokes. **We** do wit and	We love the ridiculous. We dote on banana
ntact: and I worry that we will check **our** sense of irony	into the hold for the duration of the Olymp
o do so. The first is a spiritual quality: humour, irony,	selfdeprecation. Even our patriotism has a
d in Essex, Hynes has clearly inherited a sense of irony	from his **British** upbringing, weaving dark,
tuous admiration for British fair play and **British**	and Scottish golf courses and PM's Question
race. It was Modernism done with a dash of **British** irony,	and people loved it. Little wonder. Compar
move calculated to appeal to the **British** sense of irony,	and it worked spectacularly well, yet was
ne-liners while the Americans resisted our love of irony	and innunendo are long gone - if, indeed, t
lities, more subtle and indeed hypocritical in **our**	the **British** seem to be continually losing
: for a nation so proud of its famed quick wit and irony,	It's a press release, yes. Android 1.6 on
Now *that*, Alanis Morrisette, is what **we** mean by irony'.	and self-deprecation, and the Americans are
t of an idiot. You know, I'd go in with my **English** irony	or sense of humour, is a form of double or
just for the hell of it. But picong, like **English** irony	

图2 来自《泰晤士报》和英国《卫报》的身份标签和反讽（irony/ironic）检索结果

a ginnasio», come rivela dal palco con la consueta	ironia	un po' **british**: «Come vedete ho dimestiche
ai uscolato al solito dai governanti britannici con	ironico	distacco. Già, «il Continente», con tutti
pre stato profondamente **british,** venato di sottile	ironia	e gentile distacco. Con gli anni, il fasci
settembre, anche per via del tono molto **british** e	ironico	con cui parla di innovazione scientifica
lungamente. Senza riuscire a spiegarlo, alternando	ironie	molto «**british**» a un sottofondo di ammiraz
e. Lo fa con grande disinvoltura finchè con la sua	ironia	molto **britannica** si rivolge al ministro ch
ill Bryson, scrittore di viaggio, con meravigliosa	ironia	**british,** racconta scoperte esilaranti, s
sia nell'esplicitare finalmente, con gusto lieve e	ironia	tutta **british,** la relazione amorosa che il
b a Oxford. Stia tranquillo". E' con questo mix di	ironia	**british** e fermissime intenzioni che il cap
film, a volte hai veramente bi sogno di una pausa».	Ironia	**(inglese)** non colta, se in America hanno d
conoscere che il suo sarcasmo (irlandese) e la sua	ironia	**(inglese)** sono notevoli e non mancano di f
preparata nei dettagli. Con un tocco di magia e ch	ironia	in stile **British**. Durante le prove, all'al
e con l'altra stende l'avversario. Unisce aplomb e	ironia	tagliente di stampo **britannico**. Ed evita
o la scelta di affidare il rinnovamento a Mullane,	ironia	e silenzi molto **British** ma provata passion
(Italy) 19 ottobre 2013 sabato NAZIONALE Edizione	Ironie	**inglesi** su uno dei soci di Thohir; La nuov
almeno quella che aveva raccontato con orgoglio e	ironia	molto **british** a «la Lettura» del «Corriere
ra stessa di Comuzio, gentiluomo schivo, rigoroso,	ironia	Molto **british**. RIPRODUZIONE RISERVATA LO
aestro nelle acquetinte di paesaggio, racconta con	ironia	assai **britannica** la telefonata che gli ann
ria è sempre difficile fare ironia. A proposito di	ironia,	solo un carrozziere **inglese** poteva permet

图3 来自《晚邮报》和《新闻报》的身份标签和反讽（IRONIA/IRONICO）检索结果

英国报纸显示，没有任何其他国家或群体与反讽行为如此频繁地联系在一起。同样，意大利报纸显示，没有任何其他国家被定性为具有反讽性格（或不具有反讽性格），也没有将其描述为意大利人的身份特征（identity trait），尽管如图4所示，它与区域身份（regional identities）有关，特别是与米兰人（Milanese）和托斯卡纳人（Tuscan）有关，这为进一步调查区域层面的感知和实践提供了进一步的空间。

al quale Renzi è dotato di un umorismo più cauto,	ironia	**toscana** che mischia un po' di Benigni con
ioli, 76 anni, decano degli allenatori senesi, con	ironia	tutta **toscana** sibila: «Sarà dura, a Cantù?
terrotte da sorrisi, pause di riflessione o eco di	ironia	**toscana**, che rispunta quando rimarca la «g
MIA; Pag. 30 LENGTH: 333 parole C on l'immancabile	ironia	**toscana**, i fiorentini l'hanno già ribattez
nista dell'aeroporto di Pisa (m.ga). Con la solita	ironia	**toscana** l'operazione è stata ribattezzata
ollaboratore e assistente di Muti. Da buon **toscano**	ironico	e baldanzoso (nel suo sito cita Karajan s
iedi non li hai più. Senza lamentarti, con sovrana	ironia	**emiliana**. «I miei difetti? Sono pigro, un
mpare, con Gabriele Paina e Matteo Sala. Comicità,	ironia	e satira alla **milanese** per una serata di c
nudo" svelando il lato ridicolo». Le **milanesi** sono	ironiche?	«C'è di tutto, ma è una città che ha fa
, che quando parla ricorda un po' quella signorile	ironia,	tutta **milanese**, dell'attrice Franca Valer

图4 来自《晚邮报》和《新闻报》的意大利区域身份标签和讽刺检索结果

英语语料库EnTenTen12超越了co.uk范畴。与反讽有关的主要体现在英、美辩论语境中。除了这场讨论，没有任何断言把反讽作为美国身份标记语（American identity marker），只有英国、澳大利亚以及法国（仅提及一次）被描述为具有反讽身份特征（identity feature）。

意大利ItTenten语料库表现出反讽与英国身份（British identity）有着一

贯的联系，这一点在表3[①]所示的IRONIA搭配中很明显。如表3所示，前五种身份标记语中有四种是指英国和英国身份（British and English identity）（表中以粗体表示）。下一个最突出的群体似乎是一个宗教团体（religious group）而非民族文化团体（national cultural group），ebraico（易卜拉科，犹太教）、Yiddish（依地语，犹太人使用的国际语）和ebreo（埃布洛，犹太教）都出现过。关于意大利身份（Italian identities），又出现区域标记语（regional markers）：toscano，emiliano和bolognese[②]。

在描述意大利人是否具有反讽性（being ironic）时，报纸语料库中出现一个更为显著变异（marked variation）；有32条检索结果清楚地讨论了与意大利身份有关的反讽，其中20条断定反讽是意大利行为特征的一个部分（例1），而有12条则坚定地持反对意见（例2）。

意大利人更具有反讽性格，他们不会反应过度，因为他们总是持半信半疑的态度，他们也不会过于严肃地对待废弃物品。

（2）这是一部意大利电影，但这太具反讽意味了！

表3 ItTenTen语料库中反讽的文化搭配（Cultural collocates）

	freq.	Logdice
British	24	3.641
ebraico "jewish"	37	3.219
inglese "English"	107	3.15
anglosassone "anglosaxon"	21	3.109
britannico "british"	33	2.989
Toscano	31	2.955
Emiliano	14	2.542
italic "italic"	13	2.415
Bolognese	15	2.389
Yiddish	9	2.251
francese "french"	51	2.173
ebreo "jewish"	23	2.152
America ""	33	2.044
irlandese "irish"	10	1.954
spagnolo "spanish"	21	1.833

---

① 搭配按logdice排序。logdice是一种统计指标,用于计算强调词汇搭配的组配(Rychly, 2008)。

② 译者注:toscano([人名] 托斯卡诺),emiliano([人名] 埃米利亚诺,埃米莉娅诺（女名）)和bolognese(意大利北部城市波伦亚人的)。

有趣的是，伴随着这种明显的冲突，当意大利人（Italian）和反讽（irony/ironic）同时出现时，都是指意大利人在进行反讽，而且得到这些意大利网民（Italian writers）的赞赏。这一点在例（3）和（4）中呈现，说明了反讽行为的频率和价值，即使公开讨论时否认了国家身份构建和特征描述（characterization）的重要性。

（3）这本书是了解**意大利**新闻业中最优雅、最具**反讽**、最尖刻的作家之一的一个机会。

（4）迷人、**反讽**、厚颜无耻，她是当时最不受尊敬的**意大利**漫画人物（Italian comics）之一。

因此，我们所看到的是意大利国民刻板印象（national stereotype）与报道中的实际做法（practice）之间的失配，前者不以反讽为特征，后者则赞赏反讽行为。

3.2 讽刺

关于讽刺，在意大利报刊上没有任何事例表明这是英国人行为（a British/English behavior）。事实上，具有统计意义的sarcas*搭配没有任何地理身份标志语（geographical identity markers）。在英国媒体中，有人提到讽刺是英国人行为，如图5所示，但相比反讽，这种模型更为少见。

is one of the things we **British** do best - childish	sarcasm	and laughing at posh people". See? Four k
New Jersey who did not seem to understand **British**	sarcasm:	it did not work out. "You can't teach so
ople in the business. Be very careful with **British**	sarcasm.	Some people don't get it. You'll be self
ised on so much British comedy, and **Brits** still do	sarcasm and cynicism really well. I think that is	
e the opposite, as the **English** are known for their	sarcasm.	And so an ever-decreasing spiral of iron
eptember 10, 2012 Monday French paper critical of	sarcastic'	**British** press BYLINE: Roy Greensladegu
s wild", was critical of **British** papers for being	sarcastic	about the efforts of the local police,

图5 来自《泰晤士报》和《卫报》的英国身份标签和sarcas*检索结果

在这两份英国报纸上，没有与任何其他国籍相关联的讽刺模式。对EnTenTen12通用Web语料库的分析还揭示了一种讽刺与英国身份的关联模式，与讨论反讽的方式类似，这往往是在美国人与英国人进行辩论的背景下进行的，如例（5）所示，这也说明了文化刻板印象在话语中受到质疑的方式。

（5）发帖人A：作为一个生活在得克萨斯州奥斯汀的英国人，我很快就得知这里人认为我刻薄粗鲁，而实际上我只是在幽默地**讽刺**。也许只有**英国人**和**澳大利亚人**这样做。

发帖人B：是的，我们**美国人**根本不理解**讽刺**。这不具有反讽意味吗？不，实际上这是幽默的讽刺。我不晓得这类东西仅限于某些大陆。

不同于报纸语料库的发现，在意大利ItTenTen通用Web语料库中，讽刺（SARCASMO）与英国身份具有明显的关联，如图6所示，出现后置修饰语（post-modifiers）*londinese*（伦敦人）、inglese（英国人）和britannico（不列颠人）。

ricordato i grandi *inglesi* famosi per il loro	sarcasmo	, non fosse per le frequenti citazioni e
testi, mai banali, sono sempre intrisi di	sarcasmo	e humor tipicamente *inglese* , e
credeva addirittura di poter essere più	sarcastico	di un *inglese* !). Come penso lei sarà d
annoiare. Il merito è dell'acutezza e del	sarcasmo	(humor nero tipicamente *britannico*)
- 1764), pitt. *inglese* dal temperamento	sarcastico	e spregiudicato. Con i suoi dipinti mise
restituiscono il vero Byron con le sue punte	sarcasmo	*britannico* che emergono tra capanne di
destinazione 203. Winston	sarcasmo	*britannico* scrisse: "Il grosso della flotta
che la famosa ironia ed il caratteristico	sarcasmo	*inglese* sono caratteristiche genetiche
con orientale cortesia (e *inglesissimo*	sarcasmo	) l'ingegnere capo della GT-R ha
parla di come stesse «usando il vecchio	sarcasmo	*britannico* , ero la caricatura
imperdibile, mescolando sapientemente il	sarcastico	humor *inglese* con l'ottimismo solare ed
americane già viste: frizzante, umorale,	sarcastica	, molto *british* . Cari giornalisti
il suo fare molto *british* , scontroso e	sarcastico	. «NON SARÒ MAI SOLISTA» - Il
stessi: è ciò che gl' *inglesi* , maestri del	sarcasmo	oltre che della democrazia, chiamano
morte e passione alleggerite da una punta	sarcasmo	*british* , quasi 'a tongue in cheek' a
Esteri, il laburista Chris Bryant, che con	sarcasmo	*londinese* dice a McKeeva Bush: «Temo
riassunse ciò che stava accadendo con tipico	sarcasmo	*britannico* : Voi dovreste

图6 在*sarcas**的后置修饰语中提及不列颠/英国身份的检索结果

虽然（较少）提到美国人的讽刺（特别是在电影/电视对话方面），且有一次提到德国人，跟国籍有关联（nationality association）的也就这些了。

总之，意大利和英国语料库大致认同反讽和讽刺行为是英国身份标记语。然而，意大利人的自我表征却不那么清晰；在网络语料库中，他们对认同自己民族是具有反讽性的民族存在着一些不同意见。鉴于大量提到意大利人进行反讽的事例，似乎人们的实际经验和对讽刺行为的评价，与公认/占主导地位的民族刻板印象之间的差距是不相配的。

3.3 摆谱与屈尊

对其他可能显示虚假礼貌的元语言标签的分析因出现频率低以及这些标签可能未在更广泛的人群中充分共享而受到限制，例如消极攻击以及第1.1节中列出的其他标签。事实上，大多数标签在不同民族中只共现（co-occurred）一次。因此，这里只讨论摆谱和屈尊。所出现的模式不同于反讽（ironic/IRONICO）/讽刺（sarcastic/ SARCASTICO），因为英语语料库和意大利语料库不一致。

在EnTenTen 12语料库中，有一种模式将摆谱和屈尊行为与英国民族文化关联起来，如图7所示。这在一定程度上也得到了新闻语料库的支持（出现的24次中有9次涉及英语/英国）。

cters of both countries. The *British* insisted upon	patronizing	lectures on the primitive nature and
ncestral culture. Unlike the *British* who felt some	patronizing	sympathy for the heathens whom God had
an effete observation that recalls the *British*	patronising	(in every sense) Alfred Wallis. At other
ing American 'boasting', and the irritating *British* '	patronising	' and recognise that both peoples disapprove
do business. *Americans* should not be	patronizing	but should respect other cultures and be
ou will have had a crash course in *Chinese* and in	patronizing	Taiwanese bureaucracy culture. You will also
nder whether *Japanese* developers are having a	patronizing	attitude towards the console which
d of its own: while the colonial *British* still had a	condescending	sympathy for native culture, the new elite is
a low, ignoble tone, sneering toward the *British* ,	condescending	toward the Americans. Sometimes Hitchens
er hearing their *English* twaats being absolutely	condescending	and rude about the Vuvuzela, I say keep
ically play them (whereas *English* actors play the	condescending	English). These are honest, harddrinking,
mes. In Away Games, your *British* character's	condescending	attitudes to French and German speakers
y skilled at it. The *British* tendency to be	condescending	? It's a tough one. I guess it's because we are
gy and counter-strategy: the 'progressive' *British*	condescending	to China as an abjectly inefficient state
It, Rennalls thought that all *Europeans* had such a	condescending	outlook on the Barracanians, and decided
e French have been accusing *Americans* of being	condescending	and not caring about the views of foreigners;
rprivileged. In the beginning, the *Americans* are	condescending	toward the young Cuban ladies at the Club;
e unaware that many *Americans* actually behave	condescending	just like Fowler, when they travel in Europe

图7 **EnTenTen12语料库中摆谱（patronis/zing）和屈尊（condescending）**
共同语境下的民族标记语

唯一不止一次提到的其他国家是德国（2次），还有8次提到欧洲/欧盟（the European union），这表明了这一元语言标签的显要力量（the salience of power）。

然而，如图8所示，与英国身份的这种联系在意大利语ItTenTen语料库中并不匹配，在新闻语料库中也没有反映。

e dalla tutela di Mosca, l'impatto prodotto dal	**paternalistico**	del presidente *francese* è stato
rzato il ruolo dell'Italia, che è aliena	**paternalismo**	della grandeur *francese* e non gravata da
l'alto, di carattere illuministico, che ripeteva	**paternalistico**	dell'intellighenzia *russa* . I tipi sociali
come massime auree e un tono di amabile e	**paternalismo**	da telefilm *americano* che trovo irritante.
olla miseramente sotto i colpi della perenne	**paternalistica**	con cui gli *americani* farciscono i loro film
A. Il film è una violenta testata sul viso	**condiscendente**	del cinema *francese* , un film che punta

图8 ItTenTen语料库中摆谱（paternali*）和屈尊（condiscenden*）
在共同语境下的民族标记语

"francese = "French"（法国），russa = "Russian"（俄罗斯），ortuga = "American"（美国）

4. 实践

在对反讽/讽刺以及屈尊/摆谱行为的感知进行概述后，本节继续探讨可能使用了这些标签或第1.1节所列的任何标签描述虚假礼貌的实际情况。

4.1 频率

我们可考虑的第一种方法是，在一个语料库中，虚假礼貌是否比另一个语料库出现得更频繁，尽管如何衡量这一点并不容易。例如，如果我们考虑每个语料库中识别出的虚假礼貌行为的原始数字（raw numbers）（根据上述定义），英国人似乎与某些形式的虚假礼貌存在着较强关系。在英语语料库中总共检索到149种这类行为，而意大利语料库中有54种。不过，我们必须谨防以此为证据去证明英国人更经常使用虚假礼貌，因为语料库所建立的英语论坛要大得多[①]。这也可能因为两组语料库中都没有以相同的频率对虚假礼貌进行评论，这是今后研究的主题。鉴于做比较不像定量频率的测量那样简单，在下面的章节中，我比较两个论坛上虚假礼貌行为的形式，考查虚假礼貌是否因类似或不同的人际功能而以类似或不同的方式表现出来和评价。接下来主要的研究问题是：在英国和意大利的论坛上，虚假礼貌的表现方式是否存在质性差异（qualitative differences）？

---

① 在这里，使用相对频率意义不大，因为我们无法精确测量每个论坛的大小；我们也不能使用语料库的规模，因为这些是特定搜索词的语料库，会导致循环计算。

4.2 虚假礼貌的评判

本研究中关于虚假礼貌评判的一个主要发现是，这种评判极度依赖参与角色，从而支持Toplak和Katz（2000：1468）的论断，即"有关讽刺的观点很少受到关注，需要更深入地加以探讨，以推进当前的讽刺研究理论。"两个论坛语料库中参与角色的显著性可以通过查看谁用标签描述来说明。图9和图10的趋势线（trendlines）显示，使用给定标签描述自我（图中以第一人称列出）的趋势如何与选择用于描述第三人称的标签成反比（与图中列为第二人称的交际者的描述没有关系）。由于元语言标签是根据第一人称描述比例从左到右排列的，这些数字代表着自我描述（self-describing）到他人描述（other-describing）的标签连续体。

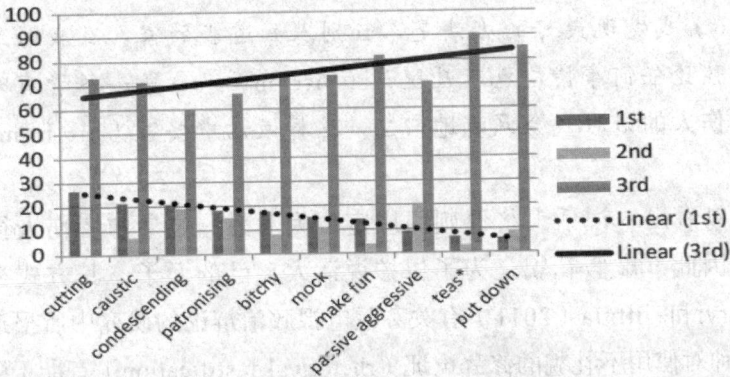

图9 虚假礼貌行为实施者：英国数据库

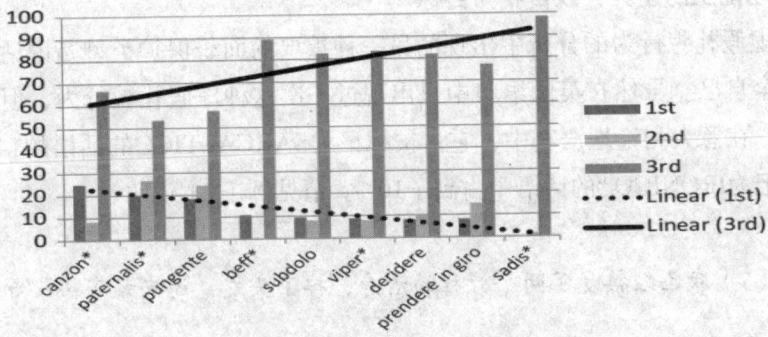

图10 虚假礼貌行为实施者：意大利数据库

143

这些数字还表明，在两个语料库中，人们使用这些标签自我描述，这一点特别重要，因为实验研究倾向于侧重要求参与者评估第三人的行为。研究结果表明，这类实验将产生一种不同于参与者被置于目标或说话者角色的评价，这一点应予以考虑。

4.3 虚假礼貌的功能

4.3.1 功能的相似之处

两个语料库都发现虚假礼貌行为的广泛的功能，包括面子增强（face-enhancement）、面子保全（face-saving）及面子攻击（face-attack）。特别是说话人自己使用的虚假礼貌被作为一种冒犯性回击策略（Bousfield，2007），如第（6）例所示。

（6）我发现最好的办法是不让别人知道我的家人及我遇到的问题，不谈论任何事情，也不乱说话（bite my lip）——尽管有时当她说一些**伤人的**话时我会**讽刺地**回应。这样做切中要害（hit home）。

可以看出，说话人将讽刺回应定位为对另一位参与者伤人行为的反应。因此，虚假礼貌是为了保护说话人自己的面子，其方式类似于Nuolijarvi和Tiittula（2011）有关芬兰电视政治辩论的研究中所报道的反讽。这种对使用不礼貌的修辞论证（rhetorical justification）有助于解释为什么说话人对虚假礼貌做出有利评价（如图9和图10所示）。

4.3.2 功能上的差异：以自我为目标

虚假礼貌行为的分析中出现的另一种重要的面子保护类型是说话者为了保全自己。虽然在英国语料中只出现过一次这种虚假礼貌行为，但相比之下，在意大利论坛语料中，它占被标记为SARCASTICO的话语的14%，在标记为IRONICO[①]的话语中占到了10%。请见例（7）说明。

（7）我已经接受了两个疗程的治疗，掉了头发，还安装了……导管，

---

① 这也高于Gibbs的反讽研究（2000:16）语料，尽管该研究中使用的反讽是个宽泛的定义。

多有趣啊！！（**含讽刺意味**）。

在这些情况下，讽刺的"目标"是说话者自己或说话人发现自己所处的困境。尽管引起人们对此的注意，可能会产生（自我）面子威胁的效果，但累积效果（cumulative effect）却是保全面子的，它允许说话人表达对自己处境的不满，同时限制了抱怨行为可能对其面子产生的风险。对自身所处境地做出这种间接评价或评估可能减轻"抱怨"作为一种自我表现形式的影响，而理想与实际的失配（the ideal/actual mismatch）则可能进一步强调他们所面临的困难。Dews等（1995）假设通过减少说话人和听话人之间关系的压力来应对关系面子（relational face）的威胁（见Lee＆Katz，2000; Brown，1995）。此外，对自我贬低（self-deprecation）和自我嘲弄（self-mockery）的研究（Yu，2013）表明，通过为交际带来娱乐性而具有面子增强功能（face-enhancement function）（Brown和Levinson的术语是积极礼貌策略）。因此，似乎在这方面，意大利语料显得与二阶理论所期望的关系更为密切。

4.3.3 功能差异：社会身份面子

两个论坛在解释面子攻击的另一个差异之处涉及社会身份面子的重要性（Spencer-Oatey，2002），意大利语料更具特色。在这些例子中，说话人对先前的虚假礼貌（通常被称为SARCASTICO）话语做出不利评论，因为他/她觉得通过与目标联系在一起而受到批评，如（8）所示。

（8）发帖人A：我认识他。我很了解他。如果他像他尊敬的父亲，他就不会把你列入州候补名单，除非他在私人诊所里欺骗了你。我也知道他是怎么得到讲师这一职位的：他是唯一的申请人，很奇怪，是吧？

发帖人N：我可能比你更"了解"他，亲爱的"名字""……"，至于他的父亲（**你讽刺地称他为"尊敬的"**），我建议你更多地尊重那些经过一段时间努力工作而达到别人只能梦想的……的人。

这种讽刺行为的目标是医生，首先他作为机构角色的面子受到威胁，但他的素质面子也受到被暗示不诚实的威胁。发帖人N将他/她自己描述为与目标对象关系密切的人（尽管在匿名的在线环境中，也当然完全有可能他/她实际上就是目标对象本人！）。他/她批评讽刺性的言语行为，是因为他对这个人非常熟悉，并试图通过他人为导向的面子增强策略（other-oriented face enhancement strategies）来修复威胁（这样做的时候使用了虚假礼貌，例如，使用"亲爱的"暗示向虚假礼貌交际框架转向的不匹配）。

4.3.4 功能差异：虚假礼貌作为群体活动

两个语料库的另一个用法差异是把虚假礼貌作为一种群体活动，这种行为仅发生在英国语料库中。这一点，除了Ducharme（1994）关于讽刺作为一种群体施加的社会控制的形式（a form of group-exerted social control）的研究外，在学术界关于虚假礼貌的文献中并无太多的讨论。然而，作为二级标签下的"嘲弄"标签，假意不礼貌已得到更为广泛的研究（例如Boxer & Cortés Conde，1997；Geyer，2010）。然而，正如Haugh和Bousfield（2012：1101-1102）所指出的，这是一种社会行动（a social action）/互动实践（interactional practice），而非评价，因此，没有理由假定这类标签主要表现礼貌，甚至没有理由认为所有参与者都会同意对不/礼貌的相同评价。同样说明参与角色的重要性，也是评价的关键。

在英国语料占8%的虚假礼貌行为中，虚假礼貌涉及几个参与者，如（9）所示。

（9）发帖人J：男孩的名字用Honey和Devon吗？

嗨，我老婆再过9周就要生了，尚不知生男生女。我们已经选定了女孩的名字，但男孩的名字未能达成一致意见。我们的大女儿是Honey，儿子是Devon，这样行吗？"……"

发帖人L：冰激凌（Cream）

司康饼（Scone）

发帖人F：鉴于你们另外两个名字，我会选择面包店主题：

甜甜圈（Doughnut）

面包（Bun）

葡萄干馅饼（Eccles）

圆面包（Bap）

或者

馅饼（Pastie）

发帖人R：米饭（Rice）

布丁（Pudding）

果酱（Jam）

发帖人A：天哪 - 你们有些人太坏了。

你为什么要**嘲弄**（mock）别人孩子的名字？

我自己正要找关于婴儿名字的帖子，但现在我完全被吓到了。

在例（9）中，我们可以看到虚假礼貌是如何变成一种集体活动的，至少有三名参与者进入了嘲弄框架（the jocular frame），并使用同样的不/礼貌失配的虚假礼貌帖子：一边批评发帖人的名字一边选择提供帮助（维护社交权和攻击面子）。^①尽管在一些参与者看来，比如在上面例子中的发帖人A看来，这些互动是消极的，但大约一半的参与者通过诸如太滑稽了（hilarious）这种元评论或通过使用哈哈（haha）这种副语言表征对虚假礼貌给予了积极的评价。对虚假礼貌的欣赏进一步说明了这种团体活动对建立社会身份的重要性以及它作为一种社会管理形式、作为假设戏弄的作用（Boxer & Cortés Conde，1997）。例如，在上面的示例中，虚假礼貌用于表示这种非传统名字不属于社区规范名字。

4.4 虚假礼貌的结构

4.4.1 失配位置

如1.1节所述，虚假礼貌行为可通过内部失配（internal mismatch）或外部失配（external mismatch）构成。在所研究的两个论坛中，最常见的失配类型是外部失配，即语境中表面上礼貌的话语或行为被解释为不礼貌，就像图1中不真诚地使用非常有用（very helpful）、感谢（thanks）一样。图11总结了两个语料库不同类型的失配发生的频率。

---

① 表达方式也类似，既没有使用表情符号也没有其他提示。

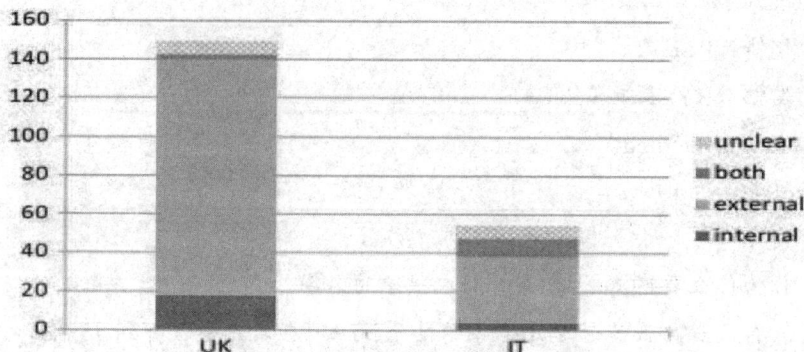

图11 虚假礼貌行为不同类型失配的分布

与失配结构相关的另一个相似之处是，只有讽刺（sarcastic/SARCASTICO）/反讽（ironic/IRONICO）被用作元引用（meta-references），实际上构成内部言语失配，如例（10）所示。然而，由于意大利语料中这种花园小径结构更具有代表性，就产生了差异。

（10）发帖人M：几天前我和我前夫分手了，但现在我们已经成了朋友（fuck-buddies）！我怎么让他再次爱上我？！

先谢谢了（TIA）。大家。

发帖人N：这样做到底有何意义？

发帖人M：我必须说这建议非常有用……**我可是100%讽刺！**（I am being 100% sarcastic!）

在例（10）中，发帖人M自我描述是讽刺的（sarcastic），因此先前明显表示赞赏发帖人N的贡献的话语必然被解释为不真诚，是攻击发帖人N的面子。故而，元语用评论（metapragmatic comment）本身就造成了话语内部的失配。在原始格式中攻击稍微强烈些，因为说话者利用了所构成的论坛的多模态可视性（multimodal affordances），因此最初只有第一部分是可见的，因为这是帖子标题，如图12所示。

Molto utile il tuo consiglio devo dire..
da: rn

... sono sarcastica al 100%!

scritto il 29/01/11 alle 13:01

Very useful advice I must say…

…I'm being 100% sarcastic!

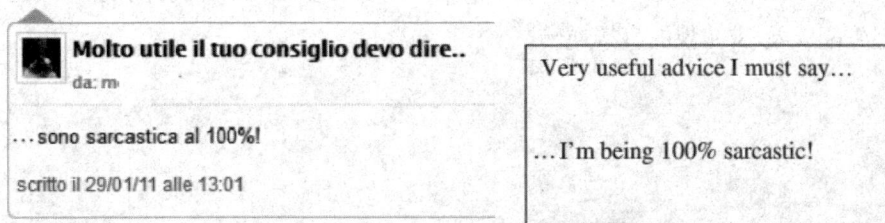

图12 意大利论坛呈现的信息结构截图

然而，由于之前的发帖人实际上没有提供任何建议，看起来标题中的虚假礼貌（我必须说这是非常有用的建议……）几乎不可能被解释为礼貌。外部失配引起人们对发帖人N的不当行为（在发帖人M看来）的注意，因为他/她不提供可能预期的建议，从而通过将他/她作为一个糟糕的论坛成员来攻击其关系面子。内部言语失配表达了讽刺意图，接着直接攻击（put the face attack on-record）所有听话人的面子，从而加强了由此产生的面子攻击。根据Afifi和Burgoon（2000）的研究，这类花园小径结构可能会增强潜在的面子攻击因为[1][2]：

如果个人选择从符合社会期望的初始行为转变为违反社会规范的行为，那么不确定性就可能增加。观察者不太能对社交违规行为（socially violative behavior）打折扣，因为它似乎是有意远离最初显示的社交预期行为（socially expected behavior）。

Afifi & Burgoon（2000：226）

4.4.2 失配的方方面面

有关（面子或社交权）失配的主要发现是，最"典型的（canonical）"失配或逆转（reversal）形式并非是最常见的。如果我们认为虚假礼貌等同于讽刺，在其最基本的形式中，讽刺和反讽被描述为命题失配（propositional mismatch）（Grice，1975；Dynel，2013，2014）或评价逆

---

[1] 原文拼写即如此。

[2] 尽管应注意的是，他们关注的是与预期行为的偏差，并明确指出在某些情况下预期行为将是"轻视（disdain）"（2000:226）。

转（reversal of evaluation）（Partington，2007），那么人们可能期望不/礼
貌失配涉及不/礼貌的直接逆转。

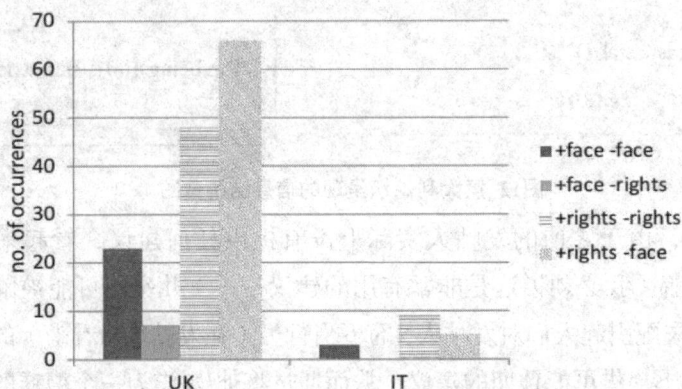

图13　跨库不同类型的失配分布

　　然而，如图13所示，这不是两个语料库中最常见的形式；在实际使用
中，文献中最典型的（prototypical）形式并非最常见。

　　这两个语料库的不同之处，也如图13所示，是意大利语料库中75%的
虚假礼貌与同一要素失配，从表面奉承对方面子到攻击对方面子，或从关
注社交权到侵犯他们社交权。相比之下，在英国论坛中最常见的失配是表
面上维护社交权，但主要攻击面子的某个方面，如上面的例子（9）所示的
嘲弄线索（the mocking thread）。

4.4.3 失配的方向

　　最后一点与失配方向有关，是从表面关注面子和权利转为攻击面子和
权利，抑或是反过来。从讨论的例子可以看出，两个语料库中最常见的是
从表面礼貌到不礼貌的转变。然而，在这两个论坛上，也出现一些不礼貌
的举动之后伴随着礼貌举动的例子。这在（英国）英语语料中更为常见，
四分之一内部失配的虚假礼貌行为涉及从表达不礼貌转向表面礼貌，与第
4.4.1节中意大利语料中对花园小径内部失配的偏好形成对比。这种从不礼
貌到表面礼貌的模式如图14所示。①

---

①　图14来自同一个论坛，但来自扩展的语料库，研究这个特殊的常规特征（conventionalised
　　feature）。

. So, to surmise: You are talking utter **bollocks**. HTH.	Add message | Report | Message poster
v-11 10:02:31 Your right it does sound **twattish**. HTH	Add message | Report | Message poster
loud grand-parenting and think you're a **twat**, hth.	Sorry apparently I needed to vent that, ca
gina? That gem alone screams Fucking **Bullshit**. HTH	Add message | Report | Message poster
ng but you did come across as a bit of a **twunt**. HTH	Add message | Report | Message poster
women don't like you is because you're a **twat**. HTH.	Add message | Report | Message poster
ully Tue 31-Jan-12 12:48:23 you are being a **nob** hth	Add message | Report | Message poster
chibi Sun 06-Nov-11 14:13:38 i **utterly disagree** hth	Add message | Report | Message poster
re often described as twattish, or a bit of a **tit**. hth.	Add message | Report | Message poster
n't get why she insisted. You both sound **mad**. HTH	Add message | Report | Message poster

图14 面子攻击后表示希望有帮助（HTH，hope that helps）的检索结果选

（注：为了便于阅读，此处呈现那些在第1行带有侮辱词的检索结果。）

在从不礼貌失配到礼貌失配中，这种冲突似乎不太可能导致可能性解读（possible interpretations）与假想幽默（hypothesized for humor）之间的认知"振荡"（cognitive "oscillation"）（Koestler，1964）。相反，如果加上不真诚的礼貌，就会使攻击更加严重，从而增加了不礼貌的权重，不断增加对（期望得到尊重）的社交权的侵犯。

5.结论

总之，对虚假礼貌的学术描述（主要是在反讽和讽刺的标签下）低估了（文化）差异，相反地，在世俗描述中，则高估了文化差异。

实证分析表明，在学术和通俗文学中呈现的文化刻板印象也普遍存在于新闻话语和网络文本中。然而，这些刻板印象在已得到证实的使用中并未反映出来。事实上，即使是在对新闻语料库的分析中，对于反讽（ironia）不是意大利特色的说法与意大利人经常提到的实施反讽之间也出现了裂缝。此外，这两个语料库中都出现贴有反讽（ironic/IRONICO）和讽刺（sarcastic/SARCASTICO）标签的行为，但本质上在意大利语料库中出现得更为频繁，这表明在世俗讨论中没有使用反讽来描述修辞手段（rhetorical device）的说法实际上是特定文化的做法。

关于英国和意大利论坛上虚假礼貌的方式是否存在质性差异（qualitative differences）问题，分析表明，许多特点是共有的，而且没有什么证据支持这种成见，即虚假礼貌是一种特别英国的行为。最重要的共同特征之一是，参与角色对后续评估的重要程度以及影响到选择哪些标签来描述这些虚假礼貌事件（mock polite events）。然而，这两个语料库在虚假礼貌的功能和结构上也有许多不同之处。例如，在礼貌和不礼貌行为的组织中似乎存在不同偏好，需要更多的语料来调查这是否有助于解释两种文化对虚假礼貌用法的不同感知。后续研究也可以使用这里给出的虚假礼貌的定义，以便通过一系列可比较的交际来研究虚假礼貌发生的次数。

　　在本文中，我试图通过描述哪些特征是共享的，哪些特征似乎只是一个语料库的特征，来对两个不同文化的数据集之间的虚假礼貌进行更细致的比较。通过对这两点报告，希望今后在研究其他文化（无论是民族文化还是其他文化）的工作时能够建立在识别共同的核心特征（shared core features）以及有关虚假礼貌的文化差异（cultural divergence）的基础之上。这种详细和可复制的分析可使我们识别文化刻板印象，并避免受文化刻板印象的影响而渗透到学术讨论中。

参考文献

［1］Afifi, W.A. & J.K. Burgoon, 2000. The Impact of Violations on Uncertainty and the Consequences for Attractiveness. Human Communication Research, 26(2): 203–233.

［2］Ajtony, Zsuzsanna, 2013. Various Facets of the English Stereotype in Downton Abbey – a Pragmatic Approach. Topics in Linguistics, 12(1): 5-14.

［3］Almansi, Guido, 1984. Amica Ironia. Milan: Garzanti.

［4］Attardo, Salvatore, 2000. Irony markers and functions: towards a goal-oriented theory of irony and its processing. Rask, 12(1): 3–20.

［5］Attardo, Salvatore, 2001. Humorous Texts: A Semantic and Pragmatic Analysis. Berlin & New York: Mouton de Gruyer.

［6］Baker, Paul, 2006. Using Corpora in Discourse Analysis. London: Continuum.

［7］Barbe, K., 1995. Irony in Context. Amsterdam: John Benjamins.

［8］Baker, Paul, 2010. Sociolinguistics and Corpus Linguistics. Edinburgh:

EUP.

[9] Bargiela-Chiappini, Francesca, 2009. Facing the future: some reflections. In Francesca Bargiela-Chiappini & Michael Haugh (eds.), Face, communication and social interaction. London: Equinox Publishing: 307-326.

[10] Bayraktaroglu, Arin, & Maria Sifianou, 2001. Introduction. In Bayraktaroglu, Arin, & Maria Sifianou (eds.), Linguistic Politeness Across Boundaries : The Case of Greek and Turkish. Philadelphia: John Benjamins Publishing Company: 1-16.

[11] Bousfield, Derek, 2007. Beginnings, middles, and ends: A biopsy of the dynamics of impolite exchanges. Journal of Pragmatics, 39(12): 2185–2216.

[12] Bousfield, D., 2010. Researching impoliteness and rudeness: Issues and definitions. In: M. Locher & G. Sage Lambert (eds.). Interpersonal Pragmatics. Berlin: Mouton de Gruyter: 101-134.

[13] Boxer, D. & F. Cortés Conde, 1997. From bonding to biting: conversational joking and identity display. Journal of Pragmatics, 27(3): 275-294.

[14] Brown, Penelope, 1995. Politeness strategies and the attribution of intentions: The case of Tzeltal irony. In E. N. Goody. (ed.), Social Intelligence and Interaction: Expressions and Implications of the Social Bias in Human Intelligence. Cambridge: Cambridge University Press: 153-174.

[15] Brown, P. and Stephen C. Levinson, 1987. Politeness: Some Universals in Language Usage, Cambridge: Cambridge University Press.

[16] Culpeper, Jonathan, 1996. Towards an anatomy of impoliteness. Journal of Pragmatics, 25(3): 349–367.

[17] Culpeper, Jonathan, 2005. Impoliteness and entertainment in the television quiz show: The Weakest Link. Journal of Politeness Research, 1(1): 35-72.

[18] Culpeper, J., 2009. The metalanguage of IMPOLITENESS: Explorations in the Oxford English Corpus. In P. Baker (ed.), Contemporary Corpus Linguistics. Continuum: London: 64-86.

[19] Culpeper, Jonathan, 2011a. Impoliteness: Using Language to Cause

Offence. Cambridge: Cambridge University Press.

[20] Culpeper, Jonathan, 2011b. Politeness and impoliteness. In Karin Aijmer and Gisle Andersen (eds.) Handbooks of Pragmatics. Berlin: Mouton de Gruyter, (5): 391-436.

[21] Culpeper, Jonathan, Derek Bousfield & Anne Wichmann, 2003. Impoliteness revisited: With special reference to dynamic and prosodic aspects. Journal of Pragmatics, 35(10-11): 1545-1579.

[22] Culpeper, Jonathan, Leyla Marti, Meilan Mei, Minna Nevala & Gila Schauer, 2010. Cross-cultural variation in the perception of impoliteness: A study of impoliteness events reported by students in England, China, Finland, Germany and Turkey. Intercultural Pragmatics, 7(4): 597-624.

[23] Dews, Shelly, Joan Kaplan and Ellen Winner, 1995. Why not say it directly? The social functions of irony. Discourse Processes, 19(3): 347-367.

[24] Dress, Megan L., Roger J. Kreuz, Kristen E. Link & Gina M. Caucci, 2008. Regional variation in the use of sarcasm. Journal of Language and Social Psychology, 27(1): 71.

[25] Ducharme, Lori J., 1994. Sarcasm and interactional politics. Symbolic interaction, 17(1): 51-62.

[26] Dynel, Marta, 2009. Humorous Garden-paths: A pragmatic-cognitive study. Newcastle: Cambridge Scholars Publishing.

[27] Dynel, Marta, 2013. Irony from a neo-Gricean perspective: On untruthfulness and evaluative implicature. Intercultural Pragmatics, 10(3): 403–431.

[28] Dynel, M., 2014. Isn't it ironic? Defining the scope of humorous irony. Humor, 27(4): 619–639.

[29] Dynel, Marta, 2016. Conceptualizing conversational humour as (im) politeness: The case of film talk. Journal of Politeness Research, 12(1): 117–147.

[30] Eelen, Gino, 2001. A Critique of Politeness Theories. Manchester: St

Jermome Publishing.

[31] Else, David, 2008. England (Lonely Planet Country Guides). (5th Revised edition). Lonely Planet Publications.

[32] Else, David, 2009. Inghilterra (Lonely Planet Country Guides). (5th Revised edition). Turin: EDT srl.

[33] Fox, Kate, 2005. Watching the English: the hidden rules of English behaviour. London: Hodder Stoughton.

[34] Geyer, Naoni, 2010. Teasing and ambivalent face in Japanese multi-party discourse. Journal of Pragmatics, 42(8): 2120-2130.

[35] Gibbs, Raymond W., 2000. Irony in talk among friends. Metaphor & Symbol, 15(1&2): 5-27.

[36] Grainger, Karen, Zainab Kerkam, Fathia Mansor, and Sara Mills, 2015. Offering and hospitality in Arabic and English. Journal of Politeness Research: Language, Behavior, Culture, 11 (1): 41-70.

[37] Grice, H. Paul, 1975. Logic and conversation. In Cole, P. and J. Morgan (eds.), Syntax and Semantics. Vol 3, Speech Acts. New York: Academic Press: 41-58.

[38] Haiman, John, 1998. Talk is Cheap: Sarcasm, Alienation and the Evolution of Language. New York: Oxford University Press.

[39] Haugh, M., 2007. The discursive challenge to politeness research: An interactional alternative. Journal of Politeness Research, 3(2): 295–317.

[40] Haugh, Michael, 2010. Jocular mockery, (dis)affiliation, and face. Journal of Pragmatics, 42(8): 2106-2119.

[41] Haugh, Michael, 2012. Epilogue: The first-order distinction in face and politeness research. Journal of Politeness Research: 8(1), 111-134.

[42] Haugh, Michael, & Derek Bousfield, 2012. Mock impoliteness, jocular mockery and jocular abuse in Australian and British English. Journal of Pragmatics, 44(9): 1099–1114.

[43] Jakubíček, Milos, Adam Kilgarriff, Vojtěch Kovář, Pavel Rychlý & Vit Suchomel, 2013. The TenTen Corpus Family. Paper presented at Corpus

Linguistics Conference July 2013, Lancaster.

［44］Jaworski, Adam, Nikolas Coupland & Dariusz Galasiński, 2004. Metalanguage: why now? In Jaworski, Adam, Nikolas Coupland & Dariusz Galasiński (eds.) Metalanguage: Social and Ideological Perspectives. Berlin: Mouton de Gruyter: 3-10.

［45］Jucker, A. H., I. Taavitsainen & G. Schneider, 2012. Semantic corpus trawling: Expressions of 'courtesy' and 'politeness' in the Helsinki Corpus. In C. Suhr & I.Taavitsainen (eds.), Developing Corpus Methodology for Historical Pragmatics (Studies in Variation, Contacts and Change in English 11) (online). Helsinki: Research Unit for Variation, Contacts and Change in English, http://www.helsinki.fi/varieng/journal/volumes/11/jucker_taavitsai nen_schneider/. (2012). [Last accessed: 2 May 2014].

［46］Kaul de Marlangeon, Silvia, 2008. Tipología del comportamiento verbal descortés en español. Actas del Ⅲ Coloquio del Programa EDICE. Cortesíay conversación: de lo escrito a lo oral. Valencia/Stockholm: Departamento de Filología Española, Universidad de Valencia: 254-266.

［47］Kaul de Marlangeon, Silvia & Laura Alba-Juez, 2012. A typology of verbal impoliteness behavior for the English and Spanish cultures. Revista Española de Lingüística Aplicada, 25: 69–92.

［48］Kilgarriff, Adam, Pavel Rychly, Pavel Smrz and David Tugwell, 2004. The Sketch Engine. Proceedings of EURALEX 2004, Lorient, France: 105-116.

［49］Koestler, A., 1964. The Act of Creation. London: Hutchinson.

［50］Leech, Geoffrey, 1983. The Principles of Pragmatics. London & New York: Longman.

［51］Leech, Geoffrey, 2014. The Pragmatics of Politeness. Oxford: OUP.

［52］Lee, Christopher J. & Albert N. Katz, 1998. The differential role of ridicule in sarcasm and irony. Metaphor and Symbol, 13(1): 1-15.

［53］Locher, Miriam A., 2011. Situated impoliteness: The interface between relational work and identity construction. In B. Davies, M. Haugh & A.J.

Merrison (eds.), Situated Politeness. London: Continuum: 187-208.

[54] Locher, Miriam A., Richard J. Watts, 2005. Politeness theory and relational work. Journal of Politeness Research, 1(1): 9-33.

[55] Maynard, Diana & Mark A. Greenwood, 2014. Who cares about Sarcastic Tweets? Investigating the Impact of Sarcasm on Sentiment Analysis. LREC, 4238-4243.

[56] Mey, J. L., 1991. Pragmatic Gardens and their Magic. Poetics, 20(1): 233–245.

[57] Mills, Sara, 2009. Impoliteness in a cultural context. Journal of Pragmatics 41(5): 1047-1060.

[58] Mills, Sara, 2011. Discursive approaches to politeness and impoliteness. In Linguistic Politeness Research Group (ed.), Discursive Approaches to Politeness. Berlin/Boston: Walter de Gruyter: 19-56.

[59] Nuolijarvi, P. & L. Tiitula, 2011. Irony in political television debates. Journal of Pragmatics, 43(2): 572–587.

[60] Ogiermann, Eva, 2009. On Apologising in Negative and Positive Politeness Cultures. Amsterdam: John Benjamins.

[61] Partington, Alan, 2007. Irony and reversal of evaluation. Journal of Pragmatics, 39(9): 1547-1569.

[62] Partington, Alan, Alison Duguid & Charlotte Taylor, 2013. Patterns and meanings in discourse: Corpus-assisted case studies. Amsterdam: John Benjamins.

[63] Polesana, Maria A., 2005. La pubblicita' intelligente l' uso dell' ironia in pubblicità. Milan: Franco Angeli.

[64] Rockwell, Patricia and Evelyn M. Theriot, 2001. Culture, gender, and gender mix in encoders of sarcasm: A self-assessment analysis. Communication Research Reports, 18(1): 44-52.

[65] Rychly, Pavel, 2008. A Lexicographer-Friendly Association Score. In P. Sojka & Horák A. prvni(eds.), Proc. 2nd Workshop on Recent Advances in Slavonic Natural Languages Processing, RASLAN (2008). Brno : Masaryk

University.

[66] Saraceni, Mario, 2010. The relocation of English: Shifting paradigms in a global era. Basingstoke: Palgrave Macmillan.

[67] Severgnini, Beppe, 2007. La Bella Figura: An insider's guide to the Italian mind. London: Hodder Stoughton.

[68] Sifianou, M., 1992. The use of diminutives in expressing politeness: Modern Greek versus English. Journal of pragmatics, 17(2): 155–173.

[69] Spencer-Oatey, Helen, 2000. Rapport management: A framework for analysis. In H. Spencer-Oatey (ed.), Culturally speaking: Managing rapport through talk across cultures. London & New York: Continuum: 11-46.

[70] Spencer-Oatey, Helen, 2002. Managing rapport in talk: Using rapport sensitive incidents to explore the motivational concerns underlying the management of relations. Journal of Pragmatics, 34(5): 529-545.

[71] Spencer-Oatey, Helen, 2008. Face, (im) politeness and rapport. In H. Spencer-Oatey (ed.), Culturally speaking: culture, communication and politeness theory. London: Continuum International Publishing Group: 11-47.

[72] Taylor, Charlotte, 2012. Negative politeness features and impoliteness functions: A corpus-assisted approach. Davies, B., A. Merrison and M. Haugh (eds.). Situated Politeness. Continuum.

[73] Taylor, Charlotte, 2013. Searching for similarity using corpus-assisted discourse studies. Corpora, 8(1): 81-113.

[74] Taylor, Charlotte, 2015. Beyond sarcasm: The metalanguage and structures of mock politeness. Journal of Pragmatics, (87): 127-141.

[75] Taylor, Charlotte, 2016. Causing offence through im/politeness mismatch: A corpus-assisted metalanguage analysis of British English and Italian. Amsterdam & Philadelphia: Pragmatics and Beyond Series, John Benjamins.

[76] Toplak, Maggie and Albert Katz, 2000. On the uses of sarcastic irony. Journal of Pragmatics, 32(10): 1467-1488.

[77] Utsumi, Akira, 2000. Verbal irony as implicit display of ironic environment: Distinguishing ironic utterances from nonirony. Journal of Pragmatics, 32(12): 1777-1806.

[78] Waters, S., 2012. "It's rude to VP": The cultural semantics of rudeness. Journal of Pragmatics, 44(9): 1051–1062.

[79] Yu, Changrong, 2013. Two interactional functions of self-mockery in everyday English conversations: A multimodal analysis. Journal of Pragmatics, 50(1): 1-22.

作者简介

Charlotte Taylor是苏塞克斯大学（the University of Sussex）英语语言与语言学讲师。她主要研究兴趣包括言语冒犯，特别是语言不礼貌和缓和话语两个领域。著作有《英语和意大利语虚假礼貌研究》（*Mock Politeness in English and Italian*）（Benjamins，2016），合著《话语模式与意义：基于语料库话语研究的理论与实践》（*Patterns and Meanings in Discourse: Theory and practice in corpus-assisted discourse studies*）（Benjamins，2013）。

权力不对称情形下请求言语行为的礼貌研究
——以韩/美两国企业员工电子邮件为例

Sun H K, Lee H, 2017. Politeness in power-asymmetrical e-mail requests of Korean and American corporate employees[J]. Intercultural Pragmatics, 14(2):207-238.

摘　要： 以往关于礼貌原则的研究倾向于考察非母语人士语用知识（pragmatic knowledge）的不足。在这项研究中，我们拓展了研究关注点。通过分析韩国和美国公司员工在模拟职场（simulated workplace）发出的请求类电子邮件（e-mail requests），研究不同语言文化价值观（lingua-cultural values）对礼貌行为的影响。本研究通过探索对权力不对称（power-asymmetry）的不同感知，考察在英语请求言语行为中如何以及为何以相似和/或不同的方式实现礼貌策略。通过对所得的语料作定量和定性分析，结果表明在权力不对称的情况下，语言文化价值观影响人们对礼貌行为的感知和语言的输出。调查结果显示，对于韩国员工来说，权力是一个比熟悉程度（familiarity）更为重要的因素，但对于在请求类电子邮件中礼貌行事的美国员工来说，这一因素的影响要小一些。结果表明，不仅韩国员工和美国员工提出请求的根本原因不同，而且由于跨文化经验丰富程度的不同，两个韩国员工群体（Korean employee groups）提出请求的根本原因也不同。本研究认为表达与权力相关的礼貌行为的语用策略是具有文化特殊性（culture specific）的，随着现有及新近重构的语言文化价值观而发挥作用。该发现将促进跨文化语用学（intercultural pragmatics）和跨文化交际学（intercultural communication）的最新研究。

关键词： 礼貌，权力不对称，职场请求类电子邮件，语言文化价值观，跨文化交际

1. 引言

  以往的研究侧重于比较英语母语者和非英语母语者的语用知识，导致人们认定理想化的英语母语者语用知识高于典型的非英语母语者，并将后者贴上语用能力不足（inadequate pragmatic competence）的标签（参见Economidou-Kogetsidis，2011；Hartford & Bardovi-Harlig，1996；Hendriks，2010；Maier，1992）。先入为主地关注非母语人士的语言和语用失误（pragmatic failures）并将他们视为纯粹的有缺陷的交际者（defective communicator），导致许多研究未能解释清楚英语在跨文化交际中的使用（Firth & Wagner，1997，2007）。需要认识到的是，英语是一种普遍语言，它使不同的文化价值观的英语母语人士和非英语母语人士能够在公平的基础上（on an equitable basis）进行交流（Louhiala-Salminen et al.，2005；Nickerson，2005；Rogerson-Revell，2007）。

  在当今的跨文化职场中，除了要求具有不同语言文化价值观的人们具备动手能力、技术/职业能力（hands-on, technical/occupational abilities）外，还需要培养基于跨主体性（intersubjectivity）和跨文化性（interculturality）的人际交往能力（Ho，2011；Spencer-Oatey & Xing，2003）。其中一个基本技能是礼貌待人（doing politeness），相互尊重（Holmes & Stubbe，2015）。人们相互交流不仅仅是为了做事，而且是通过维护彼此的面子来（重新）建立和协商彼此的人际关系（Goffman，1967）。成功的交流互动主要是通过礼貌来实现的（Brown & Levinson，1987；Lakoff，1973；Leech，1983；Márquez Reiter，2009）。

  有一些潜在的普遍因素（universal factors）使得礼貌行为不可或缺。然而，实证研究再次确认了礼貌概念和策略因文化而有所差异（Marti，2006；Matsumto，1988；Ogiermann，2009；Sifianou，1992；Wierzbicka，1985）。Gu（1990：256）认为"礼貌行为具有文化独特性和语言独特性"。也就是说，每种语言都有自己的"礼貌默认值（politeness default values）"（Escandell-Vidal，1996：643）。文化差异影响言语行为的内在结构，而社会意义依附于这些形式。当来自不同语言文化价值观的人们接触时，他们代表着反映自己文化经验（cultural experience）的独特的文化价值观（Kecskes，2004，2011），这反过来可能会导致误解（misunderstanding）和沟通障碍（miscommunication）。随着跨国经营公司的增多，跨文化交流对于很多员工来说已经是家常便饭。因此，通过语言传递礼貌的方式来理解文化差异已经成为跨文化能力（intercultural competence）的重要组成部分。

除了礼貌之外，很多研究也关注权力，因为权力也是由文化塑造的（Torelli & Shavitt，2010）。虽然Brown和Levinson（1987）认为在他们的准则中，权力是他们确定礼貌程度的关键因素（a crucial factor），但在大多数情况下，职场环境中的权力概念（Harris，2003；Holmes & Stubbe，2015；Pufahl Bax，1986；Vine，2004）提供了另一种礼貌观，因为职场本身就包含了固有的（built-in）权力不对称（Harris，2007）。在影响语言行为的因素中，权力经常被发现对言语行为的使用方式有不同的影响（Fairclough，2015），需要表现出一定程度的礼貌。

言语行为涉及礼貌的一个主要研究方面是如何实现请求，因为请求本身就具固有的面子威胁性，尤其是存在权力差异（power differences）时。最近，由于人们利用电子邮件以得到官方支持（for official favors）（Bovée & Thill，2014；Yates，2010），这类请求作为一种专业传播媒介（professional communication medium）而受到重视。然而，很少有人特别研究电子邮件请求中的礼貌问题，以调查跨文化职场交际（intercultural workplace communication）中的权力差异。为此，本研究探讨不同文化对权力的感知及对职场中请求类电子邮件表达礼貌产生的影响，邮件为美国和韩国企业员工所写，关注特点有所不同。

2. 背景

2.1 职场请求言语行为中的权力和礼貌

众所周知，权力对职场交流会产生影响，导致不同程度的礼貌投入。虽然权力只是影响语言输出（linguistic output）的众多因素之一，但Leech（1983）和Bilbow（1995）认为权力是相对稳定的，实际上也是表达礼貌行为的一个固定因素。职场话语研究也报道了权力差异的感知影响说话人在表达礼貌时的策略选择（Holmes & Stubbe，2015；Pan，1995）。

例如，Bargiela-Chiappini和Harris（1996）发现的证据表明：在商务信函中提出请求（formulating requests）时，权力会影响礼貌策略的选择。这个发现也支持在权力差异的背景下使用请求的补救形式（redressive forms）。Pilegaard（1997）分析了有关请求的补救策略并得出结论：在发出请求时，拥有较小权力的人使用更多的礼貌策略。与此类似，Holmes和Stubbe（2015）也发现，当向上司（superiors）提出要求时，虽然下属（subordinates）的工作依赖于上司的配合，但他们依然会大量使用礼貌。

虽然人们已经认识到权力不对称是影响礼貌使用程度的一个因素，同时研究也揭示了即便是拥有权力的说话人也会使用礼貌策略来培养和维持与下属的和谐关系（Pufahl Bax，1986）。例如：Harris（2003）论证了有权力的说话者大量使用间接形式。在这种情况下，广泛地使用了补救形式和礼貌策略是对语言的人际成分进行编码的一种强有力的手段。Vine（2004）的研究中也有类似的发现，共同努力和合作比施加权力更有效。虽然上司可能拥有合法的控制权（power of control）和监管权（power of regulation），但推崇鼓励下属成为自主、自律的个体的做法，也导致了上司降低要求。

除了这些研究外，其他研究还探索了在以英语为中心（Anglo-centricity）的权力不对称请求中母语和非母语人士的礼貌策略的不同。Maier（1992）发现以英语为母语的员工会更广泛地使用礼貌策略，而非母语员工（non-native speakers）则使用更直接和非正式的方式对待上司（higher-ups），Maier认为后者的做法是不太恰当的。同样，Bilbow（1995）对跨文化商务会议（intercultural business meetings）中请求策略（request strategies）的分析结果表明，非母语人士的请求与母语人士的请求相比直接得多（at the upper end of the directness scale）。此外，香港员工更容易受到权力差异的影响而使用礼貌策略，而西方人更多地受到文化价值观的影响。

随着越来越多职场机构内部和职场机构之间将英语作为官方语言（official language），最近的研究也更多地关注到非英语母语者在职场是如何提出请求的。例如，Kong（2006）观察香港企业员工的职位在撰写内部电子请求邮件时是如何影响他们的英语使用的。这里，下属们使用更多间接的请求形式，也比上司写邮件时提供了更多的正当理由。然而，本研究也强调了上司表达礼貌行为的重要性。上司利用支持行为（supportive moves）以及外部修饰词（external modifiers）缓和和/或支持请求的语力（force）。①在运用直接策略行使权力（exercising power）、进行控制的同时，上司们也与下属进行"关系的语用协商"（Kong，2006：93）。Kong指出，由于意识到权力差异，礼貌策略和使用的基础工作（groundwork）类型也不同。

2.2 韩国的权力和礼貌

由于韩国企业（Korean corporations）在世界经济中的重要地位（formidable roles），它们比以往任何时候都需要更充分地融入全球商业网络。虽然韩国已经高度西化，但儒家思想（Confucianism）依然深深地扎根于社会。在韩国职场中占主导地位的一个儒家价值观（Confucian value）是"脸面（cheymyen）"这个概念。这是韩国社会学中最常用的一个术语，用来表示在他人眼中自己的脸面或自我形象。韩国人十分重视脸面，并把它与自己的社会地位相挂钩。他们通过交流来保护自己和他人的脸面（Lim & Choi，1996）。根据Hofstede（2001）的研究，韩国是一个权利距离指数（power-distance index）相对较高的国家。换句话说，韩国人对等级制度固有的不对称（inherent asymmetry）很敏感并意识到这种不对称，接受权力分布不均的现实（Jung，2005）。强调相对权力和社会等级的不平等，在锚定和尊重韩国权威人物（authority figures）方面起着重要作用（Hwang，1990；Kang，2003）。这些特征在韩国企业文化（corporate culture）中尤其根深蒂固（Jung，2009）。

此外，对言语行为的研究也显示了权力差异是韩国人提出礼貌请求时影响其语言行为的重要因素。Jung（2005）证实了传统的间接性用语如"如果……我会很感谢的（-myen kamsa –ha-key- sssupap –ni-ta）"这

---

① 与支持行为有关的后续术语的定义，采纳了Blum-Kulka等（1989）的定义，并在表3指定。

类短语盛行，这给听话人予选择余地。当人们想要减轻拥有较多权力的听话人的负担时，他们会用一些缓和手段（mitigating devices）。Byon（2004）的研究表明，韩国人和美国人都倾向于预先询问听话人的意愿和可行性（availability）。例如"即使我……也没问题吗？（Hay-to toy-l kka-yo?）"和"可以把……借给我吗？（Pillye cwu-sil swu iss-keyss-sup-ni-kka）"。在韩国，间接表达（indirectness）似乎被认为更有礼貌，因为韩国人倾向于对拥有较多权力的人使用更多的间接表达，而对拥有较少权力的人则使用直接表达（Sohn，1999）。

然而，也有其他研究认为间接表达与礼貌并非总是相关的。在Byon（2004）提供的案例中，人们更常用礼貌的直接请求而不是用模糊语（hedges）来弱化请求。Lee（Byon, 2004）还指出，请求形式可以既是直接的但同时也是礼貌的。Byon（2006）进一步阐述了在韩语中礼貌性和间接性两者之间没有直接联系。Yu（2004）也提出了类似的观点，就语用清晰度而言，明确提出请求比含蓄提出请求更有礼貌。Yu（2011）还引用证据表明，尽管韩国人的请求是直接的，但却是礼貌的，而那些间接请求实际上是不礼貌的。她认为在韩国，间接性与礼貌无关。她指出，许多情况下，在韩国被认为是传统的礼貌形式在英国并非如此。

尽管有许多研究报告称，礼貌在拟制方式上存在差异，但很少有人关注具有不同语言文化工作经验的韩国企业员工是如何用英语提出请求的。因此，本研究主要探讨在跨文化职场电子邮件沟通中，韩国人如何对处于不同等级权力（different hierarchical power）的人提出请求，以及是什么促使他们以这样的方式提出请求。本研究不是消极地将韩国人评价为仅仅是非母语的英语使用者并视其为"亚洲人"（参见Ly，2016），而是通过仔细比较韩国和美国企业员工的模拟电子邮件，在考虑熟悉程度的情况下，调查以同样方式和/或以不同方式实现请求的方式和原因。①本研究围绕以下问题展开：

---

① 本研究采用模拟数据以对应真实数据，目的在于探讨具体的礼貌语言使用。因此，为了使数据之间的比较更为合理，我们控制了语境因素（Bargiela-Chiappini et al., 2013）。真实电子邮件的所有权也是我们无法使用真实数据的一个问题。

（1）不同的语言文化价值观如何影响企业员工对权力不对称情境的感知？

（2）就权力影响语言选择而言，不同的语言文化价值观是如何影响请求信中的语言选择的？

（3）就权力影响支持行为而言，不同的语言文化价值观如何影响支持行为的选择？

3. 研究方法

3.1 参与人员

总共73个员工被分成三组：AE（美国员工），23人；KE1（工作中极少有写英文电子邮件经验的韩国员工），25人；和KE2（工作中经常写英文电子邮件的韩国员工），25人。所有参与者都在需要以电子邮件作为主要通信媒介的领域工作，都是通过方便抽样法（convenience sampling）和雪球抽样法（snowball sampling）选取的。平均年龄31.6岁，都在各自的组织中担任中级职位，并且在本研究进行时都已经获得学士和/或硕士学位，平均工作时间达7年。[①]AE小组所有成员都由居住在美国的以英语为母语的员工组成。两个KE小组成员都说他们以韩语为母语，在国外生活都不到一年。根据自报的托业成绩（TOEIC scores）（KE1平均分为896，KE2平均分为907），两组韩国员工英语水平相近，并且他们都认为自己的英语使用处于中级水平。[②]

3.2 语料采集与处理

本研究所使用的启发式研究工具是一个电子邮件话语完成任务（discourse completion task，DCT），由四个假设的职场情境组成，这些情境在权力和熟悉程度方面有所不同。这研究不仅提供简单的情景

---

① 研究参与者来自广告、营销、销售、人事和财务等各个领域。

② 其他标准化英语考试（如托福、雅思、TEPS）的分数也被报告，但根据可用的转换表（conversion shart）（http://www.teps.or.kr/infoboard/conversiontable）转换为托业成绩，以平衡分数。应该注意的是，所报告的测试不包括口语和写作部分。

描述，也提供了一个清晰的、内容丰富的DCT版本，其中包括假想的收件人的英语名字（Anglophone names），用来模拟情景。参与者可以在其中构建接近真实生活的请求来引出完整的、体现他们语用知识的全部技能（repertoires）（Billmyer & Varghese，200）。通过试点研究（pilot study），建立了包括四种情境下的指导、问题项和内容效度（validity）。①通过将试点研究参与者的反馈纳入DCT中，对情境和问题项进行修正和部分重构。当把DCT重新发给相同的参与者时，所有人似乎对情境的理解都有所增强，并按照预期做出了回答。表1总结了每种情境的描述（完整描述请见附录A）。

表1　DCT情境

情境	总结	语境因素
1.转队	向老板请求转移到别的团队	−权力，+熟悉
2.面试	请求人力资源经理给你第二次面试的机会	−权力，−熟悉
3.报告	让下属代替做演示报告	+权力，−熟悉
4.周末	要求下属周末加班	+权力，+熟悉

（注：-权利（-power）：发件人拥有较小的权力；+权利（+power）：发件人拥有较大的权力。）

为了调动参与者的感知，也为了提高他们对植入式语境因素（the embedded contextual factors）（即权力和熟悉程度）的意识程度，每一种情境提供了两个五分制问题（five-point rating questions）。然后，参与者被要求使用自己的办公电脑模拟真实生活场景编写一份请求类电子邮件。在向参与者分发问卷之前，研究者先通过电话指导参与者填写问卷，然后通过邮件进行指导。

3.3 语料分析

在本研究中，由于权力维度被认为是礼貌分析的重要工具，我们重点关注权力感知如何影响参与者的语言输出（production）。由于职场电子邮

---

① 为评估研究工具的恰当性（adequacy）和可行性（feasibility），我们进行了一项小规模的试点研究。6名受试者（三组中每组两名受试者，背景相似）参加了本试点研究，但未参与主要研究。

件请求可能比礼貌的口头请求更具特质特征（idiosyncratic features），因此在初始阶段（the preliminary stage），我们试图让所获得的语料在没有预先确定类别的情况下能指导我们的分析。根据Blum-Kulka（1987）和Trosborg（1995）的研究结果，仔细和反复审查（reiterative review）数据使其产生不同的类别分布结果。我们特别选取了这两项研究，是因为它们被广泛引用，并且在直接程度上也显示出平衡。虽然大多数研究使用现有的编码方案（coding schemes），但通常会根据所收集数据的性质进行修改（参见Economidou-Kogetsidis，2010，2011；Trosborg，1995）。不像之前的请求研究中，随意使用降级表达（downgrades），也就是通过句法/词汇/短语内部修饰语使请求变得温和（如could, please, was wondering if等）；在许多情况下，降级表达与中心行为语（head acts）这一基本的请求单位紧密相连，而且往往出现在公式化表达式（formulaic expressions）中。Song（2005）认为，社交公式化表达多多少少是以固定的形式出现的。因此，将不可分割的降级表达融合到现有的编码方案中，形成表2所示的直接程度和请求策略的选定。

根据编码方案对请求行为进行分类。第一作者对语料进行了初步编码和二次编码，使内测信度（intra-rater reliability）达到了97%。然后由第二作者再建立内测信度，第二作者编码了每个语料集的20%。每个语料集的一致性百分比接近95%。通过与第三人讨论解决不一致之处（disagreements）。计算出发生频率的总和，并把每个策略转换成百分比。①

---

① 这项研究试图根据相关文献将请求付诸实施。由于电子邮件请求不同于口头请求，在某些情况下发生了两次以上的请求；因此，只计算了明确的请求（Blum-Kulka et al., 1989）。

表2　直接性和请求策略

层级	请求策略	例子
直接（direct）	情绪衍生（Mood Derivable, MD）	Give me your file.
	义务声明（Obligation Statement, OS）	You have to/must/ought to....
	显性施为句（Explicit Performatives, ExP）	I ask/request you to...
	需求陈述（Wand Statement, WS）	I want you to...
规约性间接（conventionally direct）	模糊表现（Hedged Performance, HP）	I would like to ask you to...
	表达希望和渴望的表述（Wish and Desire Statement, WDS）	I hope...
	简单预备（Simple Preparatory, SP）	Can you...?
	植入性预备（Embedded Preparatory, EmP）	I was wondering if you could...
暗示（hint）	暗示（Hints, H）	I tried to find your file.

　　附录B提供了原始数字（raw number）。关于语法错误，作者先单独判断后又集体检查话语的语法表达（grammaticality），直到达成共识：没有重大的结构错误导致电子邮件中总体请求行为的意义模糊。

　　此外，为了了解每一组人员提出请求的方式是否存在明显的差异，我们也考察了修辞策略以及在提出请求之前（归纳）或请求之后（演绎）提出的理由。在揭示权力是如何发挥作用方面，使用任何一种策略都被认为是一项与请求本身同样重要的指标（indicator）。表3呈现的是每一种支持行为的操作定义。附录C和D分别提供了每种情境下可操作的称呼语和支持行为。

　　首先进行卡方检验（Chi-square tests），以确定每个请求或实现的支持行为的频率是否有显著差异，以及在四种情境下它们各自与语言文化价值观之间的关联。我们进一步进行了事后测试（post hoc tests），并进行了影响大小测量，以确定这三个组中的哪一组存在显著差异。

4. 结果

　　本节呈现每个研究问题的结果，即参与者的语言文化价值观如何影响他们（1）感知，（2）提出请求时的语言选择以及（3）在权力不对等的情况下采取的支持行为。结果用统计值定量显示，并摘录每一组参与者的对话进行定性分析。

表3 支持行为

类型	解释（案例）
称呼语（Address term）	说话人使用一个词或名字来称呼听话人 Thomas, Mr. Stevens, Thomas Stevens
暗示预备语（Hint preparator）	提出请求之前，说话人先做出预请求以暗示接下来的请求会是什么类型 I've been interested in Marketing for quite some time（暗示预备语）+请求
消除戒备语（Disarmer）	试图消除任何潜在的反对意见 I hate to bother you but ..., I am sorry to interrupt you but...
甜蜜话语（Sweetener）	发件人用赞扬/奉承/鼓励来赞美收件人，使收件人心情愉悦 I can't think of a better person than you to...
发誓/承诺（Promise/Commitment）	为了增加收件人遵守的可能性，发件人承诺完成请求行为后将履行的事务 I guarantee that...
支持（Support）	发件人坦言要提供支持和帮助 Let's regroup later today and discuss how we can tackle this in the most efficient manner possible.
（找）依据（Grounder）	发件人给出请求的理由、解释或正当性 Because of some unforeseen events, I was unable to make the interview.

4.1 对权力不对称的感知

本研究中，在权力不对称情境下，各群体的感知不同。在情境1和2中发现了统计显著性（statistical significance），其中嵌入了[-权力]因子，这意味着发件人权力小于收件人。在情境1中，向老板请求转到别的团队，参与者在熟悉程度分布上有着显著差异，χ^2（6，$N = 73$）$= 22.68$，$p < 0.001$。虽然AE组中78.3%的人认为发件人和收件人之间很熟悉，但KE组（KE1：44%，KE2：46%）觉得这种熟悉程度相当低，尽管[+熟悉]因素在该情境中明确地显示出来。另一个显著差异来自各小组对情境2的权力评估，向人力资源经理（HR）请求第二次面试，χ^2（6，$N = 73$）$= 9.54$，$p < 0.001$。根

据感知评定量表（the perception rating scale），相比较AE（17.4%）而言，两个KE组（KE1：56%，KE2：56%）评估认为，发件人相对于收件人具有较小的权力。

在嵌入了[+权力]因素的情境3"让下属代替做陈述报告"和情境4"要求下属在周末加班"未发现这种差异。在嵌入[-权力]的情境中发现了统计差异，这为探索可能的权力证据提供了一个起点，这是在拟制电子邮件提出请求时确定礼貌策略的重要因素。

4.2 请求策略

4.2.1 [-权力]情境

在[-权力]情境下，当被要求使用不同的请求策略向上司发送请求时，所有三个群体都偏好归纳法（an inductive approach）。统计结果显示，情境1中三组采用的请求程度各不相同，χ^2（14，$N = 112$）= 56.29，$p <0.001$。在AE中，92.9%采用间接请求策略，几乎是KE组使用量的两倍（KE1：47.4%，KE2：47.8%）。

卡方检验表明，语言文化价值观与KE组对需求陈述（WS）的使用之间的关系是显著的，χ^2（2，$N = 112$）= 11.70，$p <0.01$。虽然AE中没有人使用需求陈述策略，但是34.2%的KE1和28.3%的KE2采用了该策略，如表4所示。

表4　情境1中语言文化价值观与请求策略之间的关联

请求（策略）	组别	AE	KE1	KE2
需求陈述(WS)	AE(n=28)	—		
	0 (0 %)			
	KE1(n=38)	11.39***		
	13(34.2 %)	(V= 0.43)		
	KE2 (n=46)	9.6.***	0.35	—
	13(28.3 %)	(V=0.36)	(V=0.06)	
嵌入式预备（EmP）	AE(n=28)	—		
	14(50 %)			
	KE1(n=38)	14.95.****	—	
	3(7.9 %)	(V= 0.48)		
	KE2 (n=46)	18.59****	0.059	
	3(6.5 %)	(V=0.50)	(V=0.27)	

（注：n =在情境1中实现请求策略的数量，*** $p <0.005$。**** $p <0.001$。）

统计结果表明两个KE组在需求陈述方面表现相似（ $p = 0.56$ ）。AE-KE1和AE-KE2的Phi值①分别为 $V = 0.43$ 和 $V = 0.36$ ，表明语言文化价值观差异对需求陈述策略的使用具有中等程度的影响。该结果表明，与AE不同，KE组偏好需求陈述策略，如以下摘录中所示。②

(1) *I want to* have an opportunity to experience marketing. (KE1 #2)

(2) *I want to* move to the marketing team. (KE1 #9, KE2 #8)

(3) *I want to* transfer to marketing team. (KE2 #04)

在KE组使用嵌入式预备（EmP）形式中也发现了显著的关系，χ^2（4，$N = 112$）= 26.32，$p < 0.001$。虽然50%的AE使用了嵌入式预备策略，但KE组（KE1：7.9%，KE2：6.5%）几乎没有使用这种策略。根据表4所示，KE组集体表现与AE不同，表明AE-KE1和AE-KE2的语言文化价值观差异影响了嵌入式预备策略的使用。如以下摘录所示，AE对嵌入式预备策略的依赖远远超过KE组。

(4) *I was wondering if you would* mind transferring me over. (AE#04)

(5) *I would appreciate if you could* put in a good word for me for a transfer. (AE #14)

在情境2中也观察到语言文化价值观与请求程度之间的显著关联，χ^2（12，$N = 104$）= 39.57，$p < 0.001$。虽然AE有87.5%倾向于使用间接形式的请求，但KE1有42%、KE2有58.3%使用间接策略。

表5显示KE1，而不是AE，更可能使用情绪衍生（MD）策略，χ^2（1，$N = 68$）= 8.79，$p < 0.005$，这说明KE1的语言文化价值观与其使用MD具有中等程度的关系。然而，事后检验（post hoc tests）表明AE和KE2在MD表现上没有显著差异，$p = 0.063$。下面的摘录说明KE1通过使用*give me*表达

① 在跨制表位（cross-tabulations）中，0.10、0.30和0.50的Phi值表明，语言文化价值具有小、中、大的产出效应。

② 所有摘录均以原文形式呈现。语法或拼写错误未做修改。

式来支持MD。

(6) *Please **give me** a second chance for the interview.* (KE1 #01, KE1 #03, KE1 #05, KE1 #23)

(7) *Please **give me** an opportunity once again.* (KE1 #13)

表5　情境2中语言文化价值观与请求策略之间的关联

请求（策略）	组别	AE	KE1	KE2
情绪衍生（MD）	AE(n=32）	—		
	2(6.3%)			
	KE1(n=36)	8.79***	—	
	13(36 .1 %)	(V=0 .36)		
	KE2 (n =36)	3.45	1.68	—
	8(22.2 %)	(V= 0.23)	(V=0.15)	
需求陈述(WS)				
	AE(n=25)	—		
	0(0 %)			
	KE1(n=33)	6.94**	—	
	7(21.2%)	(V=0.32）		
	KE2 (n =36)	1.83	3.18	—
	2(5.6%)	(V=0.16)	(V=0.21)	
嵌入式预备（EmP）				
	AE(n=32)	—		
	(68.8%)			
	KE1(n=33)	16.84****	—	
	7(21.2%)	(V=0.5)		
	KE2 (n=36）	11.42***	0.693	—
	10(27.8 %)	(V=0.41)	(V=0.1)	

（注：n =情境2中实现请求策略的数量，** *p* <0.01。*** *p* <0.005。**** *p* <0.001。）

(8) *Please **give me** one more chance to have an interview.* (KE1 #18)

(9) *Please **give me** one more chance for the interview.* (KE1 #20)

在情境2中使用需求陈述（WS）也出现了统计学意义。偏好使用WS

策略的是KE1而不是AE，χ^2（1，$N = 68$）= 6.94，$p <0.001$。同样地，EmP策略的使用再次与该组的语言文化价值观有显著相关，χ^2（2，$N = 104$）= 19.79，$p <0.001$。该发现表明AE比KE组更可能使用EmP策略，如下所示。

(10) *I want another chance for an interview.* (KE1 #01, KE1 #03, KE1 #23)

(11) *I want to get a second chance for the interview.* (KE1 #16)

(12) *I really **want** this position and I want to show my eager please consider a second chance for the interview.* (KE2 #05)

(13) *I was wondering if you would allow me to a second chance for the interview.* (AE #04)

(14) *I would appreciate any response in respect to next steps, if any, for enabling me to work in the Sydney office.* (AE #23)

检查降级表达的使用为三组员工如何（非）直接表达提供了进一步的证据。在情境1中，降级表达数量不同，χ^2（12，$N = 114$）= 45.37，$p <0.001$。在AE中，44.8%结合了三个以上的降级表达，而只有0%的KE1和6.4%KE2这样做，表明在请求时使用了有限的缓和手段。在情境2中也发现了显著差异，χ^2（12，$N = 101$）= 49.6，$p <0.001$。虽然46.4%的AE依赖于三个以上的降级表达，但只有5.6%的KE1和8.1%的KE2使用此类表达。尽管两个KE组都在一定程度上采用了降级表达，但他们偏好于使用更直接的请求形式。

4.2.2 [+权力]情境

在[+权力]情境下，发件人地位高于收件人，仅在情境4中发现修辞策略有显著差异，χ^2（2，$N = 71$）= 7.07，$p <0.05$。AE（69.6%）和KE2（62.5%）偏好使用归纳策略，说明无显著差异，χ^2（2，$N = 47$）= 0.26，$p = 0.61$。然而，50%的KE1使用演绎法，其中16.7%的KE1提出请求而没有提供任何进一步的理由。就请求而言，只有4%的AE使用直接请求策略，而30.3%的KE1和23.5%的KE2在情境3中使用直接策略，χ^2（16，$N = 92$）= 33.85，$p <0.01$。

这些研究结果表明，在AE-KE1组，语言文化价值观与显性施为句

（ExP）的使用之间存在显著关系，如表6所示，χ^2（1，$N=58$）= 5.07，$p<0.05$；在AE-KE2组，χ^2（1，$N=59$）= 4.91，$p<0.05$。事后测试表明，语言文化价值观差异对ExP的产出具有中等程度的影响，表明AE不愿意使用ExP而KE组则在一定程度上喜欢使用ExP策略，如下文摘录所示。

(15) ***I ask you to*** present the marketing plan instead of me. (KE1 #2)

(16) ***I request you to*** *present for me in three days from now*. (KE1 #5, #10)

(17) ***I ask you to*** present to the executives. (KE2 #4)

表6 情境3中语言文化价值观与请求之间的关联

请求	组别	AE	KE1	KE2
显性施为句（ExP）	AE(n=25)	—		
	0(0 %)			
	KE1(n=33)	5.07*	—	
	6(18.2 %)	(V=0.3)		
	KE2 (n =34)	4.91*	0.003	—
	6(17.6 %)	(V=0.29)	(V= 0.01)	
嵌入式预备（EmP）				
	AE(n=25)	—		
	8(23 %)			
	KE1(n=33)	4.86*	—	
	3(9.1 %)	(V=0.29)		
	KE2 (n =34)	5.10*	0.003	—
	3(8.8%)	(V=0.29)	(V=0.01)	
简单预备（SP）				
	AE(n=25)	—		
	4(16 %)			
	KE1(n=33)	5.60*	—	
	15(45.5 %)	(V=0.31)		
	KE2 (n =34)	0.92	2.63	—
	9(26.5%)	(V=0.13)	(V=0.2)	

（注：n =情境2中实现请求策略的数量，*$p<0.05$。）

(18) *... but I **should ask you to** present the marketing plan this time*. (KE2 #17)

(19) *So **I am asking you to** present instead of me.* (KE2 #21)

EmP的使用也具有统计学意义，χ^2（2，$N = 92$）$= 7.50$，$p < 0.05$。AE（32%）偏好使用EmP，而KE组（KE1：9.1%，KE2：8.8%）则使用有限，表现出对EmP语言输出的语言文化价值观差异具有中等程度的影响。尽管KE小组表现出对直接请求的偏好，但有些情况下，近一半的KE1使用简单预备（SP）形式急剧增加，使用"*Could you...?*"来表达对下属的要求，超过了KE2和AE，χ^2（2，$N = 92$）$= 6.23$，$p < 0.05$。见以下摘录：

(20) ***Could you** present next year's marketing plan in front of the executives*? (KE1 #01, KE #05)

(21) ***Could you** present next year's marketing plan?* (KE1 #03, KE1 #17)

(22) ***Could you** please cover my part of the presentation?* (KE1 #18)

(23) ***Could you** present instead of me?* (KE1 #20)

尽管所有小组似乎都偏好使用直接请求策略，却在情境4中并未显示出显著差异（$p = 0.17$），而在使用ExP时出现了差异。

表7说明虽然AE（3%）很少使用ExP，但KE1（20%）却在一定程度上使用该策略，这产生了统计学的显著性（$p < 0.05$）。语言文化价值观差异可能影响ExP的使用，表明这些价值观与语言输出有着适度的关系，它们之间的关联如下面的摘录所示。

表7 情境4中语言文化价值观与请求策略之间的关联

请求	组别	AE	KE1	KE2
显性施为句（ExP）	AE (n=33)	-		
	1(3%)			
	KE1 (n=45)	4.75*	-	
	9(20%)	（V=0.25）		
	KE2(n=35)	3.66	0.08	-
	6(17.1%)	（V=0.23）	(V=0.03)	

（注：n =情境2中实现请求的数量，* $p < 0.05$。）

(24) *I ask you work overtime during this weekend.* (KE1 #2)

(25) *So I ask everyone to work during the weekend.* (KE1 #5)

(26) *I ask you to work during the weekend.* (KE #10, KE2 #12)

(27) *I ask you guys to work overtime during the weekend.* (KE2 #14)

此外，在情境3中降级表达的使用存在显著差异，χ^2（4，$N = 112$）= 19.21，$p <0.001$。虽然96.4%的AE在提出请求时使用了两个或更多的降级表达，但50%的KE组仅使用一次降级表达。然而，在情境4中没有发现这种差异（$p = 0.17$）。

4.3 支持行为

4.3.1 [-权力]情境

参与者展示了在[-权力]情境下支持行为的灵活使用（variable use）。对于一些称呼语，情境1中在使用上司名字方面存在着显著差异，χ^2（2，$N = 73$）= 22.91，$p <0.001$。AE组多数人（78.3%）称呼上司的名字Andrew（安德鲁），KE1则使用Mr. Hunt（亨特先生）或Andrew Hunt（安德鲁·亨特），而KE2采用了AE和KE1所使用的称呼语的混合模式。事后测试表明，语言文化价值观差异对名字的选择使用具有很大影响，AE-KE1（$V = 0.67$），AE-KE2（$V = 0.46$）。

在情境2中，使用"先生+姓氏"这种称呼有显著差异，χ^2（2，$N = 71$）= 13.76，$p <0.005$。KE1只有25%员工称呼上司为Mr. Turner（特纳先生），而AE有52.2%员工、KE2有45.8%员工使用了这样的称呼语。语言文化价值观差异极大地影响了*Mr. Turner*这个称呼语的使用，AE-KE1（$V = 0.49$），KE1-KE2（$V = 0.42$）。KE组偏好（KE1：45.8%，KE2：25%）使用上司的全名Brian Turner（布莱恩·特纳）也存在很大差异，而AE组没人使用此称呼，χ^2（2，$N = 71$）= 13.57，$p <0.005$。这种显著性源于AE-KE1（χ^2（1，$N = 47$）= 13.76，$p <0.005$）和AE-KE2（χ^2（1，$N = 47$）= 6.59，$p <0.05$），各自显示Phi值为0.54和0.37。

除了所有三个组都偏爱的（找）依据（grounder）之外，使用暗示预备语（HP）策略也存在显著差异，χ^2（2，$N=72$）$=6.41$，$p<0.05$。 在AE中，91.3%的员工使用HP，而KE1和KE2使用此策略者分别为66.7%和60%。事后测试显示，AE-KE1（$V=0.30$）和AE-KE2（$V=0.36$）有显著差异，均对语言产出有中等程度的影响。此外，三个小组在甜蜜话语（sweeteners）的使用方面也存在差异，χ^2（2，$N=72$）$=15.75$，$p<0.001$。82.6%的AE组员工在电子邮件中使用甜蜜话语，而KEI员工只有25%使用，KE2员工仅有56%使用。所有三组均有显著差异：AE-KE1（$V=0.58$），AE-KE2（$V=0.29$），KE1-KE2（$V=0.32$）。以下摘录揭示了在情境1中三组如何使用暗示预备语（HP）及甜蜜话语的。

(28) *Over the past 5 years I have learned so much and really enjoyed working with you* (sweetener), *however, after 5 years I feel that I am ready for something new* (hint preparator). (AE #03)

(29) *For the past five years, it has been a pleasure working with you as a team leader and I can't thank you enough for your understanding and support*(sweetener). *However, I believe it is time for me to move on to another team for different experience* (hint preparator). (AE #10)

(30) *We've been working together in the same team and the past five-year was a valuable experience for me that I could learn a lot from you* (sweetener). *I think now is the time that I can move to challenge something new* (hint preparator)... (KE1 #04)

(31) *Though I've had wonderful time with you in our team* (sweetener), *I feel it's time to move on to another stage* (hint preparator). (KE 2 #01)

(32) *It has been an honor to work with you and I really appreciate your guidance* (sweetener) *however, as years goes by I find myself that I want a challenge* (hint preparator). (KE2 #05)

在消除戒备语方面也存在着差异，χ^2（2，$N=72$）$=13.8$，$p<0.001$。有47.8%的AE组员工利用了这些策略，但KE组使用很有限（KE1：4.2%，KE2：16%），显示Phi值AE-KE1（$V=0.5$）和AE-KE2（$V=0.34$）。即使

在使用消除戒备语策略的KE组，也存在着差异，如下所示。

(33) *I have devoted my life to this team since I started here, but* now I feel the time has come for a change. (AE #05)

(34) *I know this might be a difficult decision for you but* could you please put in a good word for me? (AE #20)

(35) *I am sorry but*, I want to transfer to a marketing team. (KE1 #17)

(36) *I'm very sorry* say this to you by e-mail *but* I hope you understand my situation and take action for me. (KE2 #12)

在情境2中，在使用消除戒备语方面又一次出现差异。这个情境里，参与者不得不向上司请求再次面试，χ^2（2，$N = 71$）= 6.14，p <0.05。AE（39.1%）和KE2（25%）通过消除戒备语减轻请求的语力，而KE1只有8.3%依赖这种办法。事后测试结果显示，差异来自AE和KE1，χ^2（1，$N = 47$）= 6.22，p <0.05，这也表明使用消除戒备语具有中等程度的影响力（$V = 0.36$）。

在发誓/做出承诺以增加收件人顺从的可能性中也发现统计显著性，χ^2（2，$N = 71$）= 12.26，p <0.005。情境2中的相关表达在AE组出现56.5%，而在KE1组中仅出现12.5%，KE2组中出现20.8%。事后测试表明，这种统计显著性来自AE-KE1（$V = 0.46$）和AE-KE2（$V = 0.37$）。以下摘录，产出中的差异更加明显（more pronounced）。

(37) *I realize that this first impression reflects badly on me as a candidate for this position, but I have always been known for my promptness and responsibility around the office. I believe I am well qualified for the position and I can contribute to the success of the new position.* (AE #18)

(38) *I have an impressive resume with abundant experience in business and I have confidence that I could be a great asset to the company. I work with great zeal and I'm an assiduous person who knows how to work things in the most effective way. Please reconsider my application. I'll make sure you do not regret*

this. (AE #19)

(39) *If you give me one more chance, I will **never disappoint you** again.* (KE1#14)

(40) *I would never late or miss my precious 2nd chance. I really appreciate and do my best and **don't disappoint your expectation**.* (KE2 #08)

4.3.2 [+权力]情境

在[+权力]情境下也发现了使用支持策略存在差异。在情境3中，上司向下属提出请求，在使用下属的名字时发现了统计学意义，χ^2（2，N = 73）=21.76，p <0.001。AE所有员工在他们的电子邮件开头使用了收件人的名字*Eric*（埃里克），但KE1仅有44%的员工、KE2则有84%的员工使用了名字。事后测试表明，语言文化价值观与使用收件人名字之间存在关联，每一对都显示出一个Phi值，AE-KE1（V = 0.62），AE-KE2（V = 0.29），KE1-KE2（V = 0.42）。另一个具有统计学意义的例子出现在使用收件人的全名，χ^2（2，N = 73）= 13.62，p <0.005。36%的KEI使用了收件人的全名埃里克·史蒂文森（Eric Stevens），AE组从未使用收件人全名，而在KE2组找到很少（8%）。事后测试再次显示，语言文化价值观与收件人全名的使用之间存在显著关联，AE-KE1（V = 0.46），KE1-KE2（V = 0.34），但在AE-KE2间则无显著性，χ^2（1，N = 50）= 1.92，p = 0.17。由于参与者必须发送群组电子邮件，因此在情境4中未找到称呼语。

仅在两个[+权力]情境使用支持策略时才出现一个显著差异，χ^2（2，N = 73）= 15.01，p <0.005。在情境3中，65.2%的AE使用支持来缓和并获得下属的顺从，而仅有12%的 KE1和32%的KE2使用此类行为，显示其使用的统计差异。事后测试显示，显著性来源于AE-KE1（V = 0.55）和AE-KE2（V = 0.33）。在情境4中也观察到差异，χ^2（2，N = 71）= 17.8，p <0.001。虽然AE组有39.1%为下属提供支持，但KE组很少提供任何支持（KE1：0%，KE2：4.2%）。事后检验显示AE-KE1（V = 0.497）和AE-KE2（V = 0.43）的统计学意义与情境3相似。下面的摘录显示了每个群体如何在情境3（摘录41至45）和情境4（摘录46和47）中提供支持。

(41) *I know we only have three days until the presentation so I will go over*

with you any part of it that you feel uncomfortable with. (AE #08)

(42) *I am confident you will manage the situation well. Let me know if you need any assistance to prep for the presentation.* (AE #11)

(43) **I'll once again explain** *the next year's marketing plan.* (KE1 #16)

(44) *I will give my full support to prepare for the presentation if you need.* (KE2 #05)

(45) **I will explain** *details about the presentation today.* (KE2 #10)

(46) *I'll be here all day, Saturday, and half of Sunday, and will work late on Monday in order to get all this done.* (AE #20)

(47) **I will have a meeting** *at the meeting room to discuss how to make a presentation. (KE2 #04)*

5. 讨论

5.1 对权力不对称的不同感知

关于第一个研究问题，语言文化价值观影响公司员工对权力不对称的感知情况，结果表明，在韩国员工看来，权力比熟悉程度更为重要，但对美国员工而言，权力的影响程度较小。形成这种差异的一个可能原因在于不同文化对上司的社会文化观差异。可以说，在与韩国职场的高层人士打交道时，等级权力的重要性要超越熟悉程度。Scollon等（2012）指出，在等级关系普遍存在的社会中，参与者之间是否熟悉对交际行为可能意义不大。也许受到儒家思想的影响，韩国上司倾向于支配下属，特别是在职场。这种不平衡观（imbalance）得到了Hwang（1990：42）的支持，他指出，"韩国社会传统上是一种人们对等级社会各个维度的相对地位高度认可的社会，其成员更容易通过他们在社会结构中的相对地位来识别"。这项研究的结果似乎表明，对韩国人而言，当说话人的权力较小时，熟悉程度不会影响他们向上司发送电子邮件的请求。与美国人相比，韩国人很可能难以接近上司，这也导致他们对权力产生不同的看法。

5.2 请求中使用不同的语言

至于第二个研究问题，对不同的权力感知影响了提出请求时的语言选择，总的来说，与KE组相比，AE组利用了更广泛的降级表达以弱化请求。换句话说，AE更倾向于使用嵌入、间接的形式，例如，我想知道如果……(I was wondering if...）及如果……我会非常感谢（I would appreciate if...）等在间接性量表中处于较间接的表达方式。相反，KE组很少使用不同类型的降级表达。比如KE1组只在有限的情况下使用降级表达，他们更喜欢使用直接表达。在[-权利]情境下，KE1组明显更多地使用我要……（I want to...）及（请）给我……(Please) give me...等表达。研究中没有发现KE小组使用韩语，所以无法进行直接比较，但之前Yu（2004）和Yu（2011）针对韩国人的礼貌行为的研究表明，某些动词如"给"（cwu-ta）和"想要"（palata）是礼貌请求标记语，这在韩语中很明显，这表明通过使用这些动词，语力得以弱化。根据两个KE小组，特别是KE1提出的类似请求，可以推断，由于第一语言迁移，在向上级提出请求时，某些动词如给予和想要可能已经表达了规范性礼貌请求（normative polite requests）。

KE小组使用的请求策略相对直接，但结果表明语言选择因权力地位的不同而不同。语言选择似乎变化不大，但在各种情境下是保持一致的。在[-power]情境下，KE团队使用了更多诸如给予（give）和想要（want）这类动词。另一方面，在[+power]情境下，他们更喜欢使用诸如请求（request）和请（ask）之类的动词，与AE相比，使用数量更多。这种偏好似乎表明KE组不光直接，而且会根据权力的差异选择不同的直接性语言。尽管在美式英语中使用这些动词听起来可能直接且自信，但在提出请求时使用这些动词足以说明规范性礼貌的特征（Byon，2004），这就解释了为什么韩国员工在英语电子邮件请求中经常使用直接方式。

此外，在[+power]情境下，有很多KE团队成员采用简单预备语（simple preparatory）策略的例子，比如可以请您……吗？（Can you...?）。根据Hwang（1990）的观点，这类表达形式被认为是允许上司向下属提出礼貌要求的主要手段。Song（2005）也认为比起通过下命令来提出请求，使用问句更为合适，因为它允许收件人选择拒绝请求。这种模式表明，当向下级提出请求时，尽管语言输出不同，但所有小组都试图避免冒犯他们假想中的下属。

虽然KE1和KE2在提出请求方面表现出相似之处，但有时他们在使用降级表达时表现不同。该研究显示，与AE相似，尽管依赖want, give，request和ask，但KE2试图采用将降级表达结合起来的间接策略。尽管语言输出与AE的不尽相同，但KE2很可能试图将美国英语的礼貌表达应用到职场请求中。虽然在撰写电子邮件时不能忽视总体英语水平，但韩国员工团体之间的差异极可能源于使用英语进行跨文化交际经验的差异，从而导致根据跨文化语用能力而产出不同水平的英语。通过不间断地使用英语，KE2交际经验越来越丰富，他们似乎从先前提出请求时获得的经验来充分利用这种语言资源。另一方面，由于KE1组接触美国英语的机会有限，在语言产出中表现出较少的杂糅迹象（sign of hybridity）。相反地，他们严重依赖please这种直接形式（House，1989）。结果表明，KE2能够偏离韩国语言文化框架这个中心，从而反映出语境中的语用差异。换句话说，他们能够利用他们的跨文化语用知识来调整和理解请求中与异于他们第一语言的礼貌表达（Liddicoat，2014），这可以说明跨文化语用能力的发展。

5.3 支持行为中不同的语言使用

就最后一个研究问题，即在权力不对称情境下，对权力的不同感知如何影响构建支持行为时的语言选择，参与者利用支持行为的性质似乎不同。在[-权力]情境中与假想中的上司打交道时，语言产出对嵌入式语境因素的感知存在差异。对AE组而言，熟悉程度似乎压倒权力因素而发挥了重要作用。相反地，两个KE小组都表明，在与上级交流时，权力差异是一个有影响力的因素（Scollon et al.，2012）。

与两个KE组不同，在AE组语料中找不到使用收件人全名的。根据Clark和Clark（1982）的说法，只有当收件人的英文名不详时，才会使用没有尊称（courtesy title）的全名。在[+权力]情境下，尽管KE1组称呼下属时使用了名字，但他们仍然倾向于使用全名，而不像AE和KE2，这两个组都直接用名字来称呼下属。KE1和KE2之间再次出现差异。虽然KE2与AE一样使用跨文化称呼方面的语用知识，但这种现象很少发生在KE1的语料中。换句话说，与KE1相反，KE2通过与不同层级地位的人交流，注意到了语用差异，显示了其文化实践意识的提升。

此外，在[-权力]情境下，暗示预备语和甜蜜话语的数量也存在显著差异，其中AE组在很大程度上利用它们，其次是KE2和KE1。KE组在[-权力]情境下表现出较少使用消除戒备语，但通常会在提出请求之前添加一些道歉语。根据Jung（2009）的研究，一般来说下属会基于权力差异而在向上司提出请求之前先道歉，就相当于承认上司的权力高于下属。另一方面，AE组选择消除戒备语表现出赞赏，以缓和这种请求语力。

在情境3中承诺的使用也存在着显著差异，表明在权力差异的背景下对恰当性的看法存在另一种差异（disparity）。造成这种差异（discrepancy）的原因之一可能是由于韩国语言文化的转移，即当行为中威胁到上司的面子时，他们可能会做些什么。由于韩国社会高度重视保持谦虚的声誉，韩国员工似乎更担忧造成不良的印象。然而，AE组员工抓住这个机会，劝说并说服人力资源经理他或她会如何为公司做出贡献，从而诱使经理了解更多信息。对于AE组来说，提升个人的候选资格（candidacy）似乎会使其请求更吸引上司的注意。然而，这种策略对于缺席面试的人来说，会使自己显得傲慢，因为在韩国文化中它可能被解释为直接对抗。两个KE小组都只是恳求并承诺他们会出现，不会让经理失望。这显示了美国和韩国员工另一个与权力差异有关的观念（perceptions）和语言产出。

在[+权力]情境下，虽然上司可能有权要求下属帮助，但仍然存在一种潜在的紧张关系，即有权力一方必须平衡权力和礼貌之间的关系（Harris，2003；Kong，2006；Vine，2004）。AE组表现出兴趣并提供支持以实施控制，同时采取缓和行为以促进群体团结。支持使得请求行为少了些驱使性，显示出上司关注其与下属的社会关系，并且显示了他们作为合作者所具有的共同目标（Vine，2004）。另一方面，KE小组几乎没有提供支持，这可能是由于韩国的上司对下属的等级优势所致。与AE组相比，他们获得服从的方式有所不同。换句话说，虽然上司可能占据权力地位，但AE组似乎通过提供主动支持（unsolicited support）来化解潜在的不满。相反，KE小组显示，等级制度通常表现为对上司绝对的服从。与AE组相比，他们获得服从的方式有所不同。

6. 结论

本研究并非强调非英语母语人士的语言和语用知识不足，而是侧重于识别与权力和礼貌有关的语言文化价值观的差异，以及在权力不对称的情境下这些差异对撰写请求性电子邮件的影响。结果显示，在电子邮件中礼貌地提出请求时，会考虑独特的语言文化价值观。总体结果表明，对等级权力的不同感知导致了美国员工和韩国员工的不同表现，甚至是具有不同跨文化经验的韩国员工表现也不同。

这项研究与Torelli和Shavitt（2010：720）的观点一致，即"不同文化对什么权力是值得拥有的、什么权力是有意义的观点不同"。本研究结果为最近的跨文化语用学文献做出贡献。通过论证说明表达与权力相关的礼貌的语用策略是具有文化特性的，现有和重新建构（newly reconstructed）的语言文化价值观都在其中发挥作用。固此可以说，英语为第二语言或外语的使用者在使用礼貌方面的能力并不差，但是通常会以不同的礼貌方式表现出来（Kecskes，2014）。通过考查企业员工选择适合各自的语言文化价值取向的语用表达，可以观察到企业员工如何与他人建立工作关系。

除了对跨文化语用学领域的权力和礼貌关系研究的潜在贡献之外，由于语料的性质以及讨论仅限于特定的权力不对称情况，因此应谨慎解释调查结果。此外，应该指出的是，本研究主要涉及在有限的话语完成任务（DCT）情况下选择请求策略和支持行为，这可能会使调查结果产生偏差。此外，也未考虑可能影响结果的语用语言学缺陷，因为该研究的重点是社会语用学差异。因此，所概括的范围是有限的。不过，本研究为跨文化背景下的员工提供了有价值的参考。若想在跨文化职场交流中用语言传达礼貌，就需要更广泛地理解对方的文化，因为"主导个人信仰和价值观的文化结构往往是在交往互动中反映出来的"（Hwa-Froelich & Vigil，2004：107）。Leech（2014：261-262）认为，"在全球化语境下，实现恰当的礼貌是一条双向车道，交际者通过这种方式互相适应"。当他人与自己不同时，应理解和容忍这种交流的差异（Ting-Toomey，1999），同时培养跨文化能力（interculturality），才能减少冲突，才能使人们能够更好地进行管理和工作，以促进跨文化职场的沟通效率和精诚合作。

关于韩国员工在跨文化职场的沟通研究相当有限且只处于起步阶段，这多少模糊了对韩国人跨文化职场交往行为的理解（参见Jung，2002；Park et al.，1998，Thomas，1998）。希望本研究能够激发人们对职场交流的跨文化语用学领域的深入研究。

致谢：

我们要感谢两位匿名审稿人提出的宝贵而富有建设性的建议，以及Istvan Kecskes主编提供的帮助。我们还要衷心感谢Kathy Lee仔细阅读本文的早期版本。最后，我们感谢所有使这项研究成为可能的参与者。

参考文献

［1］Bargiela-Chiappini, Francesca & Sandra Harris, 1996. Requests and status in business correspondencc. Journal of Pragmatics, (28): 635–662.

［2］Bargiela-Chiappini, Francesca, Catherine Nickerson & Brigitte Planken, 2013. Business discourse, 2nd edn. Basingstoke: Palgrave Macmillan.

［3］Bilbow, Grahame, 1995. Requesting strategies in the cross-cultural business meeting. Pragmatics, 5(1): 45–55.

［4］Billmyer, Kristine & Manka Varghese, 2000. Investigating instrument based pragmatic variability: Effects of enhancing discourse completion tests. Applied Linguistics, 21(4): 517–552.

［5］Blum-Kulka, Shoshana, 1987. Indirectness and politeness in request: Same or different? Journal of Pragmatics, (11): 131–146.

［6］Blum-Kulka, Shoshana, Juliane House & Gabriele Kasper, 1989. Cross-cultural pragmatics: Requests and apologies. New Jersey: Ablex.

［7］Bovée, Courtland L. & John V. Thill, 2014. Business communication today, 12th edn. New Jersey: Pearson.

［8］Brown, Penelope & Stephen C. Levinson, 1987. Politeness: Some universals in language usage. Cambridge: Cambridge University Press.

[9] Byon, Andrew Sangpil, 2004. Sociopragmatic analysis of Korean requests: Pedagogical settings. Journal of Pragmatics, (36): 1673–1704.

[10] Byon, Andrew Sangpil, 2006. The role of linguistic indirectness and honorifics in achieving linguistic politeness in Korean requests. Journal of Politeness Research, (2): 247–276.

[11] Clark, James Leland & Lyn R. Clark, 1982. A handbook for office workers, 3rd edn. New York: Van Nostrand Reinhold Co.

[12] Economidou-Kogetsidis, Maria, 2010. Cross-cultural and situational variation in requesting behavior: Perceptions of social situations and strategic usage of request patterns. Journal of Pragmatics, (42): 2262–2281.

[13] Economidou-Kogetsidis, Maria, 2011. "Please answer me as soon as possible": Pragmatic failure in non-native speakers' e-mail requests to faculty. Journal of Pragmatics, (43): 3193–3215.

[14] Escandell-Vidal, Victoria. 1996. Towards a cognitive approach to politeness. Language Sciences, (18): 629–650.

[15] Fairclough, Norman, 2015. Language and power, 3rd edn. London: Longman.

[16] Firth, Alan & Johannes Wagner, 1997. On discourse, communication, and (some) fundamental Concepts in SLA research. The Modern Language Journal, (81): 285–300.

[17] Firth, Alan & Johannes Wagner, 2007. Second/Foreign language learning as a social accomplish-ment: Elaborations on a reconceptualized SLA. The Modern Language Journal, (91): 800–819.

[18] Goffman, Erving, 1967. Interaction ritual: Essays on face-to-face behavior. New York: Anchor Books.

[19] Gu, Yueguo, 1990. Politeness phenomena in modern Chinese. Journal of Pragmatics, (14): 237–257.

[20] Harris, Sandra, 2003. Politeness and power: Making and responding to requests in institutional settings. Text, 23(1): 27–52.

[21] Harris, Sandra, 2007. Politeness and power. In Carmen Llamas, Louise Mullany & Peter Stockwell (eds.), The Routledge companion to sociolinguistics. London & New York: Routledge: 121-130.

[22] Hartford, Beverly S. & Kathleen Bardovi-Harlig, 1996. "At your earliest convenience": A tudy of written student requests to faculty. Pragmatics and Language Learning, (7): 55–70.

[23] Hendriks, Berna, 2010. An experimental study of native speaker perceptions of non-native request modification in e-mails in English. Intercultural Pragmatics, 7(2): 221–255.

[24] Ho, Victor Chung Kwong, 2011. A discourse-based study of three communities of practice: How members maintain a harmonious relationship while threatening each other's face via email. Discourse Studies ,13(3): 299–326.

[25] Hofstede, Geert, 2001. Culture's consequences: Comparing values, behaviors, institutions and organizations across nations, 2nd edn. Thousand Oaks, CA: Sage.

[26] Holmes, Janet & Maria Stubbe, 2015. Power and politeness in the workplace: A sociolinguistic analysis of talk at work, 2nd edn. New York: Routledge.

[27] House, Juliane, 1989. Politeness in English and German: The functions of please and bitte. In S. Blum-Kulka, J. House & G. Kasper (eds.), Cross-cultural pragmatics: Requests and apologies. New Jersey: Ablex: 96-119.

[28] Hwa-Froelich, Deborah A. & Debra C. Vigil, 2004. Three aspects of cultural influence on communication: A literature review. Communication Disorders Quarterly, 25(3): 107–118.

[29] Hwang, Juck-Ryoon, 1990. Deference versus politeness in Korean speech. International Journal of the Sociology of Language, (82): 41–55.

[30] Jung, Yeonkwon, 2002. The use of (im)politeness strategies in Korean business correspondence. University of Edinburgh dissertation.

[31] Jung, Yeonkwon, 2005. Power and politeness in Korean business

correspondence. In Francesca Bargiela-Chiappini & Maurizio Gotti (eds.), Asian business discourse. Bern: Peter Lang: 291-312.

[32] Jung, Yeonkwon, 2009. Korea. In Francesca Bargiela-Chiappini (ed.), The handbook of business discourse. UK: Edinburgh University Press Ltd: 357-371.

[33] Kang, M. Agnes, 2003. Negotiating conflict within the constraints of social hierarchies in Korean American discourse. Journal of Sociolinguistics, 7(3): 299–320.

[34] Kecskes, Istvan, 2004. Editorial: Lexical merging, conceptual blending, and cultural crossing. Intercultural Pragmatics, 1(1): 1–26.

[35] Kecskes, Istvan, 2011. Intercultural pragmatics. In Dawn Archer & Peter Grundy (eds.), The pragmatics reader. London & New York: Routledge: 371-384.

[36] Kecskes, Istvan, 2014. Intercultural pragmatics. New York. Oxford University Press.

[37] Kong, Kenneth Chak Chung, 2006. Accounts as a politeness strategy in the internal directive documents of a business firm in Hong Kong. Journal of Asian Pacific Communication, 16(1): 77–101.

[38] Lakoff, Robin Tolmach. 1973. The logic of politeness; or, minding your p's and q's. Proceedings of the Ninth Regional Meeting of the Chicago Linguistic Society. Chicago: University of Chicago, Department of Linguistics: 292-305.

[39] Leech, Geoffrey, 1983. Principles of pragmatics. London: Longman.

[40] Leech, Geoffrey, 2014. The pragmatics of politeness. New York: Oxford University Press.

[41] Liddicoat, Anthony, 2014. Pragmatics and intercultural mediation in intercultural language learning. Intercultural Pragmatics, 11(2): 259–277.

[42] Lim, Tae-Seop & Soo-Hyang Choi, 1996. Interpersonal relationships in Korea. In William. B. Gudykunst, Stella. Ting-Toomey & Tsukasa Nishida (eds.), Communication in personal relationships across cultures. Thousand

Oaks: Sage Publications: 122-136.

[43] Louhiala-Salminen, Leena, Mirjaliisa Charles & Anne Kankaanranta, 2005. English as a lingua franca in Nordic corporate mergers: Two case companies. English for Specific Purposes, 24(4): 41–421.

[44] Ly, Annelise, 2016. Internal e-mail communication in the workplace: Is there an "East-West divide"? Intercultural Pragmatics, 13(1): 37–70.

[45] Maier, Paula, 1992. Politeness strategies in business letters by native and nonnative English speakers. English for Specific Purposes, (11): 189–205.

[46] Márquez Reiter, Rosina, 2009. Politeness studies. In Francesca Bargiela-Chiappini (ed.), The handbook of business discourse. Edinburgh, Scotland: Edinburgh University Press: 166-179.

[47] Marti, Leyla, 2006. Indirectness and politeness in Turkish-German bilingual and Turkish monolingual requests. Journal of Pragmatics, (38): 1836–1869.

[48] Matsumto, Yoshiko, 1988. Reexamination of the universality of face: Politeness phenomena in Japanese. Journal of Pragmatics, (12): 403–426.

[49] Nickerson, Catherine, 2005. English as a lingua franca in international business contexts. English for Specific Purposes, (24): 367–380.

[50] Ogiermann, Eva, 2009. Politeness and in-directness across cultures: A comparison of English, German, Polish and Russian requests. Journal of Politeness Research, (5): 189–216.

[51] Pan, Yuling, 1995. Power behind linguistic behavior: Analysis of politeness phenomena in official settings. Journal of Language and Social Psychology, 14(4): 462–481.

[52] Park, Mi Young, W. Tracy Dillon & Kenneth L. Mitchell, 1998. Korean business letters: Strategies for effective complaints in cross-cultural communication. Journal of Business Communication, 35(3): 328–345.

[53] Pilegaard, Morten, 1997. Politeness in written business discourse: A textlinguistic perspective on requests. Journal of Pragmatics, (28): 223–244.

[54] Pufahl Bax, Ingrid, 1986. How to assign work in an office: A comparison of spoken and written directives in American English. Journal of Pragmatics, (10): 673–692.

[55] Rogerson-Revell, Pamela, 2007. Using English for international business: A European case study. English for Specific Purposes, (26): 103–210.

[56] Scollon, Ron, Suzanne Wong Scollon & Rodney Jones, 2012. Intercultural communication: A discourse approach, 3rd edn. Malden: Wiley-Blackwell.

[57] Sifianou, Maria, 1992. Politeness phenomena in England and Greece. Oxford: Oxford University Press.

[58] Sohn, Ho-min, 1999. The Korean language. London: Cambridge University Press.

[59] Song, Jae Jung, 2005. The Korean language: Structure, use and context. London: Routledge.

[60] Spencer-Oatey, Helen & Jianyu Xing, 2003. Managing rapport in intercultural business inter-actions: A comparison of two Chinese-British welcome meetings. Journal of Intercultural Studies, 24(1): 33–46.

[61] Thomas, Jane, 1998. Contexting Koreans: Does the high/low model work? Business Communication Quarterly, 61(4): 9–22.

[62] Ting-Toomey, Stella, 1999. Communicating across cultures. New York: The Guilford Press.

[63] Torelli, Carlos J. & Sharon Shavitt, 2010. Culture and concepts of power. Journal of Personality and Social Psychology, 99(4): 703–723.

[64] Trosborg, Anna, 1995. Interlanguage pragmatics. Berlin: Mouton de Gruyter.

[65] Vine, Bernadette, 2004. Getting things done at work. Amsterdam: John Benjamins Publishing Company.

[66] Wierzbicka, Anna, 1985. Different cultures, different languages, different speech acts. Journal of Pragmatics, (9): 145–178.

[67] Yates, Lynda, 2010. Speech act performance in workplace settings. In Alicia Mártinez-Flor & Esther Usó-Juan (eds.), Speech act performance:

Theoretical, empirical and methodological issues. Amsterdam: John Benjamins: 109-126.

[68] Yu, Kyong-Ae, 2004. Explicitness for requests is a politer strategy than implicitness in Korea. Discourse and Cognition, 11(1): 173–194.

[69] Yu, Kyong-Ae, 2011. Culture-specific concepts of politeness: Indirectness and politeness in English, Hebrew, and Korean requests. Intercultural Pragmatics, 8(3): 385–409.

附录A 假设的职场请求情境

情境1

要求你的老板把你转到另一个团队

您和您的团队负责人"Andrew Hunt"已经在同一个团队共事五年多。您和您的团队领导关系良好。您已经在同一个团队工作了很长一段时间，您认为现在是时候转到另一个团队去尝试一些新的工作。如果您告诉您的老板您想要到另一个团队工作，那么您被转到新团队的可能性是很高的。您感兴趣的是营销团队。但是，您为是否要面对面地对老板说这件事感到十分纠结。最后，您决定向他发送电子邮件，请求他将您转到营销团队。

情境2

要求人力资源经理给您第二次面试机会

您是初级经理。公司目前正在寻找前往新设立的悉尼分公司任职的候选人。您对这个职位非常感兴趣，并立即申请了面试。不幸的是，您因与重要客户会面而无法准时参加面试。当您赶到人力资源部时已经很晚了，您无法向任何人解释这种情况。第二天早上您打电话给办公室时，人力资源部的秘书告诉您她无能为力。您仍然渴望这个职位，所以您决定向素未谋面的人力资源经理"Brian Turner"发电子邮件，请求他给您机会进行第二次面试。

情境三

要求下属替您演示报告

您是营销团队的高级经理。您必须在公司高管（the executives of the

company）面前演示明年的营销计划，演示工作将在三天后举行。但是，您发现在演示的同一天，您必须会见公司的VIP客户，您必须参加该会见。您知道"Eric Stevens"是您同一个团队的初级经理，他工作称职，也很擅长演示。过去这三年里，您一直和他一起工作，喜欢在工间喝咖啡时和他聊天。您和Eric一直在制订营销计划。您确定由他来演示营销计划没有任何问题。他此刻不在办公室。您发邮件询问他是否可以代替您去做演示。

情境4

要求下属周末加班

几天前，您晋升为销售部门主管。今天是星期五，每个人都很兴奋周末可以好好休息。但是，首席执行官"Mark Andrews"把您叫进他办公室。他要求您的部门制作幻灯片，演示公司过去五年取得的成绩。他前往英国的商务旅行时需要这些幻灯片。最终版本必须在下周二完成。您知道收集语料并把它们弄成演示幻灯片需要时间。当您回到办公室，您注意到每个人都和其他部门的人一起去参加私人聚会了。您自己几分钟后也需要参加自己的聚会，因此您决定发电子邮件通知您的下属，告诉他们CEO指派给本部门的任务必须在周末完成。

附录B　在各种情境下实现请求策略的总数量

	情境1	情境2	情境3	情境4	总计
AE	28	32	25	33	118
	（25%）	（30.8%）	（27.1%）	（29.2%）	（28%）
KE1	38	36	33	45	152
	（33.9%）	（34.6%）	（35.9%）	（39.8%）	（36.1%）
KE2	46	36	34	35	151
	（41.1%）	（34.6%）	（37%）	（31%）	（35.9%）
总计	112	104	92	113	421
	（100%）	（100%）	（100%）	（100%）	（100%）

（注：原始语料（百分比））

附录C　各个情境中称呼语的使用情况

	情境1	情境2	情境3	情境4
名字	AE　18（78.3%）	AE　5（21.7%）	AE　23（100%）	AE　N/A
	KE1 3（12%）	KE1　0（0%）	KE1　11（44%）	KE1　N/A
	KE2 8（32%）	KE2　1（4.2%）	KE2　21（84%）	KE2　N/A
先生+姓氏	AE　4（17.4%）	AE　12（52.2%）	AE　0（0%）	AE　N/A
	KE1 9（36%）	KE1　6（25%）	KE1　2（8%）	KE1　N/A
	KE2 9（36%）	KE2　11（45.8%）	KE2　0（0%）	KE2　N/A
先生+全名	AE　0（0%）	AE　6（26.1%）	AE　0（0%）	AE　N/A
	KE1 0（0%）	KE1　1（4.2%）	KE1　0（0%）	KE1　N/A
	KE2 4（16%）	KE2　6（25%）	KE2　1（4%）	KE2　N/A
先生+名字	AE　0（0%）	AE　0（0%）	AE　0（0%）	AE　N/A
	KE1 0（0%）	KE1　1（4.2%）	KE1　0（0%）	KE1　N/A
	KE2 0（0%）	KE2　0（0%）	KE1　0（0%）	KE2　N/A
无称呼	AE　0（0%）	AE　0（0%）	AE　0（0%）	AE　N/A
	KE1 1（0%）	KE1　4（16.7%）	KE1　2（8%）	KE1　N/A
	KE2 2（0%）	KE2　0（0%）	KE1　0（0%）	KE2　N/A
姓氏	AE　3（0%）	AE　0（0%）	AE　0（0%）	AE　N/A
	KE1 2（8%）	KE1　1（4.2%）	KE1　1（4%）	KE1　N/A
	KE2 0（0%）	KE2　0（0%）	KE1　1（4%）	KE2　N/A
全名	AE　1（0%）	AE　0（0%）	AE　0（0%）	AE　N/A
	KE1 9（36%）	KE1　11（45.8%）	KE1　9（36%）	KE1　N/A
	KE2 3（12%）	KE2　6（25%）	KE2　2（8%）	KE2　N/A
其他	AE　1（4.3%）	AE　0（0%）	AE　0（0%）	AE　N/A
	KE1 2（8%）	KE1　0（0%）	KE1　0（0%）	KE1　N/A
	KE2 1（4%）	KE2　0（0%）	KE1　0（0%）	KE2　N/A

（注：原始语料（百分比））

附录D 各种情境下支持行为的使用

	情境1	情境2	情境3	情境4
暗示预备语	AE 21（91.3%）	AE 7（30.4%）	AE 7（30.4%）	AE 17（73.9%）
	KE1 16（66.7%）	KE1 0（0%）	KE1 2（8%）	KE1 6（24%）
	KE2 15（60%）	KE2 3（12.5%）	KE2 5（20%）	KE2 13（54.2%）
消除戒备语	AE 11（47.8%）	AE 9（39.1%）	AE 8（34.8%）	AE 16（69.6%）
	KE1 1（4.2%）	KE1 2（8.3%）	KE1 2（8%）	KE1 11（44%）
	KE2 4（16%）	KE2 6（25%）	KE2 7（28%）	KE2 17（70.8%）
甜蜜话语	AE 19（82.6%）	AE 0（0%）	AE 17（73.9%）	AE 5（21.7%）
	KE1 6（25%）	KE1 0（0%）	KE1 13（52%）	KE1 1（4%）
	KE2 14（56%）	KE2 0（0%）	KE2 22（88%）	KE2 4（16.7%）
诺言/承诺	AE 1（4.3%）	AE 13（56.5%）	AE 1（4.3%）	AE 7（30.4%）
	KE1 0（0%）	KE1 3（12.5%）	KE1 1（4%）	KE1 6（24%）
	KE2 0（0%）	KE2 5（20.8%）	KE2 2（8%）	KE2 8（33.3%）
支持	AE 0（0%）	AE 0（0%）	AE 15（65.2%）	AE 9（39.1%）
	KE1 0（0%）	KE1 1（4.2%）	KE1 3（12%）	KE1 0（0%）
	KE2 0（0%）	KE2 0（0%）	KE2 8（32%）	KE2 1（4.2%）
（找）依据	AE 23（100%）	AE 23（100%）	AE 23（100%）	AE 23（100%）
	KE1 23（95.8%）	KE1 23（95.8%）	KE1 25（100%）	KE1 25（100%）
	KE2 22（88%）	KE2 24（100%）	KE2 25（100%）	KE2 24（100%）

注：原始语料（百分比）

作者简介：

Sun Hee Kim正在韩国大学英语语言文学系攻读博士学位。她拥有应用语言学和商业方面的学术背景，并拥有在韩国公司工作的经验。她的研究兴趣包括跨文化职场话语和语用学。她目前正在研究二语使用者在线跨文化交际以及他们在实现主体间性方面取得的互动成就。

　　Hikyoung Lee是韩国首尔韩国大学英语语言文学系应用语言学和英语教育教授，韩国语言中心外语研究所所长。她的工作主要集中在高等教育下的英语教育和跨文化远程语言学习。研究兴趣包括第二语言习得，社会语言学和语言政策。

"我们这会儿可不是在俱乐部"：新Brown和 Levinson视角下的法庭语料分析

Grainger, Karen, 2018. "We're not in a club now": A neo-Brown and Levinson approach to analyzing courtroom data[J].Journal of Politeness Research: Language, Behaviour, Culture, 14(1): 19–38.

　　摘　要： 话语分析法在分析礼貌行为时往往避开Brown和Levinson 的礼貌理论，因为它太过依赖言语行为理论和Grice语用学（Gricean pragmatics）。然而，本文在分析法庭互动（courtroom interaction） 时，将展示Brown和Levinson礼貌理论的一些概念，如面子威胁行 为以及积极与消极礼貌等概念，如何可以为我们提供词汇来谈论动 态的情境互动（dynamic situated interaction）。这些概念结合情境下 的行为规范，也是对意义如何通过互动协商而形成的一种理解 （appreciation）。在下面讨论的互动中，我通过观察谈话中的序列 （the sequence）和话轮占用（take-up of turns），以及他们有关话语形 式（the utterances）与语境关系的评论，展示了从这些语料本身如何 观察到话语意义。通过这种方式，从建构主义的角度（a constructivist perspective）把Brown和Levinson理论中一些最有用的概念应用到语料 分析中。

　　关键词： Brown和Levinson；礼貌；面子；法庭；机构性

1. 前言

　　Brown和Levinson的礼貌理论历来既是非常有影响力的理论，也 是极具争议性的理论。1987年他们的论著再版（republication）后不久，Coupland等（1988: 255）认可它的价值，指出"Brown和Levinson的分析中最大的优点是把交际策略的实现描绘（chart...as）成各种语言中精确的词汇/结构选择（lexical/structural selections）"。然而，在过去十年左右的时间里，Brown和Levinson的模型已经失去权威性（discredit）。的确，正如Mills（2011）指出的，最近很多礼貌理论的发展都是基于对Brown和Levinson的礼貌理论模型的回应而发展起来的。Brown和Levinson的礼貌理论模型被视为是民族中心主义（ethnocentric），是建立在过时的语用交际概念之上的（见Eelen，2001；Watts，2003）。此外，对于一些学者来说，他们不愿意在讨论礼貌时采纳Brown和Levinson的观点（Locher & Watts，2005；Mullany，2006；Bom & Mills，2015）。相反，这些后现代（post-modern）的互动分析更倾向于依赖参与者对礼貌的评判（evaluations of politeness），而不是试图解释为什么在特定情况下会做出特定的语言选择。更确切地说，正如Grainger（2013）所争辩的那样，这些分析包括对参与者的交互行为进行评判，评判以所认定的规范（supposed norms）为依据。这本身是一种有用的做法（exercise）。但正如Haugh（2007）、Terkourafi（2005）和Mullany（2005）所指出的，其缺点是把分析者的观点和参与者的观点融合（fusing）在一起了。

　　另一方面，一些学者认为Brown和Levinson模型的某些方面仍然可以为分析者提供大量富有活力的术语和概念库（a robust armoury of technical terms and concepts），用以分析Goffman（1983，1997）所称的"会面机制（the mechanics of encounters）"（1997: 172）。Harris（2003）认为Brown和Levinson的礼貌理论对机构（包括法庭）语料的分析有重要贡献，而O' Driscoll（2007）则主张对Brown和Levinson的模型进行改编（adaptation），使之可以有效地应用于跨文化交流。与此相似的是，Holmes等（2012）认为Brown和Levinson的概念在职场互动分析中很有用。本论文中，我认为Brown和Levinson的模型有助于解释在法庭这样的机构背景下参与者之间关系的持续管理。在这种背景中，意义的协商对会面结果特别重要。正如Harris（2011）所指出的，参与者之间的互动可能深刻地影响决定，这些决定可能是严肃的、有时甚至会改变生活。在我看来，话语礼貌研究方法仅对参与者将这种情况定义为"礼貌"起到改善作用，其作用是有限的。我在这里用Soto女士的语料分析互动中的（不）礼貌策略（基于详版的Brown和Levinson模型）参与的某些关键点，这些策略是对情境进行定义的话语争夺的一部分，也是参与者在该情境下的角色及关系的一部分。分析重点不在于Penelope Soto和Rodriguez-Chomat法官如何在内心评估对方的行为，而在于他们利用何种语言资源（linguistic resources）来构建和定义这种情境，更重要的是通过相互交流来协商解决问题。在下面的分析中，我将展示改编后的新Brown和Levinson模型如果不把礼貌策略视为"包含"着预设意义（predetermined meaning），而是从语境的各个方面去获得它们的意义将如何做到这一点。首先，我将讨论新Brown和Levinson理论（a neo Brown and Levinson approach）中的概念。

2. 新Brown和Levinson理论

正如我上面提到的，即使是那些继续应用Brown和Levinson礼貌理论的学者，也并非不加批判且不加改编地生搬硬套。人们普遍认为Brown和Levinson模型有两个主要不足之处：（1）他们对语境的处理;（2）他们把交际视为是静态的。就语境而言，与传统的Grice语用学一样，Brown和Levinson（1978, 1987）使用孤立的言语行为作为例子，而局部语言环境（local linguistic context）或更广泛的社会环境显得作用有限。虽然有些人承认意义的构建是贯穿整个话语的（参见Brown & Levinson，1987：22），但人们倾向于认为意义存在于行为本身。这意味着语境在意义建构中的作用是微乎其微的（minimal）。然而，他们确实意识到，语境与权力和距离的相关因素有关系，会对礼貌策略的选择产生影响。同样，面子威胁行为的"强加等级（ranking of imposition）"会因文化语境和情境语境（Brown & Levinson，1987: 77）的不同而异，也被认为是影响礼貌策略的因素之一。然而，这些都被认为是互动的背景"变量"（background "variables"）（Brown & Levinson，1987: 74）。这些变量的影响可以通过公式"计算（computed）"出来（Brown & Levinson，1987: 76），并且说话人必须评估面子威胁行为的重要性，用以作为其礼貌策略的一部分。如此一来，在任何一次会面中，礼貌策略都是以一种相当机械的方式（a rather mechanistic way）来进行预测和确定的。正如Coupland等（1988：258）指出的，"虽然Brown和Levinson对策略性面子管理（strategic face-management）的兴趣很明显且具有内在动态性（intrinsically dynamic），……但他们还致力于将策略选择追溯到明显的预先设定的（preordained）社会角色配置（configurations）中。因此，虽然权力、距离和"强加等级"（P、D和R）在任何特定情况下对面子威胁程度和质量都具有一定的解释价值（我将在下面的分析中展示），但是新Brown和Levinson理论也应认识到，社会角色是随着互动的展开而被定义和协商的。这是Holmes等（2012）在新西兰职场互动研究中所采用的方法。与本文的分析相似的是，他们采用了一种他们称之为"新礼貌"的方法（a "neo-Politeness" approach），这种方法"结合了Brown和Levinson的一些见解和概念以及社会建构主义（social constructionism）观点，提供了一个更为动态、更具语境敏感性（context sensitive）、以话语为导向的框架（discourse-oriented framework）……"（Holmes et al.，2012：1064）。

在之前的机构语境下对礼貌的分析中，我还使用了一些Brown和Levinson所提及的传统语用学概念。Grainger（2011）的研究认为，言语行为（Austin，1962）、吸收（uptake）（Austin，1962）和会话含意（implicatures）（Grice，1975）等概念在解释参与者如何在互动中产生意义时很有用。在分析互动对话（talk-in-interaction）时，言语行为是比词语、句子甚至话语更有用的实体对象，因为他们认为语言使用是一种社会实践（social practice）。另外，Austin的"吸收"概念认可了听话人角色，认可意义部分地来源对言语行为如何做出回应。Grice的会话含意概念认为，意义既来自未言说的话，也来自所说的话，特别是通过违背（flouting）合作原则（the cooperative principle）各准则（maxims）而产生的意义。

此外，我们需要将对话视为序列，并嵌入到重叠的语境层（layers of context）中。Brown和Levinson关注说话人和听话人的个体属性（attributes），但忽视说话人和听话人也是群体和机构成员这一事实，也忽视了面子观（face considerations）的事实。当讨论到Brown和Levinson关于机构对话的观点时，Coupland等（1988：260）指出"……Brown和

Levinson认为，虽然人际关系的触发因素/后果（interpersonal triggers/consequences）绝非无关紧要，但可能不及职业角色和机构角色参与者那么重要"。

因此，新Brown和Levinson理论需要理解语境的层次：语言语境中的前语境（pre-contexts）和下一步行动，以及社会文化语境中的身份、角色和关系等层次，这些都可能在任何一次会面中发挥作用。这与被称为礼貌研究第三波的互动研究法（interactional approaches）一致（Culpeper，2011；Grainger，2011）。这种方法对下列问题感兴趣：（1）意义是如何在交际者之间的社会空间协商和构建的？（2）每个话轮是如何成为下一个话轮的部分语境的？这种方法也与指示性（indexicality）概念相重叠（Christie，2018），Ochs（1992）用这个概念替代了特定语言形式体现特定性别特征这一观点；她反过来认为说话人以积极和建设性的方式使用这些形式。换句话说，语言形式是一种资源，说话者可以用它来表达（index）各种意义。总体而言，这基本上是一种建构主义取向（constructivist orientation），与Arundale（2009）采取的"互动成果（interactional achievement）"方法和Haugh（2007）和Bargiela-Chiappini（2009）所主张的人种学方法（ethnomethodological approach）相结合。这些方法避开了对说话人意图的描述，而更倾向于关注在协商会面的过程中参与者自身如何把互动资源（interactional resources）与交谈内容关联起来。

除了分析互动的结构和话轮序列（sequencing of turns）外，自然发生的机构对话，比如法庭对话，也可以通过分析，对"详细具体的语言机制"提供解释，激发特定语言形式（优先于其他语言形式）的使用（Holtgraves，2009: 194）。礼貌研究者广泛认可"面子"概念具有这样的解释作用（explanatory value），但也有许多学者认为，Brown和Levinson的论述（treatment）需要拓展，而不仅仅是把礼貌看作是对潜在威胁的回应（Haugh，2009）。许多人更喜欢谈论面子"问题"（face "work"），并且摒弃消极面子和积极面子的概念（Locher & Watts，2005；Spencer-Oatey，2009）。不过，我同意O'Driscoll（2007: 486）的观点，他认为"积极-消极面子系列（spectrum）……是一种文化中立、用于考查互动的实证研究工具，可以用来"对抗（on the ground）"泛文化适用性（pancultural applicability）"。因此，新Brown和Levinson的互动理论仍然可以有效地利用直接言语行为、积极面子需求和消极面子需求（且有时候是面子威胁），以及消极礼貌和积极礼貌等概念（ideas），而同时认识到面子策略（facework strategies）可能在角色层级（个体、机构、社会等）中运行，而角色是作为动态的交流过程的一部分得以协商的。

3. 法庭语境

我说过把多层语境应用于分析，首先要建立那些可能对情境的构建产生影响的语境因素。虽然语境在很大程度上随着互动而展开，是参与者不断地建构和再建构的动态建构（a dynamic construction），但也是参与者已有的语境知识（pre-existing knowledge of the context），这些语境知识甚至在开始互动之前就带入到情境。这种已有知识包括对行为规范的期望，这些规范是通过在该特定情况下反复使用而树立起来的（Terkourafi，2005）。这些规范在机构中尤其强大，因为机构规范是由更强大的参与者制定的（Thornborrow，2002）。因此，在机构语境中用来协商角色和关系的"工具"（facility）远远少于"日常"对话。在法庭上，法官被认为是最有影响力的参与者：物理环境（physical environment）往往被认为是他/她的地盘（territory）；他/她比任何人都拥有更多的发言权（speaking rights），并且可以合法地在法庭上对任何人行使他/她的意愿（will）（尽管即使是法官也必须遵守某些规则）。其他法庭官员，如书记员和律师，也拥有一定的机构权力，被允许在一定范围内发言。被告（defendant）的权力最少，互动权（interactional rights）受到最多限制。总的来说，这种背景被认为是严肃而正式的，人们期待所使用的语言是正式的。除了这些机构因素外，在这种情况下还可能有更广泛的社会文化影响（socio-cultural influences）。正如Harris（2011:87）所观察到的："文化和社会'礼貌规范'（politeness norms）与刑事审判中主要参与者的权力导向（power oriented）、等级制度和规定的互动角色相互作用……"这里所考虑的特殊案件中，Soto女士和Rodriguez-Chomat法官都具有广义的西班牙语国家背景（Hispanic background），这对他们来说是一个潜在的等同来源（source of solidarity）。另一方面，如果他们认为对方来自西班牙语国家的不同地区，这也可能是导致分歧行为（divergent behaviour）的一个原因。我将在下面的分析中讨论这方面的文化背景如何在交际中与礼貌策略产生联系（Christie，2018）。

重要的是要记住，所有这些规范和期望绝非确定性的（deterministic）。在权力和等同关系（power and solidarity）背景下，Penelope Soto和首席法官协商他们之间的互动，但他们也偏离了这一原则，为了各自的互动目的而去操纵这一原则。事实上，有人说YouTube电影剪辑（film clip）爆红并引起诸多评论（Davies，2018）的原因在于介于宏观社会文化语境和局部互动语境（the local interactional context）这两者之间的张力（tension），这种说法可能是对的。也就是说，人们对这种会面的预期通常和实际发生的事情是不一致的。当Soto被判藐视法庭（in contempt of court）时，这是对情境定义进行一系列斗争的高潮（culmination）；这些斗争大体上是法官及Penelope Soto有关机构规范与局部关系协商之间的斗争。下面将详细分析这种斗争是如何展开的。尽管Soto女士和法官的交流行为在某种程度上是有问题的，尤其是对于那些不那么强大的参与者，但我想关注的是他们是如何定义这种情境的。

4. 法庭正式性（courtroom formality）的构建

在听证会（the hearing）开始时（大概50行左右的转写记录（transcript）），我们可以看到法官和法院官员的行为是如何反映和构建一种恰当的正式程度和社会距离的情境的。语言和非言语行为主要是专业和事务性行为，包括直接陈述和征询信息组成（例如，第7行"您被指控持有赞安诺锭镇定剂（Xanax）"），以及专业术语（professional jargon）（例如，"我知道您有（预审（pre-trial））资格？""她没有前科（priors）"）。第三行中"Penelope Soto"在会话中处于问候语的位置，但是没有任何问候语。法官用全名称呼被告，且没有称谓，这意味着法官直呼其名以便核实是否本人，更像是打电话时的"称唤语（summons）"（Schegloff，1972）而非打招呼的开始部分。Soto的回应也反映了这一点，因为她用"是的"来回应，并不是像回应问候那样来回应法官的问话。

摘录1（第1—8行）^①

1. j: [((凝视右侧))

2. d: [((走向讲台))

3. j: ((视线转向左边，然后看向纸质材料))

4. j: °pene°[lope so:to=

5. d: [是

6. d: ((左手托着下巴))

7. j: =你被指控[持有赞安:诺锭=

8. j: ((推推眼镜。垂下目光))

正如上文摘录1所示，初步确定指控后，法官试图确定Soto是否有资格获得听证会（"预审服务"）的财力支持。同样，除了正式称呼"Soto小姐"外，在这些话轮中，交际者基本没有关注面子需求，体现出这是一种正式的、公事公办式的会面。

到目前为止，就言语互动而言，这种会面很大程度上符合机构期待（institutional expectations），即说话人处于一种正式、疏远（distant）和不平等（unequal）的关系中。就她的言语反应而言，被告在Grice意义（the Gricean sense）上是合作的，她提供了足够充分的相关信息。例如，在法官问她大致收入情况的问题时（第39行："你大约一周赚多少钱？"），她回答"大约每周200美元"（第42行）。

然而，请注意，尽管整体上很正式，但即便在早期的诉讼程序阶段（in the proceedings），也有一个对情境更为不正式构建的暗示，这暗示了话语争夺（the discursive struggle）的到来。

---

① 有关转写规则，请参阅文末附录。

摘录2（第10—21行）

10. j: =在俱乐部((抬起手))> 我不知道是什么意思。

11. 是<=>[是什么?<

12. d: ((开始微笑))

13. m: [°酒[吧°。

14. f: [俱乐部。

15. m: ↑赞安诺锭。(.)赞安诺锭俱乐部。

16. j: °好°

17. j: ((凝视前方，开始微笑))

18. d: ((笑得更厉害))

19. m: °他们是这样称呼那些俱乐部的°=

20. j: =赞安诺锭俱乐部。

21. j: ((凝视诉讼文件))

在第12行，Soto开始微笑。此时，法官强调了他对Xanax这种药物的术语一无所知，因此Soto的微笑可以解释为对法官的无知的取笑。当然，Brown和Levinson关于礼貌的论述并不太关注这种非言语交际，尽管他们确实声称过"非言语交际行为的许多方面可以自然地适应于相同的模式（scheme）"（Brown & Levinson，1987: 92）。因此，将他们的模型扩展成包括微笑在内，Soto最初的微笑可以视为是对法官正面面子（对其知识面状况的负面评价）的威胁，但法官似乎并不认为这是一种冒犯。相反，在第17行，法官也开始微笑，因为法庭赋予他这种权力，这微笑暗示着他允许互动中有这种轻率行为，用Brown和Levinson的话来说，他是在预设熟悉程度（Brown & Levinson，1987: 123）或送"礼物"给听话人，即给予同情和合作（Brown & Levinson，1987: 129）。很难说这一策略是具体针对什么"威胁"而做出的回应，但概括地说，这满足了Soto的积极面子需求，因此在第18行，她配合他的行为，微笑得更厉害了。由于这两名互动者同时在微笑，看起来Soto和法官正在合作，故把这种情况定义为允许轻度轻松的情况。在这个阶段，没有迹象表明互动是不合适的，然而，随着互动的继续，它似乎指向话语交锋。

5.话语交锋：俱乐部还是法庭？父母还是法官？权力还是等同关系？

经过一个或多或少符合情景规范的事务性开头之后，在寻求确定Soto是否能承担得起其法律费用阶段，我们见到了该情境下的第一个对立迹象。在下面的摘录中，因为法官插话并把问题重述了一下，所以Soto回答m的问题被认为是不充分的。在接下来的分析中，我会从Brown和Levinson的礼貌理论和Grice的含意理论出发，并结合局部会话语境和宏观机构语境对话语交锋进行解释。

摘录3（第50—88行）

50. m: >你（拥）有什么<？

51. j: ((目光离开诉讼文件，转向左边))

52. (0.4)

53. d: 啊哈，我拥很多↑珠宝，好吧？

54. d: ((头从一边向另一边倾斜))

55. d: .呵呵呵[还有=

56. m: [°好°

57. j: ((凝视左边，坐靠在椅背上))

58. (0.4)

59. m: o

60. (0.6)

61. m: 继[续

62. d: [一辆车]？

63. (0.4)

64. j: 好吧[那会是多少=

65. d: [一

66. j: ((挪动双手))

67. j: =你说你的珠宝很值:钱。

68. (0.6)

69. d: 啊呵呵呵 呵 啊呵[呵呵

70. j: [这不是开玩笑=你知道吗？我们

71. 不是在——我们现::在可不是在俱乐部里

72. j: ((微笑))

73. d: =好？吧。但是如果[你知道，如果你知道但=

74. d: ((开始抚摸头发，凝视镜头))

75. j: [啊哈，你看我们不是在……

76. d: =你知道的

77. j: =啊 我们不是在俱乐部。=要严肃对待=

78. j: ((坐前，张开双臂，举起双手，向左凝视))((双手合拢又分开))

79. d: = 我很严肃的。[但是你让我……

80. j: [>哦，你< 很

81. s: =

82. d: =笑:.] ((停止抚摸头发))

83. j: =我能看出]你很↑严肃。好吧。

84. j: ((视线从左边移到诉讼文件上))

85. (0.5)

86. d: >↑你<让我觉得好笑了。=↑我很抱歉=

87. d: ((左手放在胸前，右手向左移动，
　　　掌心向上，抚摸头发))

88. j: =好吧。=呃 你的珠:宝值多少钱。

在第50行，法院官员m很直接地问"你有什么"，在Brown和Levinson对消极面子的定义（Brown & Levinson，1987: 62）中，这个问题潜在地威胁到Soto的消极面子。根据Brown和Levinson（1987:95）所述，礼貌缺席策略可能是为了达到"最大效果（maximum efficiency）"；尽管他们没有提到机构语境中效果盖过面子需求，我认为法庭语境中不缓和面子威胁（non-mitigation of face-threat）的原因之一是，在法庭上这样做是恰当的。此外，在法庭语境下，由于听话人（Soto）处于相对无权力的地位，该问题的强加程度（Brown & Levinson，1987: 74）的"绝对排名（absolute ranking）"实际上相当低。换句话说，面子关注的基础是支持获得所需信息的机构目标。然而，Soto对此的回应并未采用这种实事求是的态度，相反，她把这当作一种面子上的顾虑，蔑视Grice的量的准则（maxim of quantity）。她含糊不清地回答了一个干扰性问题："我有很多珠宝，好吧？"（第53行）。回答时还伴随着笑声，这些笑声往往伴随着威胁面子的谈话，或者发生在模棱两可和紧张的时刻（Holmes，2000；Adelsward，1989）。在这一点上，法官以问题改述的形式进行干预（第64—67行），证实Soto的第一个回答是不充分的。注意，因使用了"好吧"以及情态动词，现在他的问题得到缓解，"你说说你的珠宝值多少钱？"与Soto所表现出的对面子的忧虑相匹配。

在这一点上Soto笑了（第69行），而正因为她笑了，法官说"这不是开玩笑"进行回应，以此界定她的回应不合时宜，这对她的积极面子需求造成威胁。然后，他明确地挑战了她，认为她把当时的情境定义为是一个不严肃的情境。这是一个身居要职的人在谈话中的举动，因为他主动告诉Soto她应该（should）如何理解这次见面。然而，他的回答仍然模棱两可：他仍在微笑，表明他从非言语角度关注她的积极面子需求。因此，可以说，他传递的信息是复杂的。在这一点上，他的做法与一般父母对待孩子一样，既权威（authoritative）又随和（familiar）。事实上，当Soto说"你让我笑了"的时候（第79—82行），她用的就是随和的方法。在很多人际语境中，指责某人让你笑是一种积极的礼貌。然而，在法庭上，告诉法官他让你笑了，就可以说成是威胁到了他的机构积极面子（institutional positive face）；在处理性质严重的问题的机构环境中，他的角色是维持秩序和权威。因此，在这种情况下，Soto的举动可以被视为是不合适的，因为这会把整件事置于严重的危险境地。这是社会文化规范与机构、权力导向规范（power-oriented norms）相互作用的一个例子（Harris，2011）。

Soto的下一步行动是用施为句道歉，"我很抱歉"，这说明她认识到在互动中违反了规范，并试图恢复情境与互动的平衡。用Brown和Levinson的话来说，这种行为是对她自己积极面子的一种威胁，因为这是在承认错误（对之前实施的面子威胁行为表示抱歉）。在第88行（"好吧"），法官用一种非正式的语言接受她的道歉，但是当她再次被直接问及她的珠宝值多少钱时（尽管伴随着微笑），Soto继续将之视为缩短社会距离（social distance）的情形。我们可以在摘录4中看到：

摘录4（第91—113行）

91. d: 值很多钱吗？

92. d: ((开始用右手抚摸头发))

93. j: =比如说

94. (0.2)

95. d: =就像:(0.5)里克·罗斯的珠宝？ =

96. d: ((将头左右移动))

97. j: =↑啊？？

98. j: ((向左凝视，扬起眉毛))

99. (3.1)

100. d: ((吞咽，左手对着喉咙，窒息般的行动，继续抚摸着头发，张着嘴))

101. o: °吼吼吼°

102. x: [°哦°

103. d: [↑值多少？=

104. j: =钱？ =

105. d: =钱:.

106. d: ((点头，开始用双手抚摸头发))

107. j: 你磕过什么药？

108. j: ((把双手放在身前，向左凝视，摇头))

109. j: 在过去24小时里？

110. d: ((倒过身子，后退几步，右转，再回到镜头前，眼睛睁大，视线从上到左到下再往前))

111. d: ↑其实↑(0.3)没有::.

112. d: ((抚摸头发))

113. j: 其实没有？

在这里，Soto再次对珠宝的价值问题给出了一个模糊的答案（第91行

"值很多钱"），当法官要求她讲具体些时（第93行"比如说"），她可能是根据常识判断回答说里克·罗斯的珠宝价值不菲（第95行）。虽然这个答案是相关的，但它给出了不明确或模棱两可的信息（违背了Grice的方式准则），而且考虑到她所处的环境，它可能给出了过量的信息（违背数量准则）。换句话说，在她可能有资格获得经济援助的情况下，宣称自己拥有贵重的珠宝并不符合自身的利益，因为这可能会导致（政府）拒绝给她提供资助。然而，Soto似乎倾向于另一种情况，即通过宣称自己拥有贵重的珠宝来增强她的积极面子。也就是说，她似乎是想用自己的财富给听话人和（或）观众留下深刻印象。这与当时的机构规范完全不符。因此，我们发现法官下一个话轮（第104—107行），"女士，你磕过什么药吗?"，这违背了Grice的关系准则，这里可能暗示Soto的前一个话轮被视为不恰当，且出现这种不恰当行为的原因可能是因为她吸毒。这种暗示含有对Soto的积极面子的威胁，然而，法官使用"女士"这个尊称以及"什么药"这一含糊其词的问话，似乎更关注她的消极面子，或许是出于一种机构目的，即让这种互动的基调回归到更正式、更专业的状态。对于暗示她可能服用了毒品，Soto回应"其实没有"，法官接着核实说"其实没有?"（第113行），表明他们对Soto的回答感到惊讶或怀疑。这样，法官再次行使权力，对她的话语做出评估。我们可以看出，在第三话轮交流的节点上所采取的评估性举动是典型的不对称机构互动（Sinclair & Coulthard，1975；Thornborrow，2002）。然而，对情形的定义仍然是模棱两可的，尤其是因为他的肢体语言继续反映出他仍处于一个可笑的状态（见第117、118、125行），而他的言语行为又表现出他是一个强势的互动参与者，正如我们在摘录5中看到的那样：

摘录5（第116—140行）

116. d: ((微笑，目光朝前看))

117. j:[呵呵呵

118. j: ((笑容可掬，凝视前方，用手弄着一个东西))

119. d: ((身体前倾，微笑，凝视前方))((法官跟在被告后面，从右侧走向前右侧，穿过监狱，后面的女人注视着法官))

120. m: [我这种时候

121. 接受任命

122. j: 不，不，我不会任命你的。

123. 因为你不会像我的

124. 珠宝那样可靠

125. j: ((张开双臂，微笑着，凝视着前方，微笑))

126. d: ((微笑着，开始用双手抚摸另一侧的头发，后退一步))

127. x: ((在法庭录像中，每个人从右走向左))

128. j: 你可以卖掉你的珠宝

129. j: ((向左凝视，左手朝左侧抬起))

130. d: ((左手举到嘴边))

131. (1.0)

132. j: 把珠宝给(0.6)代理律师珠宝

133. j: ((抬起左手，注视着眼前的诉讼资料，随后看向左边的诉讼资料))

134. x: ((通过法庭摄像机从下向右移动))

135. d: ((凝视左前方，用左手拨弄头发，停止拨弄后，将手放在嘴巴前面))

136. j: 什么是标准债券（standard bond）？

137. j: ((移动右手 目光从左向右移动))

138. (0.4)

139. f: 它应该是: =

140. j: 不会没有P.T.S.的

在暗示Soto可能吸毒之后，法官口头上的说辞是公开实施面子威胁策略，威胁到在场律师/法院官员（第122行，"我不会任命你"）和Soto（第128行，"你可以卖掉你的珠宝"；第140行，"不会没有P.T.S.的"）的面子需求。因此，Soto不符合法庭行为惯例的互动后果似乎是：法官利用了自己的机构角色，通过威胁面子行为和礼貌缺失行为重申自己的机构权力。Soto（如法官所定义的那样）未能做出恰当回应的实际结果是，Soto将不得不支付自己的法律费用。然而，正如我们将在下文看到的那样，在这一点上，对情境的界定仍然模糊不清、争执不下，这对Soto女士造成了更严重的后果。下一段摘录从法官设定保释金（"标准"费率为5000美元）开始，直到对话结束：

摘录6（第166—195行）

166. j: 拜?拜（bye? bye），

167. j: ((右手向左挥挥手，向左看，皱着眉头的表情))

168. (1.1)

169. d: 拜:?拜（adi:?o:s）.

170. d: ((身体前倾，凝视前方，微笑着))

171. o: °嗯呵°

172. d: ((离开摄像机向左走))

173. j: ((开始微笑，凝视左边))

174. j:°呵呵呵呵°女士，回来。

175. j: 回来，

176. j: ((右手做召唤手势))

177. x: ((语无伦次))

178. (1.6)

179. j: 回来?

180. j: ((召唤手势，视线转向左边))

181. d: ((微笑着，走回镜头前，双手相扣在一起))

182. (0.5)

183. j: 再把诉讼文件给我一下

184. j: ((左手离开屏幕，微笑注视着左边))

185. d: ((把手放在嘴边，目光注视着正前方，双手交叉于胸前，目光和身体向左后方移动))

186. (5.7)

187. j:

188. j: ((向左注视，右手向左做手势))

189. d: ((立即张开嘴，抓住头发，身体前倾))

190. (0.2)

191. d: [.hhh]

192. x: [oooo]喔.

193. j: ((在诉讼文件上写着，不带微笑))

194. d: 你是认真的吗?

195. j: 我是认真的=再↑见?（a↑dio::s?）

法官挥了挥手，用一种不正式的，甚至是孩子气的"拜拜"驳回了Soto的上诉，再一次出现了我们早些时候看到的父母和孩子间的对话。虽然Brown和Levinson并没有特别评论告别类言语行为，但似乎有理由认为，告别在本质上会被视为是对正面面子的威胁，因为它传达了一种与听话人停止交流的愿望。然而，这种言语行为观有其局限性，因为只有当我们在语境中审视言语行为时，我们才能弄清哪一种面子需求受到威胁。在该语境中，法官处于一种机构权力位置（加上法官可能比Soto年长--个辈分所带来的附加地位），所以他拥有比Soto更大的权力，使其可以通过言语和非语言行为来控制局面。法官的言辞可以被视为模棱两可地既下指令（让Soto离开）又跟她告别；该互动既威胁积极面子也威胁消极面子。"拜拜"的非正式性具有简化主张的内涵，这种简化的主张降低了说话者的权威性和正式性，因而其言语行为威胁到积极和消极两种面子。

在会话分析术语中，"拜拜"未必是一个告别相邻对的第一部分，它同样可以作为命令使用。因此，Soto的下一个恰当的举动就是干脆不去出庭。然而，Soto再次领悟了法官用语中所隐含的非正式性和等同关系，用"adios（再见）"一词（第169行）对他撤销诉讼做出回应，似乎它是告别（言语行为）相邻对的第一个部分。这可能暗示了他们作为同一种族（西班牙裔）而心照不宣，因此可以说是一种积极礼貌的尝试。然而，"adios"在非西班牙裔人中也是一种传统的告别方式，且经常被用来开玩笑甚至含有讽刺的意思。Soto的肢体语言（身体前倾，面带微笑）和说出该词时有标记的韵律也表明她并不怎么严肃。

和之前的交流一样，法官认为Soto所做的那些举动是不恰当的，尽管那些举动与他言语的随意性是匹配的。这种负面反应之所以会发生，可能是因为在被告和法官之间要保持距离的情况下，它将人们的注意力吸引到他们之间的共同点上，但这可能只是对Soto用"adios"讽刺挖苦所隐含的面子威胁的一种反应。和以前一样，法官的说话语气回归正式，回到作为一个强势的话语参与者发出直接命令。实际上，他不让她离开，因而拒绝了她的告别（"回来，女士"，第174行），在他们之间建立了一种非常规的交流方式。这个节点上，当法官将保释金加倍（第187行）时，Soto的情况变得非常糟糕。伴随着另一个非常规的举动（但这一举动与十几岁的孩子对父母的举动并无不同，因为它表现出亲密关系），Soto对他的裁决表示震惊，反问道"你是认真的吗?"（第194行）。对此法官回答说："我是认真的"（第195行），然后模仿他很不喜欢的字眼"adios"（第195行）打发她。这一举动使人们注意到这样一个事实，即尽管Soto可能试图把他们之间的关系或多或少视为是一种等同关系，但这实际上并不影响他的机构权力。Soto继续将这种情境视为非正式的，但这一次她伤害了法官的积极面子，尽管不是直接伤害。这种情形传统上被定义为正式且富有权力的，而她似乎完全无视这一点，事实上，她用咒骂他的方式来假定一个强势话语参与者的地位。

摘录7（第204—205行）·
204. d: ((开始走动，四处张望，左手打着响指，回望镜头))
205. d: 去你妈的

在这里，有必要再次阐述一下Brown和Levinson的礼貌理论。正如Locher和Watts（2005）、Bousfield（2008）、Culpeper（1996）等人所观察到的那样，Brown和Levinson的理论不涉及刻意的面子攻击。Soto根本没有缓和潜在的面子威胁以增强法官的面子，她显然是在设法直接损害法官的积极面子。不过，可以说，她的行为仍然是基于一种熟悉的假设，而非敬而远之，就像父母和十几岁的孩子之间一样。但在法庭场合，法官的互动权力受到了严重挑战，他决定以藐视法庭的罪名关押她，以此来重新确立法庭的权力。

因此，按照Brown和Levinson的说法，Soto的话轮已经从假定他们之间的共同点（尽管不恰当）转向积极面子需求，转向通过质疑法官的决定并最终咒骂他来威胁法官的积极面子需求。但在任何情况下，她的行为在法官看来是过度近乎了，因而他动用他的机构权力和特权来恢复他的地位。尽管美国的媒体和观众对她对一个地位很高的听话人使用禁忌词汇和手势的行为感到震惊，在对整个互动过程进行细致分析后发现，似乎是"adios"一词的使用令法官感到面子受到威胁，才将这场普通的轻微犯罪的保释聆讯变成了YouTube网红。就在她说这句话的时候，被告被要求重新面对法官，她的保释金也增加了一倍。的确，从法庭中身份不明的成员（记录本中标记为×）对"adios"一词的使用表示好笑和震惊（见第201—203行）的反应，可以证明这种言语行为的意义。所以，虽然"adios"一词并不粗鲁，也和"打响指"动作一样不会伤及面子，在某些情况下，甚至可以被认为是积极的礼貌且增强面子的，但在法庭聆讯的背景下，它威胁到法官的机构面子，显然是不合时宜的，法官必须通过维护自己的强势地位来挽回面子。

6. 结论

在这篇运用新Brown和Levinson理论对法庭语料进行分析的文章中，引用了Grice语用学和Brown和Levinson的礼貌模型的概念，但仍然属于话语的建构主义方向。通过引用Grice（1975）的会话含意概念和Austin（1962）的吸收概念，我展示了在正在进行的对话中，参与者的意思是如何被构建和定义为恰当或不恰当、等同或强势关系。同样，我也展示了如果我们应用积极和消极面子概念而不仅仅是面子威胁行为，这些概念在分析Penelope Soto和Rodriguez-Chomat法官如何处理彼此之间的关系以及如何定义彼此之间的角色关系时会有多大用处。也就是说，尽管在这种正式的机构环境中是由角色预先设定的，但角色和关系的精确定义和管理仍是随着互动的进展而动态协商的。在这种情况下，参与者对互动情景的定义是多样的、模棱两可的，既是机构的又是个人的，既是非正式的又是严肃的，既是充满权力的又是等同关系的。然而，在这种协商中，参与者并不是平等的，我们可以看到法官通过其言语和非言语举动，利用他假定的机构权力来定义互动情景。这种模棱两可的行为可能被Soto误判了，以致Soto更倾向于将这种情景（可能是父母和孩子关系的情景）理解为非正式的。正是对这种形势的误判最终让她陷入了麻烦：尽管她可能试图发挥互动的定义和权力，但最终她在权力机构面前无能为力。

参考文献

［1］Adelswärd, Viveka, 1989. Laughter and Dialogue: the Social Significance of Laughter in Institutional Discourse. Nordic Journal of Linguistics, (12): 107–136.

［2］Arundale, Robert, 2009. Face as emergent in interpersonal communication: an alternative to Goffman. In Francesca Bargiela-Chiappini & Michael Haugh (eds.) Face, Communication and Social Interaction. London: Equinox: 33-54.

［3］Austin, John L, 1962. How To Do Things With Words. Oxford: Clarendon Press.

［4］Bargiela-Chiappini, Francesca, 2009. Facing the future: some reflections. In Francesca Bargiela-Chiappini & Michael Haugh (eds.). Face, Communication and Social Interaction. London: Equinox: 307-327.

［5］Bousfield, Derek, 2008. Impoliteness in interaction. Amsterdam: John Benjamins.

［6］Brown, Penelope & Stephen Levinson, 1978. Universals in language usage: Politeness phenomena. In Esther Goody (ed.) Questions and Politeness. Cambridge: Cambridge University Press.

［7］Brown, Penelope & Stephen Levinson, 1987. Politeness: Some Universals in Language Use. Cambridge: Cambridge University Press.

［8］Christie, Christine, 2018. The indexical scope of adios: a relevance theoretic analysis of discursive constructions of gender and institutions and their impact on utterance interpretation. Journal of Politeness Research: Language, Behaviour, Culture, 14(1): 97-119.

[9] Coupland, Nikolas, Karen Grainger & Justine Coupland, 1988. Politeness in context: Intergenerational issues. Language in Society, 17(2): 253–262.

[10] Culpeper, Jonathan, 1996. Towards and anatomy of impoliteness. Journal of Pragmatics, 25(3): 349–367.

[11] Culpeper, Jonathan, 2011. Politeness and impoliteness. In: Karin Aijmer & Gisle Andersen (eds.) Sociopragmatics. Volume 5. In Wolfram Bublitz, Andreas H. Jucker & Klaus P. Schneider (eds.) Handbooks of Pragmatics. Berlin: Mouton de Gruyter: 391–436.

[12] Davies, Bethan, 2018. Evaluating evaluations: What different types of metapragmatic ortuga can tell us about participants' understandings of the moral order. Journal of Politeness Research: Language, Behaviour, Culture, 14(1): 121-151.

[13] Eelen, Gino, 2001. A Critique of Politeness Theories. Manchester: St Jerome.

[14] Goffman, Erving, 1997. Frame Analysis of Talk. In Charles Lemert & Ann Branaman (eds.) The Goffman Reader, 167–200. Oxford: Blackwell. Originally published as Felicity's Condition. American Journal of Sociology, 89(1): 1–51.

[15] Grainger, Karen, 2011. "First order" and "second order" politeness: Institutional and intercultural contexts. In Linguistic Politeness Research Group (eds.). Discursive Approaches to Politeness. Berlin: Mouton: 167-188.

[16] Grainger, Karen, 2013. Of Babies and Bathwater: Is there any place for Austin and Grice in interpersonal pragmatics? Journal of Pragmatics, (58): 27–38.

[17] Grice, H. Paul, 1975. Logic and conversation. In Peter Cole & Jerry Morgan (eds.) Syntax and Semantics 3: Speech Acts. New York: Academic Press: 41–58.

[18] Harris, Sandra, 2003. Politeness and power: Making and responding to 'requests' in institutional settings. Text, 23(1): 27–52.

[19] Harris, Sandra, 2011. The limits of politeness revisited: Courtroom discourse as a case in point. In Linguistic Politeness Research Group (eds.). Discursive Approaches to Politeness. Berlin: Mouton: 85-108.

[20] Haugh, Michael, 2007. The discursive challenge to politeness research: An interactional alternative. Journal of Politeness Research, 3(2): 295–317.

[21] Haugh, Michael, 2009. Face and interaction. In Francesca Bargiela-Chiappini & Michael Haugh (eds.) Face, Communication and Social Interaction. London: Equinox: 1-30.

[22] Holmes, Janet, 2000. Politeness, Power and Provocation: How Humour functions in the Workplace. Discourse and Society, 2(2): 159–185.

[23] Holmes, Janet, Meredith Marra & Bernadette Vine, 2012. Politeness and impoliteness in ethnic varieties of New Zealand English. Journal of Pragmatics, 44(9): 1063–1076.

[24] Holtgraves, Thomas, 2009. Face, politeness and interpersonal variables: implications for language production and comprehension. In Francesca Bargiela-Chiappini & Michael Haugh (eds.) Face, Communication and Social Interaction. London: Equinox: 192-207.

[25] Locher, Miriam & Watts, Richard, 2005. Politeness theory and relational work. Journal of Politeness Research, 1(1): 9–33.

[26] Mills, Sara, 2011. Discursive Approaches to Politeness and Impoliteness. In Linguistic Politeness Research Group (eds.) Discursive Approaches to Politeness. Berlin: Mouton: 19-56.

[27] Mullany, Louise, 2005. Review of Mills (2003) Gender and Politeness. Journal of Politeness Research, 1(2): 291–295.

[28] Mullany, Louise, 2006. "Girls on tour": Small talk and gender identity in managerial business meetings. Journal of Politeness Research, 2(1): 55–77.

[29] O' Driscoll, Jim, 2007. Brown and Levinson's face: How it can – and can' t – help us to understand interaction across cultures. Intercultural Pragmatics, 4(4): 463–492.

[30] Ochs, Eleanor, 1992. Indexing Gender. In Allessandro Duranti & Charles

Goodwin (eds.) Rethinking Context. Cambridge: Cambridge University Press: 335-358.

[31] Schegloff, Emanuel, 1972. Sequencing in conversational openings. In John J. Gumperz & Dell Hymes (eds.) Directions in Sociolinguistics. Oxford: Blackwell: 346-380.

[32] Sinclair, John & Malcolm Coulthard, 1975. Towards an Analysis of Discourse: the English used by Teachers and Pupils. Oxford: Oxford University Press.

[33] Spencer-Oatey, Helen, 2009. Face, identity and interactional goals. In Francesca BargielaChiappini & Michael Haugh (eds.) Face, Communication and Social Interaction. London: Equinox: 137-154.

[34] Terkourafi, Marina, 2005. Beyond the micro-level in politeness research. Journal of Politeness Research, 1(2): 237–263.

[35] Thornborrow, Joanna, 2002. Power Talk. Harlow: Longman.

[36] Van der Bom, Isabelle & Sara Mills, 2015. A discursive approach to the analysis of politeness data. Journal of Politeness Research, 11(2): 179–206.

[37] Watts, Richard, 2003. Politeness. Cambridge: Cambridge University Press.

附录：转写规则

(0.0)　　　　暂停0.0秒（注：带数字）

=　　　　　说话之间没有停顿的闭锁

[　　　　　重叠开始的标记，对应于另一行的相同符号。

(xx)　　　　两个不太清晰音节的转录。每个音节一个x（注：无数字）

(早上好)　　听不太清晰的话语的转写，据信说话者说"早上好"

((abc))　　双圆括号中的标注表示诸如凝视等被认为是可分析的非语
　　　　　　言元素。有时，对音频中发生的其他事情的小注释会使用
　　　　　　此编码

R O R　　　用空格隔开的大写字母表示字母的拼写。这个例子听起来
　　　　　　像"啊哦啊"

COME　　　大写字母表示声音响亮程度

xanax　　　带下划线的音节表示重音

 ha/ho/he　一阵笑声

?　　　　　向上语调轮廓

.　　　　　向下语调轮廓

,　　　　　平调轮廓

.hhh　　　可听见的吸气

H　　　　　可听见的呼气

word　　　关于活动的元评论

word　　　粗体文字表示实际谈话

xxx　　　　下边框表示第一次录制结束

后　记

自上个世纪七八十年代Brown和Levinson发表著作*Politeness: Universals in Language Usage*以来，礼貌现象研究在多个学科领域取得了蓬勃的发展，但直至2005年*Journal of Politeness Research*的创立，才使得跨学科、语言、文化和语境的礼貌研究有了统一的展示平台。

本书所精选的8篇论文发表于2004年至2018年间，主要来自国外知名出版社旗下的国际权威期刊*Journal of Politeness Research*和*Intercultural Pragmatics*，均为高被引论文，受到（不）礼貌研究领域的广泛关注。作者来自英国、美国、德国、澳大利亚、韩国等，在（不）礼貌研究领域广为关注。所研究的语言种类丰富，以不同的研究方法，通过多种交际类型，从多个侧面揭示（不）礼貌与性别、行业、权力、文化、交际的正式程度、社会实践、人际关系之间的错综复杂的关系。这些研究成果对语言学习者、语言研究者、语言爱好者在科研选题和（不）礼貌研究等方面，都具有重要的参考价值和启发意义。

译者孙飞凤为教育部学位与研究生教育发展中心通讯评议专家，中国语用学研究会会员，华侨大学外国语学院副教授，语用学方向硕士生导师。为研究生、本科生教授语用学课程二十余年，曾先后到广东外语外贸大学外国语言学及应用语言学研究中心及英国兰卡斯特大学语言学与英语语言系访问学习，多年来持续追踪国内外语用学的研究进展，尤其熟悉语用礼貌研究的最新成果。出版学术著作《语用学视域下汉语语码转换研究》《医患互动机制研究：从语言本体到多模态》，均运用到语用学礼貌理论阐释交际中的语言现象。在《中国社会科学报》《东北师大学报》《外语学刊》等期刊发表学术论文30篇。

本书的汉译获得德古意特出版社（De Gruyter）的授权，译者对此深表感谢！正是有了出版商的许可，才使这些优秀的学术研究成果得以在中国翻译出版，使更多中国读者从中受益。

在本书出版过程，译者得到吉林大学出版社的大力支持。本着对自己和对读者负责的态度，译者与出版社进行了多次磋商，对译著进行调整和多次润色，在此对出版社的卢婵老师表示诚挚的敬意！

本书的出版还得到华侨大学外国语学院校友基金、福建省高校人文社会科学研究基地·中外文学与翻译研究中心、华侨大学一流本科建设项目（20KC-YLXX10）的大力支持，特此致谢！

感谢华侨大学外国语学院领导和同事们的大力支持！特别感谢万婉博士在译者联络De Gruyter出版社时提供的帮助，感谢我的研究生徐玲玲、常瑾、谢雪承担了部分书稿的初步校对工作，感谢我家人的支持与鼓励！

译者深知，限于学识，本书定有不少谬误，恳请专家学者批评指正，不胜感激！

孙飞凤　于福建泉州
2021年6月11日